優質IEP
以特教學生需求為本位的設計與目標管理

策劃主編　黃瑞珍

作　　者　黃瑞珍、楊孟珠、徐淑芬
　　　　　黃彩霞、曾彥翰、蕭素禎
　　　　　鄭詠嘉

策劃主編簡介

黃瑞珍

學歷：美國奧瑞岡大學語言治療哲學博士

經歷：台北市立大學特殊教育學系暨語言治療碩士學位學程副教授兼主任

著作：《優質 IEP：以特教學生需求為本位的設計與目標管理》
《華語兒童語言樣本分析：使用手冊》（CLSA）
《華語兒童口腔動作檢核表》（OMAC）
《零歲至三歲華語嬰幼兒溝通及語言篩檢測驗》（CLST）
《華語兒童理解與表達詞彙測驗》（REVT）
《華語學齡兒童溝通及語言能力測驗》（TCLA）
《開啟 0～3 歲寶寶的溝通語言天賦：語言治療師說給你聽》
《打造 0～3 歲寶寶的溝通語言能力：讀寫萌發、社交溝通、語言遊戲》
（皆為合著）

榮譽：台灣第一屆師鐸獎
台灣聽力語言學會學術貢獻獎
行政院國家科學委員會最佳學術研究獎
國家第一等服務勳章

作者簡介

黃瑞珍　（同策劃主編簡介）

楊孟珠　台北市立東湖國小特教教師

徐淑芬　台北市立中山國小特教教師
　　　　　國立台灣師範大學特殊教育學系碩士班肄業

黃彩霞　台北市立光復國小特教教師及級任教師
　　　　　台北市立教育大學特殊教育學系碩士班畢業

曾彥翰　台北市立百齡國小特教教師
　　　　　國立台灣師範大學特殊教育博士

蕭素禎　台北市立西松國小特教教師及級任教師
　　　　　台北市立教育大學特殊教育學系碩士班畢業

鄭詠嘉　新北市中湖國小特教教師
　　　　　台北市立教育大學特殊教育學系碩士班畢業

策劃主編序

個別化教育計畫（Individualized Education Program，簡稱為 IEP）最早是 1975 年在美國 94-142 公法中訂定，主要是為 6-21 歲之身心障礙者擬定一份具有法律效力的文件，以保障特殊兒童的權益。國內也在 1997 年開始立法執行，經過近十年的推行，常發現特教教師們在擬定時，困難重重，似乎對於 IEP 的精神尚未能完全明白，導致 IEP 的書寫成為每位特教教師工作上最大的困難；而特教服務的績效也難以評估。

本人擔任特教教師十八年（1975-1993），雖然當時法令尚未要求為每位身障學生訂定 IEP，但是基於工作上的自我要求及提升服務的品質，我們的特教團隊已為每位學生擬定有如 IEP 的文件當做與家長及普通班教師討論的內容。當時主要參考資料均來自美國，本人也曾於 1989 年第一次發表了有關於 IEP 訂定的構想，如今走過了近二十年。回頭去看當時所訂的方法幾乎是難以執行且不切實際的書寫。這麼多年過去了，IEP 成為法定文件，在行政單位嚴格的要求下，每位特教學生的 IEP 越做越厚，有的教師反應校內主管要求特教評鑑時要做一大本給評鑑委員審閱。IEP 已佔據了特教教師們教學及輔導的時間，每位教師花費了諸多時間在製作 IEP，但並不是學生真正的能力及服務內容。網路上可以搜尋到各縣市各學校提供的 IEP 表格；許多特教中心也出版了各種 IEP 的參考書籍，但是似乎沒有解決教師們的困惑。其中最大的問題是「寫的」與「執行的」不合，IEP 似乎成了應付評鑑的文件。為了改善教師們的困境，並提升特教績效，實有必要深入探究 IEP 的精神，並找出一套可行易行的方案，減輕教師書寫的困難，並藉由此文件的提供，做為提升服務品質的保證。

大約在五年前，我與一群主動、熱情、願意參與的特教教師成立了「IEP 研究小組」，透過定時的會議不斷討論，逐漸有了一個方向，並確定「優質 IEP」是可以做到的，當時的小組成員有曾秀琪老師、黃玉凡老師、楊孟珠老師、徐淑芬老師等。每位教師努力的投入，凝聚共識，提出了第一版《有精神的 IEP》，並辦理研習，獲得許多教師熱烈的迴響，確定我們可以繼續更深入研發新的想法。三年前，本人在身心障礙研究所教授「IEP 研究」課程，於是繼續先前的研究，並加入四位研究生，而有了這本書研究團隊的六名成員。

這期間又歷經三年的不定期開會討論、分工合作。每個人都深負重任，也深深感到這本書的意義非凡。藉由一次又一次的討論、書寫、修改，每個人在繁忙的教學工

作中，真的是非常疲累，但是彼此間的互相打氣、鼓勵，是支持著大家持續完成的力量。在本書即將付梓前，辦了十場次的台北市國小特教班 IEP 研習，在這過程中，得到教師們的回饋、鼓勵，也增加了書寫得非常棒的東園國小陳玉鳳老師的案例及明湖國小劉明麗老師的案例，為本書增添不少光彩。

　　本書得以出版，要感謝的人太多，首先是謝謝台北市的特教教師，因著他們的需要，鞭策著我們的團隊更積極、更努力的完成。接著是我以前的同事劉娟芳老師、許秀英老師慷慨的提供了許多管理表單。也謝謝台北市泉源國小魏嘉宏老師提供融合教育校園活動範例，以及陳雨靈老師提供的聯絡簿範例、台北市東區特教資源中心蔡明蒼主任、台北市西區特教資源中心李月卿主任、郭色嬌老師、林美玉老師及台北市特殊教育輔導團陳綠萍校長及眾多團員的智慧結晶——特教團隊運作模式等等，均是激發我們完成此書的源頭。除此，台北市文湖國小謝素分老師、林口啟智學校鄭光明老師與我們一同研究了一學期等，均獻上我們的謝意。最後則是我們合作無間的研究團隊老師，有孟珠老師的細心執著、淑芬老師的思維縝密、彩霞老師的認真踏實、彥翰老師的突破舊局、素禎老師的創意更新、詠嘉老師的研究精神，不分彼此的合作關係，讓我們共同成就了一本書。這三年期間，彩霞老師有了第三個小孩、彥翰老師也有了第二個小孩、詠嘉老師由小姐變成了太太，其中還有數位老師也完成了碩士學位。的確，生小孩、念學位似乎比寫一本書容易些！當然本書得以完成，要歸功於幕後大臣心理出版社陳文玲編輯，她細心耐心的逐一整合來自一群作者的文稿，讓本書的整體性更佳。最後感謝我深信的上帝，因著祂所賜的智慧與恩典，我們七個人可以一起完成這本書。也祝福所有使用這本書的人，工作愉快、事半功倍。

黃瑞珍

作者群感言

　　個別化教育計畫（Individualized Education Program）是特殊教育老師所擬定的教學計畫，它包含了對孩子教育上的重要方針，亦是特教老師與家長共同合作的一項重要契約，其重要性不言而喻。然而擬定個別化教育計畫常為特教老師之苦：撰寫耗費過長的時間、無法與實際教學結合、不知如何撰寫等都是令特教老師頭疼的問題。因此黃瑞珍教授經過多年的構思，引領著我們六位小組成員為個別化教育計畫的設計與撰寫注入新的概念與想法。

　　《優質 IEP：以特教學生需求為本位的設計與目標管理》這本書的最終理念，除了要使個別化教育計畫的內容符合特殊教育法所規範的內涵外，更詳細說明如何將內容資料加以統整，使個別化教育計畫更能呈現出教育上的意義，而不會淪為表格的堆砌，並更進一步地闡述實用可行的教學目標撰寫方式。個人參與此書之編寫歷經三年多的時間，在黃教授的指導下與其他特教老師數十次的共同討論、撰寫與不斷修正，終將想法付諸文字。綜觀目前的教育環境最需要的就是將理論與實務結合，以解決教學上的實際問題。本書付梓之際，個人心中感到如釋重負的舒坦，更期盼本書能為減輕第一線特教老師之工作負擔與提升個別化教育計畫之撰寫品質稍盡棉薄之力。

曾彥翰

　　每學期初，總是努力埋首於 IEP 的撰寫，不管任何教學科目，在一條一條經過細密的工作分析後，所擬定出的學年學期目標，總是如山一般的堆砌起來；數著一頁一頁達二十幾頁的IEP，彷彿特教老師專業的質量，是透過每個學生IEP的重量而展現。這或許不是一個錯誤，但的確是一個痛苦的經驗，也因為如此深刻的過程，激勵著我們願意嘗試改變的動力，這是這一本書的誕生原因。這本書不是、也不會成為特教老師在苦思於 IEP 撰寫時的唯一指導聖經，卻是一批特教老師在經過蛻變成長後，希望提供給同業一個成長分享的成品！

　　「拋磚引玉」是個人在這本書的角色定位，因為期待更多特教老師能誠實面對「撰

寫」與「實際執行」之間的差距、積極的投入思考如何提供更符合學生需求的特教服務，如同本書書名一樣，撰寫一份「優質 IEP」，而這也是本書的中心意旨！

　　真誠的感謝黃瑞珍教授願意投入大量的時間，像母雞一樣，無怨無悔的帶著我們這一群迷惑的小雞，走出撰寫 IEP 的迷思！

楊孟珠

　　兩年多的日子裡，因為大家定期的開會討論，在眾人的集思廣益之下，才能有今天這本書的完成。在此，我要感謝黃瑞珍老師不厭其煩的引導，讓我能夠更了解個別化教育計畫—IEP 真正的意涵；感謝小組長孟珠學姊，每次總是不辭辛勞的替大家書寫會議記錄、確認大家的開會時間、替大家進行初校；感謝彩霞學姊在忙碌於工作與家庭之餘，努力地挪出時間與大家一同開會討論、代寫記錄；感謝淑芬學姊在自身忙碌的工作與進修之餘，還幫忙我解決許多個人的問題；感謝詠嘉學姊結婚的一團忙亂中仍撥空給我們團隊；最後更要感謝我的好夥伴——彥翰，他犧牲了許多個人的時間與我一同討論、修正，才能有較完備的稿件產生。雖然僅負責本書的一小部分，仍覺得很幸運擁有這次機會能夠參與這項團隊工作，這個經驗讓我認識了這個團隊的夥伴們，從每次的討論中也讓我對 IEP 由一開始的懵懵懂懂、依樣畫葫蘆，至今能窺探 IEP 真正的意義與精神，這次的經驗實在讓我獲益匪淺！最後，也希望此書能幫助更多現場的老師們，在撰寫 IEP 時不再有「一個頭兩個大」的感覺！

蕭素禎

參加 IEP 研究團隊之後，才深深體會要做到「前腳走，後腳放」，實在不容易。歷經三年，感激黃教授不斷的指導修正及夥伴們共同的切磋努力，現在總算漸能跳脫舊觀念的桎梏。未來的特教之路還很長，但我想「心不難，事就不難」，我有信心，將來一定能走得更好、更踏實。

黃彩霞

與 IEP 研究小組成員長期的努力下，有著難解的煎熬也有頓悟的歡樂，隨著這本書的出版，將是我們繼續朝 IEP 精緻化的起點。

徐淑芬

要捨棄過去書寫 IEP 的思維和方法，是需要改變的勇氣和實踐的魄力，我們也是從痛苦的改變過程中，逐漸感受到能夠將教學與 IEP 緊密結合在一起的喜悅。從新開始，雖然萬事起頭難，但願你抱著姑且一試的心情，相信甜美的果實就在不遠處喔！

鄭詠嘉

目錄

第 3 章　目標管理（黃瑞珍）

第6章　學校融合教育相關資源（黃瑞珍）

第 7 章　學校特殊教育經營與管理（黃瑞珍）

參考文獻

附錄

附錄請於心理出版社網站下載
網址：https://reurl.cc/2o2Yza
解壓縮密碼：9787861910293

CHAPTER 1

IEP 的理念與精神

個別化教育計畫在台灣特殊教育界推行多年以來，已成為學校內從校長、主任、普通班教師、專業團隊參與人員、特教教師、父母等人人皆知的一份為特殊需求學生擬定的文件。但是，仍有許多人不明白這是什麼，存在許多誤解。而大部分訂定者均是特教教師，許多仍對個別化教育計畫的理念與精神未能明確掌握。本章將簡要說明個別化教育計畫的源起、目的、精神、迷思、擬定流程，及何謂優質 IEP 等。

▶ 壹、個別化教育計畫的源起 ◀

　　個別化教育計畫，英文為 Individualized Education Program，簡稱為 IEP。1975 年最先出現在美國的「身心障礙兒童教育法案」（The Education of All Handicapped Children Act；即 94-142 公法，簡稱EHA）中。根據此項法令的規定，凡 6 至 21 歲之身心障礙學生，政府均應提供合適的教育，並依既定程序與內容要求，擬定一份具有法律效力的書面契約，為身心障礙兒童之差異與不同，量身製作一份可執行的「個別化教育計畫」以保障身心障礙者之受教權，並滿足個別最迫切的教育需求為導向。個別化教育計畫是一項經由會商討論而訂定的書面文件，提供所有參與身心障礙教育工作者一份藍圖，及共同努力的目標（林素貞，1999）。

美國有關 IEP 法令修訂過程

1975

身心障礙兒童教育法案（The Education of All Handicapped Children Act，簡稱EHA），即94-142公法

政府應為身心障礙者提供免費、適當的公立教育。
- 免費是指教育相關經費由政府負擔，父母無需支出。
- 適當乃指量身製作，經由完整的評量，評估學生的特殊需要，並提供合適的服務。
- 公立教育是指由政府設立容納所有3至21歲身心障礙學生的教育安置、班級、學校、機構等。

1986

身心障礙教育修正案（Education of the Handicapped Act Amendments），即99-457公法

將94-142公法所定義6至12歲的受教年齡向下延伸，涵蓋了3至5歲的學前兒童及0至2歲的嬰幼兒。在此修訂法中，對於0至5歲的身心障礙兒童要求實施「個別化家庭服務計畫」（Individualized Family Service Plan，簡稱IFSP），即是根據早期療育的原則，對0至5歲之身心障礙兒童本身、父母及其他家庭成員，提供所需要的家庭服務及支援。

1990

身心障礙者教育法案（Individuals with Disabilities Education Act，簡稱IDEA），即101-476公法

身心障礙學生達16歲時，必須規劃此學生在離開學校教育後之銜接方向，此稱為「個別化轉銜計畫」（Individualized Transition Program，簡稱ITP）。但是若學生情況所需，教師可以提早在學生14歲時，為其訂定此計畫。

1997

身心障礙者教育法案（Individuals with Disabilities Education Act，簡稱IDEA），即105-17公法

身心障礙學生融合教育之開啟，並強調書面文件之實用性及教育成效。此修訂法有七項特色：增加父母在IEP中的重要性；強調普通課程的採用及調整；減少不必要的書面文件作業，而著重於教學；協助教育單位降低因增進特殊教育和其相關服務的經費成本；預防由種族、語言文化之差異所造成不當之鑑定與標記；確保學校是一個安全且富於學習的場所；鼓勵家長和教育人員以非敵對方式來謀求身心障礙者的教育福祉（林素貞，1999）。

2004

2004年身心障礙者教育改進法案（Individuals with Disabilities Education Improvement Act of 2004，簡稱IDEA）

2004年的改進方案仍保留1997年IDEA之有效性，在IEP方面有了下列重要的改變：⑴IEP的內容；⑵IEP的出席人員；⑶IEP的同意方式；⑷IEP的檢討與修正；⑸轉銜；⑹參與會議的替代方式。現今簡要說明如下表。

修正項目	1997 年	2004 年
現有能力	要求敘述兒童現有的教育表現	改為敘述兒童現有的學業成就及功能性的表現。
年度目標	要求描述年度目標、重要指標及短期目標	①改為只要描述年度目標，除非兒童是使用替代性評量者。 ②年度目標使用可測量的目標，包括學業性和功能性的目標。
進步報告	描述兒童如何達到年度目標的進步報告及兒童是否有足夠的進展	需提供家長可以測量的階段報告並敘述達到目標的狀況，可與段考成績報告合併。
特教與相關服務	未特別描述	提供的教學或相關服務需要配合學生的需求。除此課程的改編及學校人員的支持均應敘述。
評量	未特別描述	選擇適合個別的評量方式，可以合適的測量學業成就與功能性的表現。例如可使用替代性評量方法。
轉銜	轉銜是指 14 歲以後應提供個別化轉銜計畫	轉銜指的是 16 歲以後的兒童應使用合適的轉銜評量，及說明教育訓練、雇用地點、獨立生活技能及轉銜課程等如何協助兒童達到年度目標。
會議人員與方式	未特別描述	①參與 IEP 會議的團隊人員可以經由父母或學校同意不出席會議，改由書面報告方式。 ②可以使用視訊會議的方式召開 IEP 會議，不一定要面對面進行。
IEP 的設計	未特別描述	① IEP 設計時應特別描述兒童的優勢。 ②父母對於增進兒童教育的看法。 ③初次評量或是最近評量的結果。 ④兒童的學業、發展與功能的需求。 ⑤哪些因素阻礙學習。 ⑥使用英文的能力，例如母語非英語之學生。 ⑦視、聽障礙情形。
教育安置	未特別描述	①父母是兒童教育安置決定的一員，不可以在 IEP 會議之前即做好安置的決定。 ②父母應同意為兒童提供的特殊需求、課程與目標的設計。
檢討與修改	未特別描述	①一年至少一次的檢討包括進步情形、再評量的結果、父母的看法、未來的需要等。 ②父母與學校可以不經由 IEP 會議，只需雙方同意隨時可以修改 IEP 的內容。

資料來源：www.wrightslaw.com

我國特殊教育法（2004）對於個別化教育計畫的規定

第27條
各級學校應對每位身心障礙學生擬定個別化教育計畫，並應邀請身心障礙學生家長參與其擬定與教育安置。

我國特殊教育法施行細則（2003）對於個別化教育計畫的規定

第18條
本法（特殊教育法）第二十七條所稱個別化教育計畫，指運用專業團隊合作方式，針對身心障礙學生個別特性所擬定之特殊教育及相關服務計畫，其內容應包括下列事項：

一、學生認知能力、溝通能力、行動能力、情緒、人際關係、感官功能、健康狀況、生活自理能力、國文、數學等學業能力之現況。
二、學生家庭狀況。
三、學生身心障礙狀況對其在普通班上課及生活之影響。
四、適合學生之評量方式。
五、學生因行為問題影響學習者，其行政支援及處理方式。
六、學年教育目標及學期教育目標。
七、學生所需要之特殊教育及相關專業服務。
八、學生能參與普通學校（班）之時間及項目。
九、學期教育目標是否達成之評量日期及標準。
十、學前教育大班、國小六年級、國中三年級及高中（職）三年級學生之轉銜服務內容。

前項第十款所稱轉銜服務，應依據各教育階段之需要，包括升學輔導、生活、就業、心理輔導、福利服務及其他相關專業服務等項目。
參與擬定個別化教育計畫之人員，應包括學校行政人員、教師、學生家長、相關專業人員等，並得邀請學生參與；必要時，學生家長得邀請相關人員陪同。

▶ 貳、IEP 應涵蓋內容簡要說明 ◀

依據我國 2003 年修正通過的「特殊教育法施行細則」第 18 條，IEP內容應包括下列事項並簡要說明如下：

1. **評量內容：** 共有十項能力即認知能力、溝通能力、行動能力、情緒、人際關係、感官功能、健康狀況、生活自理能力、國文、數學等學業能力之現況，與其他前述未說明者如特殊性向、興趣、多元智能、特殊表現等。

2. **學生家庭狀況：** 說明學生之生長史、醫療史及家庭對於學生之教養、支持、接納的情形。除此，家庭的結構、父母的婚姻、多元語言、種族的影響等也須說明。

3. **學生障礙狀況對其在普通班上課及生活之影響：** 主要強調融合教育之重要性，但也應依障礙程度、適應情形，及支援服務、資源教學之提供是否滿足學生在普通班受教育之可行性。

4. **適合學生之評量方式：** 上述第 1.項描述評量內容，此項則特別強調採用正式或非正式評量來全面了解學生之真正能力。此評量方式包括擬定 IEP 前之評量及各種教學及輔導後之形成性評量，例如觀察、晤談、操作、檔案等記錄及各種替代評量方式，例如口語、電腦文書處理、點字、溝通輔具等。

5. **學生因行為問題影響學習者，其行政支援及處理方式：** 主要是描述學生因為各種因素導致不被接受之行為同時也影響學習者，例如注意力非常短暫、動機非常薄弱，甚至有攻擊行為、自虐行為等。學校應如何發揮團隊力量，結合資源來改善學生不良行為，或是發展正向行為支持方案等明確方法。

6. **學年教育目標及學期教育目標：** 明確依據學生的需求，按優先順序，訂定一年及一學期可以達到的目標，並清楚的呈現，且可供績效評估者。

7. **學生所需要之特殊教育與相關專業服務：** 這裡明白的指出是學生所需要的，而不是父母或是教師所想要教的。後半段則是依學生需要結合社工、職能、物理、語言、心理、醫師……等專業團隊的服務。

8. **學生能參與普通學校（班）之時間及項目：** 這點是積極鼓勵讓學生儘可能的融合在普通教育中，而非在隔離的環境中受教育。

9. **學期目標是否達成之評量日期與標準：** 這點主要是用來績效評估，檢討學生達到或是無法達到之原因並修正以作為擬定年度目標之參考。

10. **學前教育大班、國小六年級、國中三年級及高中（職）三年級學生之轉銜服務內容，** 這點是強調學生在轉換教育階段別時之連貫問題。

▶ 參、IEP 擬定流程 ◀

①　蒐集基本資料與生長史、醫療史、教育史：當學生經由各縣市鑑定安置委員會或是由前任教師轉至你的手中時，身為特教教師應審慎閱讀所有前一階段轉銜的資料、或是訪談主要照顧者、或是詳讀前任教師所擬定的 IEP 及教學輔導記錄。如此，才可以整合所有的資料推測、了解個案的生長史、醫療史及教育史，並整合所有訊息，分析並了解影響個案學習的因素或是限制。

②　實施全人評量：依特教法規定，全人評量應參考過去所施行的各種評量結果，選用標準化或是非標準化的評量來評估學生認知、溝通、行動、情緒、人際關係、感官功能、健康狀況、生活自理、學業表現等，明確簡潔的書寫清楚。

③　優弱勢分析：依據上述九項評量結果綜合整理學生之優弱勢能力。即使功能再弱的學生，仍舊有優勢可以描述，亦即多多發現學生可供使用或是可增強的能力以補助其缺失。

④　決定特殊需求：依學生的優弱勢來決定學生有哪些需求，例如某些弱勢能力是否需要被教導，哪些優勢能力可以用來協助弱勢能力的改善等。學生的特殊需求是以學生全人的需求來考慮，並以影響學生未來發展最重要的項目，依優先順序排列，例如情緒管理、注意力提升、學習態度改善、輔具使用、物理環境改善、學業性課程的提供、學習策略的教導等等，均可能是需求的一項。

⑤　資源教學與支援服務：所謂資源教學指的是為學生提供直接教學的服務，例如學科的補救、學習專注力的訓練、社交技巧的訓練、生命教育的學習等。至於支援服務指的是間接服務，例如學校編班、志工媽媽的提供、專業團隊的連結、社福的申請等，協助學生滿足特殊需求的必要措施。

⑥　安排教育場所：為滿足學生的特殊需求，盡可能依需要安置，並先考慮普通教育安置之可能性，再依序依資源班、巡迴服務、特教班、特殊學校、在家教育等方式安置，或是同時合併不同的教育安置方式，但均有其安置的目的。

⑦　課程設計：主要是依學生需求，提供多元課程，例如學業性課程或是功能性課程並由哪些人負責或是合作，時數多少、評量方式、教材版本、年級，或是自編教材等等，均應說明清楚。

⑧　擬定學年及學期教育目標：依據提供課程及服務內容，清楚列出所欲達到的一整年目標或是一整學期的短期目標及學習評量。同時依據學期目標訂定每段、每月、每週之目標或教學進度、評量方法、學生學習情形記錄、使用特殊教學策略等。

⑨　召開 IEP 會議：依法令規定，邀請與學生 IEP 相關的人員，並於每學期期初及期末分別召開一次。並由相關人員同意執行。

⑩　檢討與改進：每學期期末由校方主動邀請家長，依 IEP 之合約內容，檢討所達成的績效及改進方法之具體說明。

 優質 IEP：以特教學生需求為本位的設計與目標管理

IEP 擬定流程

```
基本資料含
生長史、醫療史、教育史          ❶
        ↓
     全人評量                    ❷
        ↓
```

認知	溝通	行動	情緒	人際關係
感官功能	健康狀況	生活自理	學業能力	其他

```
        ↓
    優弱勢分析                   ❸
        ↓
   決定特殊需求                  ❹
        ↓
```

資源教學	支援服務 ❺

```
        ↓
   安排教育場所                  ❻
        ↓
    課程設計                     ❼
        ↓
擬定學年及學期教育目標           ❽
短期目標與學習評量
        ↓
   召開 IEP 會議                 ❾
        ↓
   檢討與改進                    ❿
```

▶ 肆、特教教師在 IEP 中扮演的角色 ◀

　　每位特殊需求學生均依特殊教育法訂定一份 IEP，但是不論由誰來訂定，或由團隊共同合作訂定，特教教師是 IEP 主要的管理者，由擬定到結合校際資源整合校園團隊，來提供資源教學與支援服務等。特教教師需協調溝通團隊間成員的看法及服務方式、時間，並蒐集服務記錄、輔導記錄、做好檔案管理、文書管理，並為每位學生召開 IEP 會議、檢討服務成效、完成 IEP 會議記錄等。因此校內特教教師應採分工制度，依學生人數、教師行政工作負荷，分配合宜的個案管理數目，不宜交由特教班之導師一人承擔。否則，教師對於 IEP 的擬定、執行與管理等工作勢必壓力過重，無法達到應有的品質。

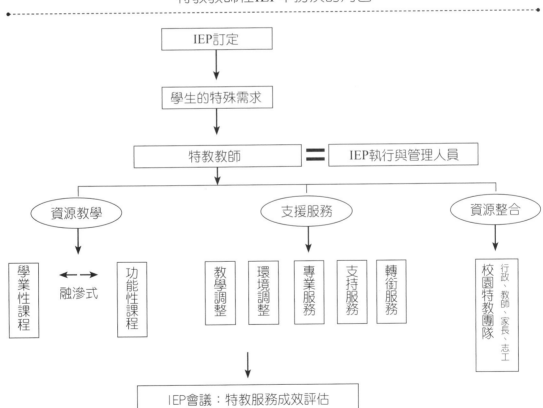

特教教師在IEP中扮演的角色

▶ 伍、台北市各校特殊教育團隊運作模式 ◀

　　台北市教育局於 2003 年開始積極推展校園內之特殊教育，並強調特殊學生不再是被孤立於特教班或是僅由特教教師提供的服務就可以滿足學生的需求。因此邀請專家學者、行政人員、特教教師及行政人員，經由多次的會商達成共識，肯定特殊教育要有成效，需有校內團隊及校際資源的整合。學生的服務場所是多樣性的，亦即一位學生可依其需要安置於校內提供的教育形式；由普通班到特教班或是同時跨足普通＋資源＋特教等彈性安置方式。服務內容強調的是全方位服務，亦即教學、輔導、支援服務及相關專業服務等。詳見本書第 11 頁之說明。至於服務團隊則包括以校內特教推行委員會為主之行政團隊，例如教務處可以就特殊學生的編班及減少班級人數與特教組配合；教師團隊則含所有與特教學生有關之普通班導師、科任教師、特教教師等；家長團隊則以家長會及家長志工為主；而志工團隊則含校內外各基金會、家長團體、大專生社團等。詳細可參考本書第 12 頁台北市特殊教育資源網絡，第 13 頁台北市身心障礙學生教育與輔導體系等。

　　台北市是一個資源最多的地區，特教教師應善用資源來協助學生，至於非台北市地區者，則可依地區特性參考本運作模式自行調整。總之，特教服務的成效已不再是特教教師一人可以達到的，團隊的合作是唯一的出路，特別是校內人士的接納並尊重特殊學生，是特教學生服務成效的基石。

台北市各校特殊教育團隊運作模式

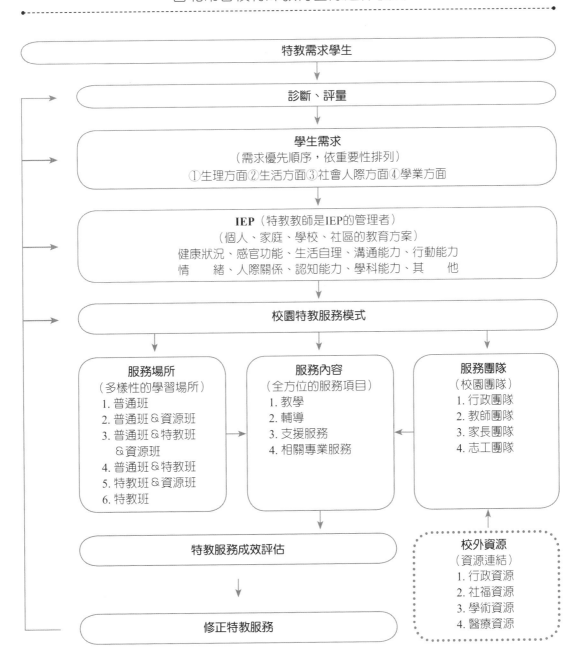

特教需求學生

診斷、評量

學生需求
（需求優先順序，依重要性排列）
①生理方面②生活方面③社會人際方面④學業方面

IEP（特教教師是IEP的管理者）
（個人、家庭、學校、社區的教育方案）
健康狀況、感官功能、生活自理、溝通能力、行動能力
情　緒、人際關係、認知能力、學科能力、其　他

校園特教服務模式

服務場所
（多樣性的學習場所）
1. 普通班
2. 普通班＆資源班
3. 普通班＆特教班
　＆資源班
4. 普通班＆特教班
5. 特教班＆資源班
6. 特教班

服務內容
（全方位的服務項目）
1. 教學
2. 輔導
3. 支援服務
4. 相關專業服務

服務團隊
（校園團隊）
1. 行政團隊
2. 教師團隊
3. 家長團隊
4. 志工團隊

特教服務成效評估

校外資源
（資源連結）
1. 行政資源
2. 社福資源
3. 學術資源
4. 醫療資源

修正特教服務

資料來源：台北市教育局（2005）。

台北市特殊教育資源網絡

大學相關
系所學生

各類身障
巡迴輔導

特殊教育推行委員會

大學院校
特教中心

級任教師
導師

教師會

特教資源
中心

學校行政

特教個案
管理

科任
教師

家長會

特教輔
導團

班級
家長會

**特殊教育
學生**

同班
同學

輔導教師

普通班

相關專業
團隊

特教學生家長

特教學生
個管中心

身障班
巡輔團

學校特教團隊：
身障資源班教師
啟智班教師

情緒及行為問題巡輔團

台北市身心障礙學生教育與輔導體系

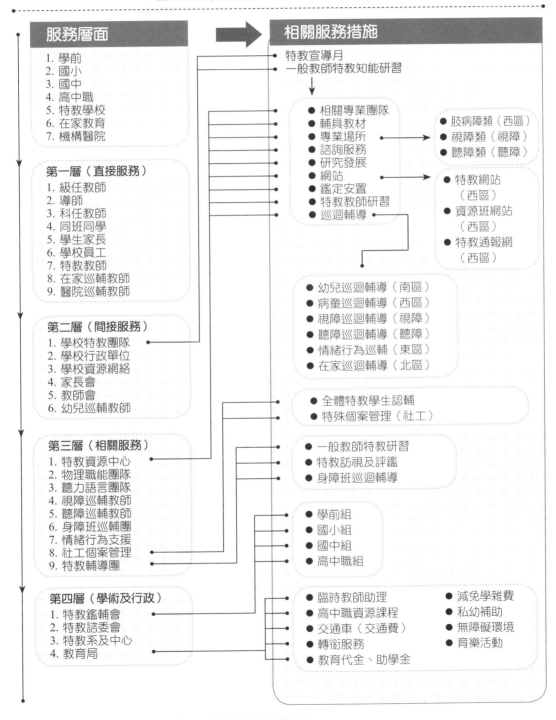

說明：（○區）是指台北市各區或各類的特殊教育資源中心。

▶ 陸、IEP 擬定或執行困難的可能原因分析 ◀

　　大部分教師均可在網路上或參考書籍中找到有關 IEP 訂定的資料，但是特殊學生之個別差異大、類型多、階段需求不同、家庭配合程度不一、校內或社區所能提供之資源或支援不同。因此 IEP 的擬定，絕不是找到表格填入即可，而是許多因素的結合，才可以為特殊學生訂出一份量身訂做的企劃書。以下列出可能遇到的困難之原因分析。

1. 轉銜資料欠缺或不完整。包括階段間、轉校、換個案管理教師等情形。許多接案教師常抱怨不論新生、舊生，一切資料均得在自己手上重建，此意味許多人均在做相同的事，但不知問題出在哪兒，父母也常抱怨同樣問題或基本資料已填寫許多次，為何不能傳遞或共用？

2. 評量工具不足，借用不易。國內某些標準化測驗工具已超過十年使用年限；有些項目之評量工具欠缺；有些工具則須向各資源中心借用，公文往返，人力往返耗時，導致教師使用意願不高，影響評量品質。

3. 缺乏相關專業人員參與。特殊學生類型多，而同一類型間又有很大的差異，例如學障類型多種，很難靠一位特教教師做好完整評量。但是以目前各專業團隊對於學障之了解相當有限，因此，專業人員在領域間專業知能的對話也有待加強。台北市資源最豐富，但是要取得為學生做完整聽知覺處理評估的專業人員都欠缺。因此，僅可以現有之資源來使用，要做優質的評估工作尚有一段路要學習。

4. 以教學或行政工作為主，沒有時間提升評量的品質。對於許多教師而言，缺乏由教學中去觀察或評估學生的各項能力之專業知能。因此，教師只負責教學，但與學生的互動中，無法有足夠的經驗及臨床教學的敏感度來提升專業的非正式評量能力。亦即未能將「教」與「評」結合。再加上有些教師身兼行政業務，會議占了許多時間，能夠給學生的時間也相形見絀了。除此，身障學生之鑑定工作也是一項極大的負擔，花費許多時間。因此，要提升 IEP 的品質，可以在時間管理、專業能力方面加強。

5. 父母參與度不足。身心障礙兒童的父母由於長期的陪伴，許多均已精疲力竭，失望到谷底，部分家長隨著孩子年紀越高越覺得無力，甚至不再參與學校或教師所提供的計畫。對於孩子過去的醫療、教育、成長均感到與付出不成比例，而不想再付出。如果學校希望家長配合時，有時得不到主動積極的回應，導致

學校或教師也不太費心去擬定 IEP，使得 IEP 的品質受到影響。

6. 教師專業能力不足。對於學生之需求未能提供合適的課程或是策略，例如沒有聽障教學經驗者，如何為聽障學生設計合適的聽能訓練；沒有中重度教學經驗者，如何設計合適的替代性溝通訓練課程，對於學障學生之特殊讀寫策略尚未具備，均需要特殊專業能力。目前資源教師面對各種不同類型兒童，專業能力往往來不及充實，因此 IEP 擬定的目標，常常在執行上有困難。

7. 目標太高，不符合學生現有能力，或是未考量學生的興趣或是動機，導致學生拒絕學習。有時由外傭照顧的學生，或是因父母價值觀的差異，也會導致孩子沒有學習動機。

8. 有些 IEP 的書寫方式不斷重複，老師花在書寫及記錄等文書工作繁複，導致教學執行不利。

9. 團隊合作不佳，特殊教育工作顯得孤立，教師間欠缺溝通及共識，得不到支持或是團隊內的協助，因此執行 IEP 時會有阻礙。

▶ 柒、擬定 IEP 的省思與迷思 ◀

 省思  VS 迷思

省思	迷思
依學生的障礙類別、安置方式、需要的資源教學或支援服務，書寫合宜、明確、清楚的合約	一成不變的表格或是格式的堆砌，只為了滿足法令的需求。常填寫許多頁的表格，但無法了解學生真正的需要及提供的服務是什麼
隨時可依學生的改變及優先需要調整計畫內容	一年間不可以改變的計畫
擬定的目標是務實、易執行、對學生具有績效的	流於書面文件，僅供檢查或是評鑑用的官方文件，而無法落實執行
是學生全人發展的願景，考量的是各項能力均衡的發展，含學業性及功能性的教學、合宜態度的養成、生活適應能力的學習等，為一個大方向的指標	國語科、數學科、英文科的教學計畫進度表、作業單的彙整
尊重學生的特殊性，為每個學生量身製作之IEP，亦即以學生需求為導向	小組內共用相同的IEP，只重視教師會教什麼、父母想要什麼，而不顧學生需要什麼
由校內特教團隊、校際專業團隊、父母、學生本人合作共同擬定	由特教教師一人完成，缺乏其他相關人員或是專業人士的合作及父母的參與
IEP目標明確，可以用來做服務績效的評估及檢討	目標不明確，檢討會議流於形式
擬定IEP應具有下列專業能力：評量、教學、課程設計、特教資源整合，及良好的人際及溝通能力	只要會教學的特教教師，就可以做好一份有品質的IEP
IEP是以「個人」來設計，因此計畫的名稱應以王小明IEP或是李小均IEP來命名	「桃園縣太平國小IEP」這是錯誤的，因為太平國小並非全校學生均需要IEP，亦即「學校」沒有IEP
學科或是領域稱為學年目標及學期目標	有些學校也會用國語科IEP、數學科IEP，這應改為國語科學期目標或教學設計，亦即科目也不會有IEP

捌、IEP 評鑑後問題彙整

筆者於 2005 年參與桃園縣特教學生 IEP 評鑑工作，總共閱讀了三、四十份教師們所擬定的 IEP，發現了一些教師們易犯的錯誤，現今歸納如下。

IEP評鑑後的問題彙整

項目	問題
基本理念	1. 各校所提供之IEP應以人為本位，非以學校為本位，故應改為「李○○的IEP」，而非「○○學校的IEP」。 2. 學生收案之日期、文號、障礙類別應明確寫出。 3. IEP為學生大方向、全人、整體的教育計畫，亦即要明確說明學生的困難、需要、服務方式、年度目標、績效評估，而非評量檔案、教學檔案、輔導檔案的累積，讓參閱者無法抓到重點，不知所云。 4. 多數IEP流於表格堆疊，教師無法依特教法規簡要寫出、歸納整理。
教育史 家庭史 生長史	5. 應隨學生年齡更新基本資料，如身高、體重、年級、家庭狀況等。 6. 學生之教育史、發展史、生長史對學習的影響皆未能明確描述。 7. 國中階段應簡要敘述國小及學前階段之教育經過及療育成效。
評量結果摘要	8. 標準化測驗僅有量化數字，未能運用結果解釋與運用，如評量結果寫「智能不足」；托尼測驗IQ120，卻未能深入研究了解學生困難與問題所在。 9. 非標準化評量流於勾選，未能明確說明學生現有之能力水準，如閱讀能力相當於一年級、二年級或學前階段；情緒問題明確的分析其行為問題之定義及成因。 10. 依照特殊教育法規定之十項能力，應該依標準化與非標準化的測驗結果統整分析，不應分別敘述，前後矛盾。 11. 十項能力的撰寫常錯誤放置，如國語、數學應放置學業能力，而非認知能力；聽說讀寫能力不應放置認知能力，應放置溝通能力；知覺動作能力可放置感官能力、行動能力，但也常錯誤放置，顯得能力現況分析雜亂無章。 12. 教師常無法依據評量結果分析優弱勢，而出現毫無依據的結論。
特殊需求	13. 未能充分描寫學生障礙對學習的影響，整合出學生特殊的服務需求，以致常流於學業性課程的教學，例如國語、數學等。對於學生的口語表達能力、注意力、社交技巧、情緒管理、知覺動作等問題均未能夠依學生需要提供服務與教學。 14. 未能依學生障礙程度調整評量方式或替代性評量。 15. 校內行政支援或社區支援等支援服務缺乏明確描述。 16. 專業團隊的評量結果未納入IEP，未與學生的教學活動結合。 17. 專業團隊的服務績效評估未在IEP內呈現。 18. 未能明確呈現普通班與資源班的時數與課程。 19. 教育計畫的擬定應以學生的需求為考量，而非以教師教學方便為著眼點。

項目	問題
學年／學期目標擬定	20. 學年及學期目標未能夠整理出一份清楚、明確的計畫表。
	21. 教育目標的擬定未能夠以領域整合計畫，而多以學科教學為主，如情緒管理可在國語、數學、社交技巧、人際溝通教學裡整合。
	22. 許多教師誤以為IEP為短期目標、教學進度、教學過程的累積，如國語科一科的教學目標寫了七張，卻常常出現重複的現象，又無法明確了解教學目標為何。
	23. 目標的書寫常流於形式，未明確說明評量的方式及整體欲達到的確切目標，如提升學生的情緒管理能力是學期目標，但短期目標宜按照學生個別行為特質明確訂定之。
	24. 評量日期及標準流於形式，過度瑣碎，無法清楚明確知悉學習的結果。
	25. 學期目標擬定後，在一個目標之下設定1.1、1.2、1.3、1.4之小目標時，常將小目標誤寫為教學內容或是教學活動，導致目標與活動內容混淆不清，目標變得冗長、不明確。
IEP會議	26. 大多缺乏期末檢討會議，或未依照會議內容修改IEP。
書寫IEP詞語使用	27. 使用艱深難懂之專業術語，導致家長或普通班教師不易明白。
	28. 使用批判論斷或過多負面語言，及個人主觀看法，未能針對具體事實做簡要說明，或未利用客觀方式陳述。
	29. 學生各項能力描述不清，語句冗長，有時不知所云，或過多形容詞，但未能針對問題做操作性定義。

▶ 玖、優質 IEP 舉例 ◀

基本資料

學生姓名	小友	性　　別	男	出生年月日	○/○/○		
校　　名	○○國小	年　　級	四年級	身障類別	重度智障、自閉症		
會議日期	○/○/○	開始日期	○/○/○	檢討日期	○/○/○	擬定者	徐淑芬
家　　長		聯絡電話		身障手冊卡號			

簡易生長史、教育史、醫療史

> 　　依據家長訪談得知，小友個性溫和、順從，沒有口語，僅以簡單肢體動作表達需求，身體狀況良好。小友 3 歲半開始在○○醫院接受語言治療，4 歲起在○○兒童發展中心就讀兩年，88 年 9 月就讀○○國小啟智班至今。
>
> 　　小友剛上一年級時經常動個不停，僅能坐在位子上兩分鐘，透過體育——溜冰、游泳等消耗大量體力。活動的習得，讓小友從中體會學習的成就感，進而對靜態活動產生興趣，延長靜態學習的時間。三年級下學期期末開始在學校及家中表現出動作緩慢及需大量口語提示的拖延狀況。

依據基本資料、生長史、教育史、醫療史等擬定評量內容，含正式與非正式的施測方式，深入了解學生在十項領域的表現情形。

⭐ ✎ 注意

環環相扣，不可無中生有，或是各自表述。

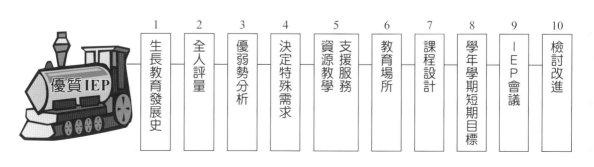

優質 IEP

1	2	3	4	5	6	7	8	9	10
生長教育發展史	全人評量	優弱勢分析	決定特殊需求	資源教學支援服務	教育場所	課程設計	學年學期短期目標	IEP會議	檢討改進

優質 IEP：以特教學生需求為本位的設計與目標管理

評量摘要

1 認 2 溝 3 行 4 人 5 情 6 感 7 健 8 生 9 學 10 社

1 認知能力：依據《學前發展性課程評量——認知領域》結果顯示：小友在配對、分類上，能在情境下依物品用途作配對，但在概念理解能力上則有明顯的困難。

2 溝通能力：依據母親敘述與教師觀察，小友沒有口語僅能模仿嘴型，興奮時會發出「ㄚ」音，能理解並完成一個簡單指令，聽理解 80%日常生活詞彙及短句，但在抽象詞彙理解上有困難；有需求時會以肢體動作表達或經口語提示以圖卡表示，會回應「要」或「不要」的問題，但缺乏選擇的能力。

3 行動能力：依據教師訪談，小友的肢體動作發展良好且在熟悉的情境中有短距離定點來回的能力，但因注意力容易分散而經常在途中逗留，必須在大量口語提示下才能走到定點。

4 人際關係：從平時觀察中了解，小友在人際互動方面處於被動，會聽指令和同學手牽手繞校園散步，多數空閒時間則喜歡獨自把玩紙片、葉片。

5 情緒管理：依據平時的觀察，小友的情緒穩定，在有效的增強下學習配合度佳，但偶爾會以拖延方式表達拒絕學習活動或某種食物。

6 感官功能：視覺、聽覺均正常，無特殊疾病。在精細動作方面可能因專注力及耐力低，經常一時衝動剪壞作品或將著色畫塗成一團黑；大量體能活動會增進小友學習其他事物的配合度。

7 健康狀況：健康情況良好。

8 生活自理：從教師及家長訪談中了解，小友在飲食、如廁、穿著、清潔與衛生上皆可在口語提示下完成，但母親表示小友過度依賴口語提示。家事技能方面能在適當的工作分析下學會打蛋、煎蛋並表現出高度興趣。

9 學業成就：從教師的訪談中了解，在實用語文方面，小友開始對國字產生注意而且可以仿寫較複雜的國字。並能認得 20 個以內的日常字詞。
在實用數學方面，已經有一對一對應的概念，在視覺線索提示下可以對應 3 以內的量。知道買東西要付錢，但不了解幣值及保管金錢的意義。

10 社交能力：根據教師和家長訪談得知，小友在環境適應上表現不錯，但常不分情境與人，在市場或餐廳裡拿別人的東西吃，甚至會向陌生人討食物，造成很多困擾；在團體遊戲上有輪流及等待的能力，但在主動參與及理解遊戲規則上有困難。

將上述基本資料、評量摘要整理後以優弱勢呈現，
下述每一項能力的後面均標明來自於哪一項能力的評量。

 優弱勢

優勢

1. 對體能活動很有動機且技能學習強 **6 感**
2. 聽理解 200 個日常生活詞彙達 80% **2 溝**
3. 能認識約 20 個常用字詞並有學習意願 **9 學**
4. 有需求時會以肢體動作表達或經口語提示以圖卡表示 **2 溝**
5. 生活自理能力佳，尤其對料理食物很有學習的意願 **8 生**
6. 情緒穩定、個性溫和 **5 情**

弱勢

1. 沒有口語僅能模仿嘴型，興奮時才會發出「ㄚ」音 **2 溝**
2. 在社區中不會分情境，會向陌生人要東西吃或在餐廳裡吃別人的東西 **10 社**
3. 需大量口語提示已經會的技能或例行工作 **3 行**
4. 人際互動弱 **10 社** **4 人**
5. 在團體遊戲中主動參與及理解遊戲規則上有困難 **4 人** **2 溝** **10 社**
6. 在概念理解上較有困難 **1 認**

由上述基本資料、評量摘要、優弱勢決定服務需求（含普通班、資源班、特殊班、物理環境、心理社會環境、學習環境之調整、特殊教學策略等），每項後面均註明來自於哪一項或是評量結果之哪一項。

服務需求

1. 訓練小友具備處理食物的家事能力　**8**優
2. 訓練小友在社區的購物及使用錢幣的能力　**9**圍
3. 建立在用餐場所合宜的行為　**10**圍
4. 提供多樣化的休閒活動及新的技能提高小友的生活樂趣　**4**圍 **5**圍
5. 獨力完成例行工作，並培養負責任的態度　**3**圍
6. 提供小友和普通班學生的互動經驗　**4**圍 **5**圍
7. 增進小友指認字詞、書寫、數概念等能力以提高其理解及思考力　**9**圍
8. 製造各種情境提供小友有主動表達及選擇的機會　**4**圍 **5**圍 **1**圍

依需求，提供教育場所及課程來滿足學生需要，並說明學生身心障礙狀況對其在普通班學習之影響，每一門課程或領域均標明來自於哪一項需求。

教育場所	全時段安置於自足式啟智班＋四節普通班
說明	二節團體遊戲課（四年 3 班、四年 11 班）、二節美勞課（四年 1 班、四年 15 班）

課程設計方案

1. 生活教育（每週 6 節）：
   ◎每週固定安排兩節課準備自己的午餐，訓練處理蔬果（削皮、切塊）及簡單烹飪（煮麵、做三明治、煮湯）的能力　**1**圍 **5**圍
   ◎定點來回訓練、獨力完成例行工作　**5**圍
2. 社會適應（每週 6 節）：
   ◎每週固定安排兩節課外出用餐　**3**圍
   ◎每週有兩節課和四年級普通班上團體遊戲：兩節課和四年級普通班上美勞課以提升人際互動能力　**6**圍
3. 休閒教育（每週 8 節）：多樣化的休閒活動及運動技能，如兩週一次的游泳課；羽球、桌球、跳繩技能的學習　**4**圍
4. 實用語文（每週 4 節）：增進指認字詞、書寫的能力、理解短句或指令　**7**圍
5. 實用數學（每週 4 節）：數概念、使用錢幣　**7**圍 **2**圍
6. 職業教育（每週 2 節）：獨力完成例行工作：進教室後的例行工作、打掃教室傳遞物品　**5**圍
7. 各領域：製造各種情境提供小友有主動表達及選擇的機會　**8**圍

依據上述課程明訂明確之學年/學期目標，
在每項目標後面說明來自哪些領域/科目/項目共同完成同一個教育目標。

教育目標

學年/學期教育目標	領域/科目/項目	評量方法	評量結果 上學期	評量結果 下學期	評量人員
全面提升聽理解與表達的溝通能力					
1. 能理解全學期課程活動相關詞彙 40 個，在期末總評時，正確率達 80%（認知）	各領域 實用語文	檔案 作業單	P		徐師 鍾師
2. 能聽寫出全學期課程活動相關字詞 20 個，在期末總評時，正確率達 60%（認知）			C		
3. 在沒有肢體與語言協助下，能聽懂並完成兩組簡單指令，如「去拿……和……」、「先……再……」，正確率達 70%（認知、技能）		觀察	C		
4. 主動以圖卡表達需求，如「上廁所」、「要……」，一天達 5 次以上（情意、技能）		觀察	C		
培養居家生活技能					
1. 會在大人以口語提示下，獨力完成餐前準備活動，十次有八次通過（技能）	生活教育	操作 觀察	P		徐師 鍾師
2. 會在大人以口語提醒下，獨力完成簡易午餐，十次有八次通過（技能）			P		
培養獨力完成工作的能力					
1. 能依據視覺提示圖卡，獨立完成工作，五次有四次通過（技能）	職業教育 生活教育	操作 觀察	P		徐師 鍾師
2. 能在 10 分鐘內從校門第一個路口經天橋走進教室，五次中有四次通過（技能）			C		
3. 能主動進行例行性工作，如放書包、打掃工作，表現其負責任的態度，在父母、老師等五人中有四人認同（情意）			C		
充實休閒活動的內容					
1. 主動且持續跑跑步機每日達 10 分鐘以上（情意、技能）	休閒教育	操作/ 檔案 評量	P		徐師 鍾師
2. 在口語提示下願意參與游泳、羽球、桌球、跳繩的運動，五次中有四次願意（情意）			C		
3. 在少量動作協助下，能綜合剪、摺、貼技能，完成勞作作品達八成以上（技能）			C		

學年/學期教育目標	領域/科目/項目	評量方法	評量結果 上學期	評量結果 下學期	評量人員
提升人際互動能力					
1. 在口頭鼓勵下願意參與團體遊戲，五次中有四次願意（情意）	社會適應	觀察		C	徐師
建立在外用餐的技能					
1. 不會搶食他人的食物，在任何情境下可以百分百做到（技能、情意）	社會適應	操作觀察		C	徐師 鍾師
2. 看同學付帳後，能在用餐後會主動付帳，五次中有四次通過（技能）				C	
3. 在口語提示下以圖卡向老闆點餐，表達自己想要吃的餐點，五次中有三次通過（技能、情意）				C	
增進數概念					
1. 在視覺提示下，會拿對 3 以下的數量之任何物品，五次中有四次的正確率（認知）	各領域實用數學	操作作業單		P	鍾師
2. 會辨認 1、10、100 元的幣值，五次有四次的正確率（認知）				P	

評量結果

　　P：通過　　C：繼續　　E：充實　　S：簡化　　D：放棄

完成 IEP

邀請與學生相關人士共同參與會議，並簽名同意。
若有意見時，可以經由修改後再執行。

行政人員		專業人員	
普通班教師		家長或監護人	
特教教師		學生或其他	

優質 IEP：以特教學生需求為本位的設計與目標管理

CHAPTER 2

如何了解特教學生的需求

　　IEP是一份量身製作的計畫，因此完整的資料蒐集，含醫療、教育的情形、家庭的功能、父母的態度均應越完善越好。接著為每位學生實施正式或非正式的評量，了解學生現有之能力，並依學校、社區、家庭可結合的資源，整體評估學生現階段最需要的，即是以特教學生需求為本位的IEP。本章由基本資料書寫、評量內容、優弱勢分析、決定需求，再提到滿足需求之教學、課程、行政支援之設計等逐一說明。

▶ 壹、基本資料的撰寫 ◀

一、個案基本資料的蒐集

個案基本資料的來源

普通班教師、特殊教育教師、安親班教師、家長、學生、專業團隊（包括：物理治療師、語言治療師、職能治療師、心理師、醫師、社工人員等）

個 案 基 本 資 料

學生基本資料

包括家長聯絡電話、地址、入班日期、鑑定障別等各種基本資訊。在撰寫學生個人基本資料時可以邀請學生導師協助填寫。

家庭狀況

可藉由家庭訪問獲知學生家庭狀況，包含學生家庭成員、居住狀況、父母婚姻狀況、主要照顧者、家庭教養態度、社經背景、平時主要的家庭活動、家長期望等。教師亦可做社區生態調查，以了解學生住家附近與經常利用的特定環境的資料。

生長史

指對學生有影響的重要成長記事。如：母親妊娠、生產等過程或父母身心發展狀況，以及兒童身心成長的簡要記錄，如語言、認知、行動的發展等。

醫療史

簡述對學生有影響的疾病史或用藥等。如：致障的成因、重要醫學檢查結果、過敏情況及醫療的過程與療效評估等。

教育史

簡單說明過去教育狀況，包含是否接受早期療育、之前安置的教育環境……等重要記事，或是療育成效如何等。

  注意　撰寫基本資料時可能會犯的錯誤

1. 未將收案日期（入班日期）、鑑定文號、障礙類別等列入基本資料中。
2. 過多表格未予以統整、未記錄填表日期、表格僅用勾選，缺乏以文字做更深入的敘述，或填答不明確。
3. 部分的基本資料未逐年更新，如：小二進班接受服務至小五時卻未將二至四年級的教育史列入班本資料中予以更新。
4. 學生的教育史、發展史、醫療史等未具體描述出對學生學習的影響。

二、如何書寫與彙整個案基本資料

在撰寫個案基本資料時，教師可以將所蒐集的各項表單資料和平時家長訪談的相關資訊，從教育的觀點來加以連結，始能呈現出基本資料在個案教學上所代表的意義，也有別於以大量表單累積學生基本資料的方式，經過資料彙整後所撰寫之基本資料具有以下優點：

1. 可直接從個別化教育計畫中查詢學生相關資料，尤其是在辦理學生獎助學金、交通費補助時，更為方便簡潔。
2. 經由彙整過的基本資料，相關專業人員可以最快速的方式，充分了解學生。
3. 經由基本資料、家庭狀況、生長史、醫療史與教育史等面向的分類整理，可以更明顯地呈現出學生的重要訊息。
4. 可使個別化教育計畫不至於流於表單的堆砌。
5. 經由彙整後的資料，更可以看出學生未來的教育重點。
6. 教師在綜合彙整的同時，也是在對學生的背景資料與能力進行整體的審視與分析，能使教師更深入地了解學生。

以下二位個案（範例一為資源班的個案，範例二為特教班的個案），提供教師書寫個別化教育計畫之基本資料部分的參考，第一部分為檔案篇中提供的個案基本資料之基本與補充格式，其內容可作為教師蒐集資料時的依據；第二部分則為經由統整後的個案基本資料表格，提供各位讀者參考。

㈠個案基本資料修改範例（範例一　小君）

尚未彙整之寫法

班級：＿二＿年＿三＿班　　入班日期：○○年○月○日　　設計者：曾彥翰

一、基本資料

學生姓名	小君		性別	女	出生	○/○/○	身分證字號	○○○○○○○○○
住　　址	台北市○○區○○路○段○巷○號○樓							
父	王○○ （∨）存（　）歿	教育程度	高中	職業	自由業	出生地	台北	年齡	33
母	蔡○○ （∨）存（　）歿		國中		自由業		台北		32
電　話	（H）：○○○○○○○○　　　　　（O）：○○○○○○○○ 行動：○○○○○○○○○							
鑑輔會鑑定類別：聽覺障礙　　　　鑑定文號：○○○○○○　　　　鑑定日期：○○年○月○日								
身心障礙手冊：☐無　☑有（續填）字號：○○○○○○○○○○ 手冊記載類別：聽覺障礙　　　　障礙程度：重度								

二、家庭狀況

1. 排行：＿1＿；兄＿＿人，姊＿＿＿人，弟＿＿＿人，妹＿1＿人
2. 父母關係：☑同住　☐分居　☐離婚　☐其他＿＿＿＿＿
3. 家長管教態度：＿正面積極＿
4. 經濟狀況：☐富裕　☐小康　☑普通　☐清寒
5. 主要照顧者：☐父親　☑母親　☐祖父　☐祖母　☐其他＿＿＿＿＿
6. 做功課的場所：☐有自己的書房　☐有自己的書桌　☐和兄弟姊妹共用書桌　☐餐桌　☐無固定
☑其他大部分在家裡開的小吃店寫功課
7. 誰指導做功課：☐父　☑母　☐兄姊　☐親戚　☐家庭教師　☐補習班　☐無人指導
☐其他＿＿＿＿＿＿
8. 居住環境：☑住宅區　☐商業區　☐工業區　☐混合區　☐其他＿＿＿＿＿
9. 家中主要使用語言：☑國語　☐台語　☐客語　☐英語　☐其他＿＿＿＿＿
10. 與他人主要溝通的方式：☑口語　☐手語　☐筆談　☐溝通板　☑讀唇　☑其他＿＿＿＿＿
11. 家中成員是否有特殊個案或患有重大疾病：☑無　☐有＿＿＿＿
請說明＿＿＿＿＿＿＿
12. 家庭需求：☐提供資訊　☑諮詢　☐輔導　☐親職教育　☐其他＿＿＿＿
13. 家長的期望：＿希望小君能在進入資源班後，提升其聽、說、讀、寫的能力＿

三、生長史（包含：妊娠史、生產史、嬰幼兒史）

妊娠史	☐無特殊問題 ☐情緒緊張　☐嚴重嘔吐　☐染色體異常　☐服用藥物（　　　　　　　　　） ☐X光照射　☐妊娠中毒　☐前置胎盤　　☐後期流血　☐疾病感染（　　　　　　　） ☑其他（母親吸煙）
生產史	1. 出生時父親年齡　25　歲，母親年齡　24　歲 2. 懷孕時是否患病？☑否　☐是（懷孕第___個月，病名：_____） 3. 出生時：☐順產　☐難產　☑開刀產　☐早產___天　☐晚產___天 　　　☐其他生產異常 4. 出生方式：☐自然分娩　☐產鉗夾出　☐真空吸引　☑剖腹　☐其他_____ 5. 出生時嬰兒健康狀況：☑良好　☐不良（情況：_____） 6. 重量體重：☐2500公克以下　☑2500-4000公克　☐4001公克以上 7. 其他_____
嬰幼兒史	1. 動作發展（如：坐、爬、站、走）：☑正常　☐異常（_____） 2. 語言發展（如：喃語、單字、語詞、句子）：☐正常　☑異常（說話較一般孩子晚） 3. 生活自理（如：大、小便……等）：☑正常　☐異常 4. 一足歲前的生活情形：☐非常安靜　☑安靜　☐中等　☐不安靜　☐非常不安靜 5. 與同年齡、同性別的孩子相比較： 　　☐正常 　　☑異常（☐注意力短暫　☐字形顛倒　☐動作協調不好　☐注意力差 　　　　　　☐數字觀念差　☑語言發展遲緩　☐其他_____）

四、醫療史
（包含：特殊病歷與用藥記錄、伴隨障礙、資優狀況、生理特殊情況、緊急處理）

<table>
<tr><td rowspan="11">（一）主要障礙：聽覺障礙</td><td>身障手冊等級</td><td>□未達列等標準（26-54分貝）
□輕度（55-69分貝）
□中度（70-89分貝）
☑重度（90+分貝）</td></tr>
<tr><td>發現/致障年齡</td><td>___2___歲</td></tr>
<tr><td>障礙部位</td><td>□左耳　□右耳　☑兩耳</td></tr>
<tr><td>聽力損失</td><td>☑左耳（裸耳/矯正___100___/___47___分貝）
☑右耳（裸耳/矯正___全聾___/___全聾___分類）</td></tr>
<tr><td>障礙類型</td><td>□傳導性聽障
□感音性聽障
□混合性聽障
☑其他_____</td></tr>
<tr><td>障礙原因</td><td>□外傷　　□中耳炎　☑腦膜炎　□遺傳　□腮腺炎
□發高燒　□其他_____</td></tr>
<tr><td>溝通方式</td><td>☑口語　　　□手語　□筆談　☑讀話　□肢體語言
□綜合溝通法　□其他_____</td></tr>
<tr><td rowspan="3">助聽器</td><td>□無法配用　□無需配用　□需配用　□需重配
☑已配用——開始配戴年齡：___5___歲</td></tr>
<tr><td>機型：___Unitron us80-pp1___　配戴狀況：___良好___
配製日期：_____年_____月</td></tr>
<tr><td>機型：_____　配戴狀況：_____
配製日期：_____年_____月</td></tr>
<tr><td>證明文件</td><td></td></tr>
</table>

(二) 伴隨障礙	是否有伴隨經醫療或教育系統所鑑定之障礙： ☑無 ☐有　☐智能障礙　☐身體病弱　☐聽覺障礙　☐視覺障礙　☐語言障礙 　　　☐肢體障礙　☐嚴重情緒障礙　☐自閉症　☐學習障礙　☐其他＿＿＿＿	

(三) 資優狀況	是否經由醫療或教育系統鑑定為資賦優異： ☑無 ☐有　☐一般智能　☐學術性向　☐領導才能　☐藝術才能　☐創造能力 　　　☐其他特殊才能	

(四) 特殊病歷與用藥記錄	病歷	是否曾罹患重大疾病： ☐無 ☑有　病因：＿腦膜炎＿　主要醫院：＿＿＿＿＿＿ 　　　主治醫師：＿張○○＿醫師
	服藥	目前是否有在定期服藥： ☑無 ☐有　藥名/每日劑量：＿＿＿＿＿＿＿　副作用：＿＿＿＿＿ 　　　開始服用日期：＿＿＿＿＿年＿＿＿＿＿月
	醫師叮嚀	☑無　☐有＿＿＿＿＿＿＿＿＿＿

(五) 生理特殊情況	1. 氣喘：☑無　☐有 2. 食物過敏：☐無　☐有，請列舉＿＿＿＿＿＿＿＿＿。 3. 藥物過敏：☐無　☐有，請列舉＿＿＿＿＿＿＿＿＿。 4. 其他特殊生理狀況： 　☐無　☐有，發燒時會＿＿＿＿＿。緊張時會＿＿＿＿＿。其他＿＿＿＿＿。

(六) 緊急處理	家長/監護人姓名	蔡○○	指定醫院	☑無 ☐有：＿＿＿＿＿醫院
	電話	☎ ○○○○○○		
	導師姓名	林老師	指定醫師	☑無 ☐有　醫生姓名：＿＿＿＿＿ 　　　醫生姓名：＿＿＿＿＿
	電話	☎ ○○○○○○		
	認輔教師姓名	王老師		
	認輔教師電話	☎ ○○○○○○		

五、教育史

＊早療階段

1. 接受早療服務？□否　☑是

　　機構：＿＿＿＿＿○○聽語文教基金會＿＿＿＿＿　服務項目：＿＿＿＿＿聽能管理、聽覺口語課程＿＿＿＿＿

　　起迄時間：＿＿＿5 歲迄今＿＿＿

　　機構：＿＿＿＿＿＿＿＿＿＿＿　服務項目：＿＿＿＿＿＿＿＿＿＿＿　起迄時間：＿＿＿＿＿＿＿＿

2. 接受學前教育（3 至 6 歲）？□否　☑是

　　普通幼稚園：＿＿○○幼稚園＿＿　畢業班導師：＿＿＿＿＿＿＿　聯絡方式：＿＿＿＿＿＿＿

　　學前特教班：＿＿＿＿＿＿＿　畢業班導師：＿＿＿＿＿＿＿　聯絡方式：＿＿＿＿＿＿＿

＊國小階段

1. 學校名稱：＿＿＿○○＿＿＿國小　□普通班＋諮詢服務　☑資源班　□特教班

　　　　　　　　　　　　　　　□特殊教育學校　　　□在家教育

　　　　　　　　　　　　　　　□其他＿＿＿＿＿＿＿＿＿＿＿＿

2. 學業能力

	導師姓名	數學平均	國語平均
一年級	黃老師	85	79
二年級	黃老師	83	81
三年級			
四年級			
五年級			
六年級			

＊國中階段

1. 學校名稱：＿＿＿＿＿＿＿＿國中　□普通班＋諮詢服務　□資源班　□特教班

　　　　　　　　　　　　　　　□特殊教育學校　　　□在家教育

　　　　　　　　　　　　　　　□其他＿＿＿＿＿＿＿＿＿＿

2. 學業能力

	導師姓名	數學平均	國語平均
七年級			
八年級			
九年級			

彙整過後之寫法

一、基本資料（入班日期：○○年○月）

學生姓名	小君			性別	女	出生	○/○/○	身分證字號	○○○○○○○○○
住　址	台北市○○區○○路○段○巷○號○樓								

父	王○○ （ v ）存（　）歿	教育程度	高中	職業	自由業	出生地	台北	年齡	33
母	蔡○○ （ v ）存（　）歿		國中		自由業		台北		32

電　話	（H）：○○○○○○○○　　　　（O）：○○○○○○○○
	行動：○○○○○○○○○○

鑑輔會鑑定類別：聽覺障礙　　　鑑定文號：○○○○○○　　　鑑定日期：○○年○月○日

身心障礙手冊：☐無　☑有（續填）字號：○○○○○○○○○○

手冊記載類別：聽覺障礙　　　　　　障礙程度：重度

家庭狀況

- 小君家庭經濟狀況普通，父母感情和睦，父母對於小君聽覺障礙的問題多持正面積極的態度，老師可多與家長配合，共同輔導小君的學習與生活。
- 小君家雖位在住宅區，但放學後大部分的時間都是待在家裡開的小吃店，對於聽障生而言，缺乏一個良好、安靜的讀書環境。
- 小君的功課主要是由母親親自指導，且在校功課繳交及復習狀況良好，所以可多提供聽能訓練或語文作業讓其在家持續練習，以提高學習的成效。
- 提升小君聽、說、讀、寫的能力是家長對小君進入資源班後的期望。

生長史	醫療史
・母親懷孕的過程中有吸煙的習慣。 ・小君出生時體重正常，並無明顯的障礙情形。 ・母親表示小君在嬰幼兒階段動作發展正常，但語言發展落後，單字期啟始較晚且口語較不清楚，所以聽、說、讀、寫能力的發展應是其入班後主要的學習重點。	・小君在 2 歲進行聽力檢查時發現右耳的耳蝸先天發育不全，聽力狀況是全聾。4 歲時則因發燒，併發腦膜炎導致左耳聽力損失。因此在教學時可多注意優勢耳的運用與訓練。 ・小君 5 歲時，左耳配戴助聽器，目前配戴之助聽器是由聽障資源中心於 91 年所配發，機型為 Unitron us80-pp1。矯正前聽力損失為 100dB，目前矯正後聽力損失為 47dB。

教育史

- 小君從 5 歲開始即參加○○基金會所舉辦的聽能管理與聽覺口語課程，對其口語表達與聽習慣的建立有很大的幫助。
- 小君目前所使用的溝通方式主要是以口語與讀唇為主。
- 小君自入小學開始即進入資源班接受輔導，一年級中午放學後來資源班接受外加式的語文課程，包括了：作文、溝通、閱讀，所以二年級可繼續針對學生需求延續相關課程。
- 經與普通班老師討論小君的學習特性，已為小君安排中間靠前的位置。此外，小君也在一年級時養成上課主動拿 FM（調頻系統）給任課老師使用的習慣。
- 小君個性開朗認真、母親能親自指導功課，目前在適應及普通班學習無特殊困難。

㈡個案基本資料修改範例（範例二　小琇）

尚未彙整之寫法

班級：＿一＿年＿二十＿班　　入班日期：○○年○月○日　　設計者：徐老師

一、基本資料

學生姓名	小琇		性別	女	出生	○/○/○	身分證字號	○○○○○○○○○
住　　址	縣　　市鎮　　村　　鄰　　路　　段　　弄　　號　　樓之 市　　鄉區　　里　　　　　街　　巷							
父	張爸爸 （ ∨ ）存（ ）歿	教育程度	大學	職業	會計事務所 負責人	出生地	台灣	年齡	48
母	張媽媽 （ ∨ ）存（ ）歿		專科		家管		台灣		44
電　　話	（H）：○○○○○○○○　　　　（O）：○○○○○○○○ 行動：○○○○○○○○○○							
鑑輔會鑑定類別：智能障礙　　　鑑定文號：　　　　　　　鑑定日期：○○年○月○日								
身心障礙手冊：□無　☑有（續填）字號：○○○○○○○○○○　智○○○ 手冊記載類別：智能障礙　　　　　障礙程度：中度								

二、家庭狀況

1. 排行：＿3＿；兄＿2＿人，姊＿＿＿人，弟＿＿＿人，妹＿＿＿人
2. 父母關係：☑同住　□分居　□離婚　□其他＿＿＿＿＿
3. 經濟狀況：□富裕　☑小康　□普通　□清寒
4. 主要照顧者：□父親　☑母親　□祖父　□祖母　□其他＿＿＿＿
5. 做功課的場所：□有自己的書房　☑有自己的書桌　□和兄弟姊妹共用書桌　□餐桌
　　□無固定　□其他＿＿＿＿＿＿＿
6. 誰指導做功課：□父　☑母　□兄姊　□親戚　□家庭教師　□補習班　□無人指導　□其他
7. 居住環境：☑住宅區　□商業區　□工業區　□混合區　□其他＿＿＿＿＿
8. 家中主要使用語言：☑國語　□台語　□客語　□英語　□其他＿＿＿＿
9. 與他人主要溝通的方式：☑口語　□手語　□筆談　□溝通板　□讀唇
　　☑其他＿肢體動作、手勢＿
10. 家中成員是否有特殊個案或患有重大疾病：☑無　□有＿＿＿
　　請說明＿＿＿＿＿＿＿＿＿＿＿＿
11. 家庭需求：□提供資訊　☑諮詢　□輔導　□親職教育　□其他＿＿＿＿＿＿＿＿
12. 家長管教態度：＿正面積極與學校配合＿
13. 家長的期望：＿希望小琇能就讀普通班增加同儕互動，加強自理、認知能力＿

三、生長史（包含：妊娠史、生產史、嬰幼兒史）

妊娠史	☑無特殊問題 □情緒緊張　□嚴重嘔吐　□染色體異常　□服用藥物（　　　） □X光照射　□妊娠中毒　□前置胎盤　□後期流血　□疾病感染（　　　　） □其他（　　　）
生產史	1. 出生時父親年齡　37　歲，母親年齡　34　歲 2. 懷孕時是否患病？☑否　□是（懷孕第＿＿個月，病名：＿＿＿＿＿＿） 3. 出生時：☑順產　□難產　□開刀產　□早產＿＿天　□晚產＿＿天 　　□其他生產異常 4. 出生方式：☑自然分娩　□產鉗夾出　□真空吸引　□剖腹　□其他＿＿＿ 5. 出生時嬰兒健康狀況：☑良好　□不良（情況：＿＿＿＿＿＿＿＿） 6. 重量體重：□2500公克以下　☑2500-4000公克　□4001公克以上 7. 其他＿＿＿＿＿＿＿＿＿＿＿＿＿＿＿＿＿＿＿＿＿＿＿＿＿＿＿＿＿＿＿
嬰幼兒史	1. 動作發展（如：坐、爬、站、走）：□正常　☑異常（發展較一般兒童緩慢） 2. 語言發展（如：喃語、單字、語詞、句子）：□正常　☑異常 3. 生活自理（如：大、小便……等）：□正常　☑異常 4. 一足歲前的生活情形：□非常安靜　☑安靜　□中等　□不安靜　□非常不安靜 5. 與同年齡、同性別的孩子相比較： 　□正常 　☑異常（☑注意力短暫　□字形顛倒　□動作協調不好　☑注意力差 　　　　☑數字觀念差　☑語言發展遲緩　□其他＿＿＿＿＿＿）

四、醫療史
（包含：特殊病歷與用藥記錄、伴隨障礙、資優狀況、生理特殊情況、緊急處理）

<table>
<tr><td rowspan="13">（一）主要障礙：智能障礙</td><td rowspan="4">智力缺陷等級</td><td>☐輕度</td><td>魏氏兒童智力量表智商 69-55，標準差範圍在-2.01〜-3.00</td></tr>
<tr><td>☑中度</td><td>魏氏兒童智力量表智商 54-40，標準差範圍在-3.01〜-4.00</td></tr>
<tr><td>☐重度</td><td>魏氏兒童智力量表智商 39-25，標準差範圍在-4.01〜-5.00</td></tr>
<tr><td>☐極重度</td><td>魏氏兒童智力量表智商 24 以下，標準差範圍在-5.01 以下</td></tr>
<tr><td rowspan="4">學習行為缺陷等級</td><td>☐輕度</td><td>能學到小學六年級程度的學業知能，無法學習普通中學的科目，中學階段起需特教服務。</td></tr>
<tr><td>☐中度</td><td>如給予特殊教育，可學到小學四年級程度的常用學業知能。</td></tr>
<tr><td>☑重度</td><td>能說或學習溝通，能訓練基本的衛生習慣，無法學習常用的學業技能，但能從有系統的習慣訓練中獲益。</td></tr>
<tr><td>☐極重度</td><td>表現某些動作上的發展，無法從生活自理的訓練中獲益，需要完全的照顧。</td></tr>
<tr><td colspan="3">特殊狀況敘述：</td></tr>
<tr><td colspan="3">證明文件：身心障礙手冊 —— 智障中度</td></tr>
</table>

<table>
<tr><td rowspan="3">（二）伴隨障礙</td><td colspan="5">是否有伴隨經醫療或教育系統所鑑定之障礙：</td></tr>
<tr><td colspan="5">☑無</td></tr>
<tr><td colspan="5">☐有 ☐智能障礙 ☐身體病弱 ☐聽覺障礙 ☐視覺障礙 ☐語言障礙
☐肢體障礙 ☐嚴重情緒障礙 ☐自閉症 ☐學習障礙 ☐其他＿＿＿＿</td></tr>
</table>

<table>
<tr><td rowspan="3">（三）資優狀況</td><td>是否經由醫療或教育系統鑑定為資賦優異：</td></tr>
<tr><td>☑無</td></tr>
<tr><td>☐有 ☐一般智能 ☐學術性向 ☐領導才能 ☐藝術才能 ☐創造能力
　　☐其他特殊才能</td></tr>
</table>

<table>
<tr><td rowspan="3">（四）特殊病歷與用藥記錄</td><td>病歷</td><td>是否曾罹患重大疾病：
☑無
☐有 病因：＿＿＿＿＿ 主要醫院：＿＿＿＿＿＿
　　主治醫師：＿＿＿＿＿＿醫師</td></tr>
<tr><td>服藥</td><td>目前是否有在定期服藥：
☐無
☑有——抗癲癇藥物
藥名/每日劑量：DEPAKINE　　副作用：＿＿＿＿＿
開始服用日期：_90_年_10_月</td></tr>
<tr><td>醫師叮嚀</td><td>☑無 ☐有＿＿＿＿＿＿＿＿＿＿＿＿</td></tr>
</table>

（五）生理特殊情況	1. 氣喘：☑無　□有 2. 食物過敏：□無　□有，請列舉＿＿＿＿＿＿＿＿＿。 3. 藥物過敏：□無　□有，請列舉＿＿＿＿＿＿＿＿＿。 4. 其他特殊生理狀況： 　□無 　☑有，發燒時會 容易引發抽筋 。 　　　　緊張時會 容易引發抽筋 。 　　　其　他 平日睡眠品質不穩定，睡不好時會影響學習效果。

（六）緊急處理	家長/監護人姓名	張○○	指定醫院	□無 □有：＿＿＿＿＿醫院
	電話	☏＿＿＿＿＿		
	導師姓名	林老師	指定醫師	□無 □有　　醫生姓名：＿＿＿＿ 　　　　醫生姓名：＿＿＿＿
	電話	☏＿＿＿＿＿		
	認輔教師姓名	王老師		
	認輔教師電話	☏＿＿＿＿＿		

五、教育史

＊早療階段

1. 接受早療服務？□否　☑是
　機構：＿＿○○發展中心＿＿　服務項目：＿＿早期療育＿＿　起迄時間：＿兩年＿
　機構：＿＿＿＿＿＿＿＿＿＿　服務項目：＿＿＿＿＿＿＿　起迄時間：＿＿＿＿
2. 接受學前教育（3至6歲）？□否　☑是
　普通幼稚園 ＿○○○○＿　畢業班導師：＿○○○＿　聯絡方式＿＿＿＿＿＿
　學前特教班 ＿○○○○＿　畢業班導師：＿○○○＿　聯絡方式＿＿＿＿＿＿
　先就讀○○特幼班一年，之後申請緩讀入○○附幼普通班就讀一年才入小學

＊國小階段

1. 學校名稱：○○國小　□普通班＋諮詢服務　□資源班　☑特教班
　　　　　　　□特殊教育學校　　□在家教育
　　　　　　　□其他＿＿＿＿＿＿＿
2. 學業能力

	導師姓名	數學平均	國語平均
一年級	徐老師	＿＿＿＿	＿＿＿＿
二年級	＿＿＿＿	＿＿＿＿	＿＿＿＿
三年級	＿＿＿＿	＿＿＿＿	＿＿＿＿
四年級	＿＿＿＿	＿＿＿＿	＿＿＿＿
五年級	＿＿＿＿	＿＿＿＿	＿＿＿＿
六年級	＿＿＿＿	＿＿＿＿	＿＿＿＿

彙整過後之寫法

一、基本資料（入班日期：○○年○月）

學生姓名	小琇（女）	出生年月日	○/○/○	身分證字號	A○○○○○○○○○
年級班別	一年二十班	父	張爸爸	教育程度/職業	大學/會計事務所負責人
就讀學校	○○國小	母	張媽媽	教育程度/職業	專科/家管
聯絡地址	台北市○○區○○路○○號			聯絡電話	○○○○○○○○
鑑定類別	智能障礙（持有身障手冊：中度）			擬定者	徐老師
會議日期	○/○/○	開始日期	○/○/○	檢討日期	○/○/○

二、簡易家庭狀況、發展史、醫療史、教育史

1. 家庭史：小琇與父母同住，在家中排行最小，上有兩個哥哥，家庭中親子關係良好，母親極為照顧小琇。在入小學的鑑定安置會議上，母親希望小琇能就讀普通班以增加同儕互動，經分析能力後，同意讓小琇於啟智班就讀。
2. 生長史：出生時父 37 歲，母 34 歲，家中無其他身心障礙者。母親懷孕時無特殊身心情況，小琇為足月順產，出生後因睡覺常抽搐而帶去醫院檢查，發現其有癲癇及身心異常的狀況；各項能力皆顯現遲緩落後。4 歲時鑑定為智障中度領有身障手冊。
3. 醫療史：家長自發現異常後持續接受過物理、職能、語言、感統治療，目前接受治療的醫院為○○醫院。因有癲癇所以在家服用 DEPAKINE 藥物，此外為改善小琇的體質，促進其腸胃吸收、睡眠安定，亦有服用中藥。平時小琇易因感冒發燒引發抽筋，不感冒時睡眠品質不穩定，易影響起床後到校學習的效果。
4. 教育史：小琇先後就讀過○○兒童發展中心、○○附幼特教班及○○附幼普通班，幼稚園緩讀一年（由特教班轉為普通班）後，才進入○○國小啟智班就讀，目前已有部分課程融合於普通班。

 省思

IEP 的撰寫不是應該採用何種格式的問題，而是如何將已經得知的各種資訊做有系統的統整。

檢查一下

1. 包含姓名、性別、出生日期、障礙類別、就讀年級、班別、監護人、聯絡電話、住址,身障手冊有無。
2. 簡述對學生有影響的重要成長記事。
3. 簡述對學生有影響的病史或用藥等。
4. 簡述家庭對學生的影響,例如教養方式、主要照顧者、主要語言、父母婚姻狀況、經濟狀況等。
5. 簡述接受教育的情形及績效。

▶ 貳、全人評量 ◀

評量的功能在 IEP 中所扮演的角色除了建立學生能力現況的資料外，更進一步影響學生未來的教育目標、教學計畫的擬定。本篇主要在說明 IEP 中評量結果摘要與學生能力現況的書寫內涵、可能會使用到的評量工具，以及教師在書寫時應該把握的原則。有關測驗工具的簡介與運用請見第五章與 IEP 相關的資源彙整。

一、全人評量的內容

內容依《特殊教育法施行細則》第 18 條規定：學生各項能力現況應包含了認知能力、溝通能力、行動能力、情緒、人際關係、感官功能、健康狀況、生活自理能力、學業能力等能力現況。每個項目中評量的內容詳如下頁表所示。

二、如何進行評量

評量（assessment）是指教師蒐集、綜合與解釋學生基本資料，並做出各種教學決定的歷程（郭生玉，2004）。在這樣的歷程中，教師會運用各種方法來進行資料蒐集，如：學生的測驗成績、各種正式和非正式的觀察結果、學生作業表現……等。在 IEP 的能力現況描述中，教師是將已蒐集到的各項學生的評量資料做綜合性的歸納整理，而各項能力評量的內涵不盡相同，所以教師在書寫此部分時可先了解評量的各種方式。

評量的方式中，以數量來描述特質的方式稱為測量（measurement），而測驗就是指透過行為樣本（sample of behavior）來測量個人特質的一個有系統的程序。測驗依標準化的程度可分為「標準化測驗」與「非標準化測驗」（郭生玉，2004）：

1. 標準化測驗（standardized test）：是指具有一定的編製過程、施測程序、解釋方式且經過信度、效度的考驗，來建立常模的評量工具（Cohen & Swerdlik, 2005）。

2. 非標準化測驗（non-standardized test）：是教師以非正式的方式，依自己教學所需而編製的測驗。測驗的編製過程、實施、計分等程序較缺乏標準化，但較能考量學生需求與教學目標。

此外，若依分數解釋方式的不同，測驗又可分為「常模參照測驗」與「標準參照測驗」：

1. 常模參照測驗（norm-referenced test）：是指將測驗的結果依據分數在團體中的相對位置加以解釋的一種測驗。此測驗的主要目的是在區分學生間的成就水準。

評量結果綜合摘要

認知能力
認知能力的評量內容包括：記憶力、理解力、注意力、推理能力、後設認知能力、邏輯、空間概念、基本概念……等。

溝通能力
溝通能力可經由聽、說、讀、寫四個向度來分析。聽包含聽覺理解、聽覺記憶等；說屬於口語表達的部分，包括構音、音質、音調、音量、共鳴、語暢、語法、語意、語用等；讀的能力包括識字能力和閱讀理解能力；寫的能力有造詞能力、造句能力、國字書寫能力、近端抄寫、遠端抄寫、聽寫等。除此，中重度兒童的溝通方式、溝通效能、言語機轉……等，替代溝通方案運用情況。

行動能力
行動能力評量的內涵有：站立、步行、平衡、上下樓、跑步、獨立行動等。

人際關係
人際關係是指團體參與、合群、師生溝通、社交技能等內涵。

情緒
評量情緒的向度有情緒穩定、情緒表達、情緒管理、挫折容忍度等。

感官功能
感官功能包含有視知覺、聽知覺、觸覺、嗅覺、動覺、粗動作、精細動作等。

健康狀況
學生的健康狀況包括：身體健康、出缺席、特殊疾病、生理缺陷等。

生活自理
生活自理能力，如：如廁、飲食、衣著、穿鞋、簡易清潔、居家休閒等。

學業能力
學習動機、態度、潛能、策略、學業表現等。

其他
特殊性向、興趣、多元智能檢核、人格特質、社會適應、特殊表現、偏差行為等。

2. 標準參照測驗（criterion-referenced test）：是指測驗的結果根據教學前所定的標準而加以解釋的一種測驗。此測驗的目的在於了解學生的學習是否有困難存在。

相對於上述的評量方式，美國在 1990 年期間興起了另類的評量方法，這些教學評量主要是重視：(1)高層次能力的評量；(2)強調使用真實的問題；(3)採用多元的評量方法；(4)使用多向度的分數；(5)重視評量的歷程，這些評量的方式包括了以下幾種（張世彗、藍瑋琛，2004；陳麗如，2001）：

㈠實作評量（performance assessment）

學生的口頭表達能力、解決問題的能力、將數學概念應用在日常生活中的能力等等，無法運用客觀的紙筆測驗來加以正確評量，而需要根據學生在作業歷程和結果的表現情形，此種以實際表現行為為主的評量方式稱為實作評量。因為此種評量是強調在真實的情境中實際操作，所以又可以稱為真實評量（authentic assessment）（鄒慧英譯，2003）。

㈡生態評量（ecological assessment）

是一種透過觀察與其他蒐集資料的方式，直接針對個體目前或未來可能接觸的家庭、學校、社區等環境中所表現出的各種能力進行分析，進而設計更符合學生需求之教學目標及內容的評量歷程。

㈢動態評量（dynamic assessment）

動態評量的目的是評量學生如何產生學習、學習如何發生變化，及學生對教學的反應。且在評量的過程中，評量者以充分的互動過程評估學生的潛能，提供學生各種形式的誘導、協助，並促使學生在評量的過程中同時進行有意義的學習。

㈣檔案評量（portfolio assessment）

又名卷宗評量，指在學生學習過程中彙集相關的各項資料，教師針對評量的需要，找出切要的教學目標與計畫，進行成套的評量，而非零碎個別項目的考核，具有持續累積的評量效用。也就是請學生持續一段時間主動蒐集、組織與省思後的成果檔案，則成為教師評定其努力、進步與成長的依據，因此學生能夠選擇適合自己的評量方式來呈現自我的學習成果。

㈤課程本位評量（curriculum-based assessment）

　　課程本位評量（CBA）是一種用直接觀察和直接記錄學生在課程中表現的測量過程，並作為教師教學決定的依據。也就是以工作分析與精熟測驗的學習原理，針對學生的學習內容進行評量。它包含了以下三點特色：(1)一定的施測材料，評量內容選自學生的課程中；(2)必須經常且重複的施測；(3)測驗的結果應作為教育上的決定。

㈥功能性評量（functional assessment）

　　乃是一種蒐集行為資料並分析其行為的前因與後果的過程。其主要的方式是利用功能性分析來系統地操弄環境事件，以實驗證實事件是控制特定行為的前因，或維持特定行為的後果。

 省思

選擇評量方式時，教師除了選用常見的標準化測驗工具外，可以配合非正式評量以及觀察、訪談等技巧來描述學生的能力現況。

三、評量結果的書寫

　　在蒐集各項學生的評量結果記錄後，教師可將各測驗、觀察資料依其性質分別記錄於各項學生能力現況中。標準化測驗結果除了記錄測驗得分外，亦對其結果進行解釋。

　　在撰寫時應注意以下幾點：

1. 標準化測驗僅有量化的數字，教師應將量化的資料意義化，如：撰寫小英認知能力現況時，除了記錄《魏氏兒童智力量表》結果為FIQ＝105外，亦需補述「智力中等」……等說明。

2. 非標準化評量方式不能僅用勾選表示，需要明確說明學生現有之能力水準，如：小琇的閱讀能力相當於一年級兒童。

3. 明確的分析學生行為問題之定義及成因於能力現況中，如：小棋在上課時發出怪聲是因為要吸引導師的注意。

4. 教師需依照《特殊教育法》規定之十項能力進行書寫，各種評量的結果需做統

整分析，不應分別敘述或是出現前後矛盾的情況。

5. 避免將十項能力的撰寫錯誤放置，使得能力現況分析變得雜亂無章。如：國語、數學應放置在學業能力現況來描述，而非認知能力；聽說讀寫能力不應放置於認知能力裡撰寫，應該放在溝通能力現況中；知覺動作能力可放置感官能力或是行動能力。

6. 應該將校內專業團隊的評估結果納入評量結果摘要之中。

7. 撰寫時應依學生個別的需要，選擇適合與多元化的評量方式。

8. 在撰寫時應給予客觀的評價，避免使用教師個人的價值感受或以批評的方式來進行書寫。如：「小明人際關係很差是因為不愛乾淨、狂妄自大以至於班上有一半以上的同學排斥他」，應修正為「根據導師、班上同學訪談的結果顯示小明的人際關係不佳，主要是因為其衛生習慣與個性較自我中心所致。」

9. 在陳述學生的能力現況時要以普通班學生為參照標準。如：小雨識字的能力約落後同年級學生 2 個年級的水準，只有小二的程度。

10. 書寫標準化評量結果時除了寫出評量工具的名稱，也要詳細列出施測者與評量日期。

評量結果摘要的撰寫

學生入班鑑定報告

依評量的十項能力及學生的學習及障礙特質，選擇適當的評量工具與方式

轉銜相關資料

相關資料蒐集

生長史醫療史教育史

綜合研判、撰寫評量結果

曾接受過之專業團隊治療之相關資料，例如：語言、物理、職能治療

運用評量結果分析學生優弱勢能力，作為設定學生個別化教育計畫學年/學期目標的依據

⭐ 🐭 注意　撰寫原則

1. 標準化與非標準化測驗的結果，應以文字加以說明，並詳列出各項名稱與施測日期。
2. 學生的行為問題要明確地定義並說明原因。
3. 明瞭《特殊教育法》規定之十項能力的內涵並蒐集學生多元評量之資料進行撰寫。
4. 撰寫時要以客觀的角度進行統整性的分析。

㈠評量結果摘要與能力現況寫法（範例一　小君）

評量摘要（特殊教育法施行細則第 18 條第一項第一、四款）

評量結果摘要		
測驗名稱	施測者/日期	結果
兒童認知發展測驗	王老師/ ○○年○月○○日	原始分數 67 分，百分等級 71。
聽障國小新生入學聯合鑑定知覺動作能力評量表	王老師/ ○○年○月○○日	得分 26 分（總分 30）。
語言發展遲緩兒童語意發展檢核表	陳老師/ ○○年○月○○日	小君的語意發展年齡約 4-7 歲之間，通過百分比約 71%，7-9 歲之通過百分比為 25%。
魏氏兒童智力量表 （WISC-III）	曾老師/ ○○年○月○○日	評量結果全量表 IQ 103、語文 IQ 96、作業 IQ 111，整體而言智力屬於中等程度。
中文閱讀理解篩選測驗	曾老師/ ○○年○月○○日	總分 26 分，百分等級為 29，對照年級得分平均數，小君未達二年級的閱讀理解程度。
國小學童多元智能取向量表	劉老師/ ○○年○月○○日	小君自評結果顯示肢體動覺智能得分最高，而音樂智能得分最低。
能力項目	現　況　描　述	
認知能力	1. 從小君在《魏氏兒童智力量表》（WISC-III）的表現上來看，可知小君的智力屬中等程度，作業智商優於語文智商，就四項因素指數與分測驗來分析，小君在知覺組織的智商最高（114），而語文理解智商（94）最低，分測的得分上以圖畫補充、圖形設計的量表分數最高（13），類同測驗的量表分數最低（8）。由以上的各數據可知小君的內在能力上，以非語文的推理能力、空間概念、視覺的察覺力較佳，但在了解事物關係、運用抽象思考的能力較弱。 2. 依據《兒童認知發展測驗》施測結果顯示：小君的原始分數 67 分，高於該年齡組平均數 60.1 分，百分等級 71，智力正常。其中圖形認知和圖形推理能力高於平均數，在判斷、推理及問題解決的能力屬中等程度。 3. 由老師的觀察及與家長的訪談後，發現小君的生活經驗與同年級的學生相較下較為缺乏。	

能力項目	現　況　描　述
溝通能力	1. 聽：依據聽力師評估結果，顯示小君對於高頻音（10,000 Hz 以上頻率的音）的聽取能力較差、單耳聽取，且因缺乏好的「傾聽」習慣，所以容易沒注意到他人所講的話。 2. 説：根據語言治療師評估的結果顯示，小君在氣音（ㄙ、ㄒ）與舌尖後音（ㄓ、ㄕ、ㄖ）的發音上有不清晰與替代的情形。 3. 讀：根據《語言發展遲緩兒童語意發展檢核表》的結果顯示小君的語意發展年齡約在 4-7 歲的階段，對於時間副詞的理解與使用有困難；此外，根據《中文閱讀理解篩選測驗》的施測結果顯示小君的閱讀理解能力未達二年級的程度，在閱讀的相關能力中，「理解文本內基本事實」的能力最佳，「抽取文章大意」與「比較分析」的能力最弱，皆未達二年級的程度。 4. 寫：根據資源班老師的課堂觀察，小君的國字書寫能力佳，字體工整，少有錯別字及拼音錯誤，但書寫句子時會有文法錯誤，僅能寫出 100 至 150 字左右的日記，作文的內容無法分出段落且多為分散式的敘述，無法突顯文章的主旨或大意。 5. 人際溝通：根據教師平日的觀察及家長訪談的結果顯示，小君以口語為主要的溝通方式，並輔以讀話來了解對方所傳達的訊息，表達意願主動，表達時能專心注視對方，並呈現適宜的表情與肢體動作，若與他人在「面對面的溝通情境下」能有最佳的溝通效能。
行動能力	1. 根據《聽障國小新生入學聯合鑑定知覺動作能力評量表》評量結果為 26 分（總分 30），顯示小君在動作、視知覺的發展良好。 2. 依據普通班與資源班老師的觀察，小君的大肌肉、精細動作的表現亦正常無特殊問題。
人際關係	根據平時之觀察及與導師、家長訪談結果得知，小君平日與同學相處融洽，在普通班中有特別要好的幾位朋友，且與老師互動良好。
情緒管理	依據資源班老師之觀察，小君的情緒穩定、態度樂觀。
感官功能	根據資源班老師之觀察，小君上課時易有斜眼看黑板的情形。
健康狀況	1. 依據身心障礙手冊之登記，左耳裸耳之聽力損失為 100 dB，矯正後聽力損失為 47dB，右耳全聾。 2. 健康狀況良好，無特殊疾病。
生活自理	從教師及家長訪談中了解，小君在日常生活自理方面沒有特別的問題，遇到困難（如：需要打電話回家），亦會主動尋求老師的協助。
學業成就	從相關任課教師訪談中了解，小君的學習態度積極認真，課堂學習專心；國語學習方面，小君在班上的成績表現為乙等（80 分-90 分），能閱讀二年級的課文與寫出約 100 至 150 字的短篇日記，但仍常有句子結構不完整及語法上錯誤的情況產生；在數學學習方面，小君上學期的數學成績為乙等（80 分-90 分），根據普通班與資源班老師的觀察，小君計算能力佳，但對於應用題的題意理解能力較弱，因此影響作答的正確性，目前仍可藉由重複練習與家長輔導，達到班上平均的水準。
其　　他	根據《國小學童多元智能取向量表》的結果顯示，小君的八項智能得分由高至低分別為肢體動覺、空間、人際、博物、邏輯數學、語文、內省、音樂。由此可知小君認為自己在有效運用身體來表達想法與感覺，以及改造事物的潛在能力方面能有較好的表現，而察覺、辨別、改變和表達音樂的能力較弱。

㈡評量結果摘要與能力現況寫法（範例二　小琇）

各式評量結果摘要			
測驗名稱	施測者	日期	結果
嬰幼兒測驗	徐老師	93 年 10 月	粗動作約 4 歲、精細及適應約 18 個月、語言 17 個月、社會性 2 歲 3 個月
能力項目	現　況　描　述		
認知能力	從教師平日的觀察中了解，小琇可以記得教室、書包位置，顯示她有觀察注意周遭環境的能力。亦能指認常用圖卡約 10 張。此外，注意力不足，眼神注視只有短暫 5 秒鐘；對於分類、配對、模仿的概念尚待發展。		
溝通能力	依據教師的觀察，小琇在熟悉的情境下能聽懂簡單常用的指令並做反應，如：拿椅子、喝水……。亦能回答簡單的疑問句。而表達多處於單詞階段，如：指著蘋果說「果」；另外對於日常的需求，小琇多用手勢及肢體動作，如：拉人來表達之。		
行動能力	依據職能、物理治療評估結果顯示，小琇可以自由行走，但由於她的肌肉張力較低，因此在進行攀爬、抓握活動時，手部及身體的靈活度與力道不足。在大動作協調性及平衡方面，可以拿椅子自行上下樓梯，但還不會單腳站、跳。精細動作的手眼協調、操作活動部分尚須協助。		
人際關係	從平日觀察發現，小琇個性開朗會主動親近照顧者及老師，在提示下也會跟老師道早安！但對陌生人較無戒心。此外小琇會有許多行為問題，如把東西放進嘴巴來引起老師注意。較缺乏與同儕的互動，下課時多四處遊晃。在社交方面，她能接受普通班同學的引導協助，但較不會主動去跟同學互動。目前在協助下已能參與大團體的活動。		
情緒管理	從平日觀察中發現，小琇在剛到校或睡眠不足、精神不濟的時候，會有哭鬧及排斥活動的現象。此外，對於她不喜歡的活動，會出現尿遁的行為。		
感官功能	小琇的聽覺正常，視力曾檢查出有遠視情況。平日會有流口水、伸舌頭、咬東西等現象，雙唇閉合不佳，舌頭能往前伸，但往上下、左右較不靈活。偶爾會流口水，咀嚼較硬食物有困難。精細動作方面能以前三指握筆進行塗鴉，但筆觸很輕。		
健康狀況	由父母的訪談得知：小琇有癲癇的狀況，目前仍有用藥。對天氣敏感，只要天氣變化就容易癲癇發作及感冒。		
生活自理	從平日觀察發現，小琇會主動表達生理上的需求，會自己脫衣服、鞋子，也會自己穿鞋。但對於穿襪子、小內褲等需要手部用力拉的動作時需要協助！會自己去沖洗雙手，但沖洗的動作需要協助。會使用湯匙舀食物進食，灑落少許；用餐時會一手扶著餐盒，另一手拿湯匙進食。不會撕開食物的包裝袋（如糖果紙、洋芋片袋等）。		
學業能力	依據教師評量結果發現：小琇多以操作，輔以模仿、指認圖卡的方式進行實用語文之學習，目前約可指認 10 張左右的常用圖卡，如：杯子、水、車……等，對於操作性活動的學習意願高，會主動表達想再做一次。實用數學方面，小琇會自己完成 1-10 的唱數，在旁人提醒下可以完成 10-20 的接力唱數，目前仍未建立一對一、數與量的對應概念。		

✏ 注意 常犯錯誤提醒

1. 標準化測驗僅有量化的數字，教師應將量化的資料意義化，增加質性的說明。

2. 非標準化評量方式不能僅用勾選表示，需要明確說明學生現有之能力水準。

3. 明確的分析學生行為問題之定義及成因於能力現況中。

4. 依照《特殊教育法》規定之十項能力進行書寫，各種評量的結果教師需做統整分析，不應分別敘述或是出現前後矛盾的情況。

5. 避免將十項能力的撰寫錯誤放置，使得能力現況分析變得雜亂無章。

6. 應該將校內專業團隊的評估結果納入評量結果摘要之中。

7. 撰寫時應依學生個別的需要，選擇適合與多元化的評量方式。

8. 在撰寫時應給予客觀的評價，避免使用教師個人的價值感受或用批評的方式來進行書寫。

9. 在陳述學生的能力現況時要以普通班學生為參照標準。

10. 書寫標準化評量結果時除了寫出評量工具的名稱，也要詳細列出施測者與評量日期。

▶ 參、分析優弱勢能力 ◀

優弱勢能力的決定主要是依個人內在能力相比較之下而產生出來的，亦即是相對的優勢或弱勢能力。

1. **何謂弱勢能力？**簡單的說：影響或阻礙個人功能（包括溝通、社會人際、情緒、學習、動機態度、動作等）發揮的能力或明顯有困難的能力，即可稱為個人的弱勢。例如：學生常常使用拍打方式與人互動而導致人際衝突，則「使用不當的社會互動方式」即是其弱勢能力；又如：情緒控制能力差或專注力只有 10 秒鐘等等，皆是明顯表現困難之能力，即為其弱勢能力。

2. **何謂優勢能力？**只要是有助於提升個人功能發揮，或表現明顯優異的能力皆可稱之為優勢。例如：IQ50 的智障生，若學習態度積極，有助於其學習，那麼「學習態度積極」就是其優勢；又如：音樂節奏感表現常常獲音樂老師讚賞，這也是其優勢能力。

下面以一個案例實際說明優弱勢之書寫方式。

優勢	1. 在教師的鼓勵下，會有學習的動機與欲望。 2. 做事負責細心，烹飪手藝不錯。 3. 斯文、乖巧，不太會與人發生爭執。 4. 會抄寫，字體工整，能依照老師所要的說明寫出老師所要的內容。 5. 數學的學習能力、成就比語文的學習能力、成就來得好。 6. 生活自理能力佳，視力、聽知覺、觸、嗅覺正常，行動自如，精細動作能力也不錯。
弱勢	1. 在班上國語、數學成績長期低落，與同儕相較程度仍較為落後。 2. 國字基本字的認、讀、寫能力較弱，無法寫出完整通順的句子。 3. 語文理解能力弱，導致常常不知題意，無法思考題目的內容，弄不清楚抽象或較複雜的符號或詞彙，學習速度慢，閱讀理解時需要較多時間。 4. 對抽象概念不易理解，且興趣不高。 5. 短期記憶弱，經常無法記住剛才才說過、教過、複習過的事物、內容、話語。 6. 自信心較弱，喜歡管別人的事。對自己的答案不肯定，無自信，因而會參考他人的作答。 7. 會分心，注意力差。 8. 家庭支持度不佳、屬單親家庭，常一個人在家，缺乏照顧。

一、如何看待優弱勢能力

特殊教育一向強調依據學生能力提供適當的教學，而特教人員與家長在評量學生能力現況時，經常聚焦於學生的弱勢，看到的是學生還有哪些能力不會，哪些需要再加強，並依據學生弱勢來訂定教學計畫與目標，目的是為了提升其弱項的能力。但是對身心障礙學生而言，他們的弱勢能力通常也是最受限的部分，往往投入大量的時間與精力，卻未必有相對等的學習成效。

心理學家迦納（Howard Gardner）所提的多元智能理論指出，心智中解決問題的能力是多面向的，這超越了過去只把智能窄化為優異的語文和數學表現的傳統觀點。因此，我們應將身心障礙學生視為一個擁有許多智能的個體，他或許有口語溝通上的困難，但在人際互動表現上卻有很好的人際關係；也或許他在邏輯—數學方面有困難，但在音樂上卻有十足的興趣。所以，面對一個特教學生時，是不是完全只著眼於學生的弱勢補救，是值得我們思考的。

其實，從增進學習動機的角度來看，覺察學生的優勢能力，提供大量的表現機會，建立其學習的成就感與自信心，必然會在學習的過程中增進學習動機與注意力，這在學習或提升其弱勢能力的部分有很大的助益。

發掘與善用學生的優勢能力來引導與提升其弱勢能力的學習動機，也是值得我們思考的方向。針對因受限於某一項能力而影響其他表現的學生，運用替代方案也可以跳脫其障礙，使其獲得更進一步的學習或表現。例如，閱讀理解困難的學生若具有良好的視動協調能力，就可以藉由操作一種「文字 MP3」的輔具，將文字掃描後自動轉換成聲音輸出，對聽覺型學生有很大的幫助。

善用優勢來引導弱勢能力的學習的確是正向積極的態度，但過於尊崇某項單一優勢能力也可能忽略了其他能力的訓練。有些自閉症學生有明顯的優勢能力，例如擁有非常好的圖像記憶力或計算能力，但可能多停留在複製或機械式操作的階段，能作為未來職業的可能性較低。因此，我們對於學生的優勢能力，應建立合理的期待及訓練，例如藉由優勢能力的發揮獲得同儕的認同或將優勢能力發展成休閒活動、提升其注意力等等，才是正確積極的方向。

二、優弱勢能力分析寫法舉例

(一)範例一　小君

	修改前	修改後
優勢	1. 學習能力強，成績在中上程度。 2. 學習動機優良。 3. 情緒穩定，人際關係佳。 4. 數學計算能力佳。 5. 大小肌肉發展操作協調。	1. 學習能力強，整體成績在班級中屬於中上程度。 2. 學習動機積極。 3. 有穩定的人際關係。 4. 數學計算能力佳。→應刪除，依據能力現況中的數學能力所述，並無提到「計算能力佳」 5. 大小肌肉發展操作協調。
弱勢	1. 聽覺障礙導致在聽的反應較慢。 2. 語文能力待提升。 3. 看東西的習慣不佳，有輕微斜視。 4. 氣音與捲舌音較不清楚。	1. 聽覺障礙導致聽能較弱，在聽方面較常漏聽子音，影響口語理解。 2. 生活經驗缺乏影響語文閱讀理解。 3. 看東西的習慣不佳，有輕微斜視，宜追蹤或矯正。 4. 聽覺障礙導致部分發音較不清楚，易影響溝通。 5. 時間觀念待加強。 6. 數學能力可再提升。

＊加底線文字為建議增加或修改之內容

(二)範例二　小琇

　　因本個案之老師未擬定優弱勢能力分析內容，故就其呈現之各項能力與資料擬定出下列之優弱勢分析內容以供參考：

優勢	1. 有觀察注意日常用品擺放位置的能力。 2. 在熟悉的情境下能聽懂簡單常用的指令並做反應。 3. 個性開朗會主動親近照顧者及老師。 4. 會以手勢或肢體動作表達生理上或日常生活需求。 5. 能被動接受普通班同學的引導協助。 6. 對於操作性活動學習意願高。
弱勢	1. 注意力短暫，眼神注視只有 10 秒鐘。 2. 肌肉張力較低，在大動作協調性與平衡方面，及精細動作協調操作活動部分尚須注意與提供協助。 3. 使用不當方式吸引老師注意。 4. 精神不濟的時候，會有哭鬧及排斥活動的現象。 5. 天氣變化就容易癲癇發作及感冒。 6. 學習或參與團體活動都須有人一對一在旁提醒與協助。 7. 休閒能力與同儕關係缺乏。 8. 部分自理能力需人協助。

注意　分析優弱勢時可能會常犯的錯誤

1. IEP 內容中缺乏優弱勢分析或分析的能力向度較少。
2. 只注重弱勢能力的分析，缺乏優勢能力分析的內容。
3. 只描述認知與技能能力展現的優弱勢，缺乏如動機與學習態度等情意方面能力的優弱勢分析。
4. 分析個案優弱勢能力時只單純採用個體間的比較（即與其他人相比較），忽略了應以個體內能力相比較之下的分析為主。
5. 個案家庭支持度的優弱勢常會被忽略。

▶ 肆、決定特殊需求 ◀

　　IEP的精髓在於提供的特殊教育能滿足身心障礙學生之特殊需求，而根據這些需求才能導向實際且有效的服務內容與課程安排，如教育安置、教育目標及課程設計等等。

　　對教師而言，如何正確且完整評估學生的特殊需求是很重要的，如果對學生的特殊需求判斷有誤，勢必直接影響教育目標與課程設計的擬定，對於特殊教育服務的效果會大打折扣，甚至多走冤枉路，影響學生的權益。

一、特殊需求考量的原則

　　可依下列三個方向來思考：

㈠障礙狀況對學生在普通班上課及生活之影響

　　意指針對其影響而提供必要之協助，或者調整學習相關內容及教學活動。例如肢障或腦性麻痺學生在普通班級上體育課，就會考量其先天生理限制而決定是否調整體育活動操作方式及活動量；肢障或腦性麻痺學生在上課教室的轉換中亦會因其障礙而需人員協助或甚至需安排提前前往下一個活動地點。

　　又如聽障生在普通班級內上課，可能就會因其障礙而需調整說話教材，或者老師在上課配戴 FM 調頻發射器，並於講解時將說話速度放慢；在社會互動上，需要老師或同學調整對聽障同學的說話速度，及耐心等待聽障同學的說話。

　　再如自閉症學生在普通班級中，我們可因應其優勢的視覺學習管道，使用視覺化的教材教具，以利其學習；在生活作息上，因自閉症學生對情境理解與建構能力的弱勢，我們可以使用視覺化作息表以減輕其焦慮，增進其適應。

㈡優弱勢能力的發展：弱勢能力的補救與替代、優勢能力的發揮

- **弱勢補救**：如學科補救教學、教導自閉症學生社交技巧。
- **弱勢替代**：如教導「計算能力缺陷」的學生使用計算機。
- **優勢的發揮**：優勢能力的發揮可以提升自信心及幫助情緒穩定。特殊生在一般教育環境中較易有挫折感而導致低自我形象，所以如何發揮學生的優勢能力，以提升學生學習動機也是值得注意的。

　　首先我們可多方培養學生的優勢能力，其方式可以如安排參加學校社團、校隊、校外才藝教室學習。即使是針對重度障礙的學生，一樣可以找出其優勢（如會聽指令傳遞物品）而加以訓練（如幫忙送物到訓導處）；再者可以安排特殊生公開表演其優勢能力的機會，如在班上、班際間或全校師生面前。

㈢需求的順序

　　學生的需求順序依其重要性大致為生理方面→生活方面→社會人際方面→學業方面。例如對有癲癇的學生而言，照顧其生理需求（如穩定的用藥）就遠比教導其學業來得優先與重要。

- 照顧生理需求：健康、用藥、睡眠、特殊飲食及感官功能等。
- 培養生活能力：生活自理、行動、安全教育、自我保護等。
- 提升社會人際能力：社交技巧、情緒、人際關係等。
- 教導學業知能：學習先備技能（注意力、記憶力等）、基本認知能力（如配對、分辨、分類等）、學科學習、策略學習等。

　　我們應該視學生的需求來提供教育服務，如一個單純的高功能自閉症兒童，他可能只需要「提升社會人際能力」的服務；一個伴隨有情緒問題的學障兒童，則可能兼顧「提升社會人際能力」及「教導學業知能」的輔導；一個輕或中度智障兒童，他可能需要的會是「照顧生理需求」、「培養生活能力」、「提升社會人際能力」、「教導學業知能」等全面性的服務。

優質 IEP：以特教學生需求為本位的設計與目標管理

考量特殊需求的原則

考量特殊需求的原則

障礙狀況對學生在普通班上課及生活之影響		1. 必要的協助 2. 調整課程與環境
優弱勢能力的發展		1. 弱勢補救 2. 弱勢替代 3. 優勢發揮
需求的順序		1. 生理需求 2. 生活能力 3. 社會人際 4. 學業知能

二、特殊需求的內容

　　老師依據學生的特殊需求而提供的服務內容，包含支援服務及資源教學兩大部分。「資源教學」指的是為學生提供直接教學的服務；相對於直接教學，「支援服務」提供的是間接服務，亦即建立學校與家庭的支持系統，以協助學生在各方面的學習與適應。其內容如下表。

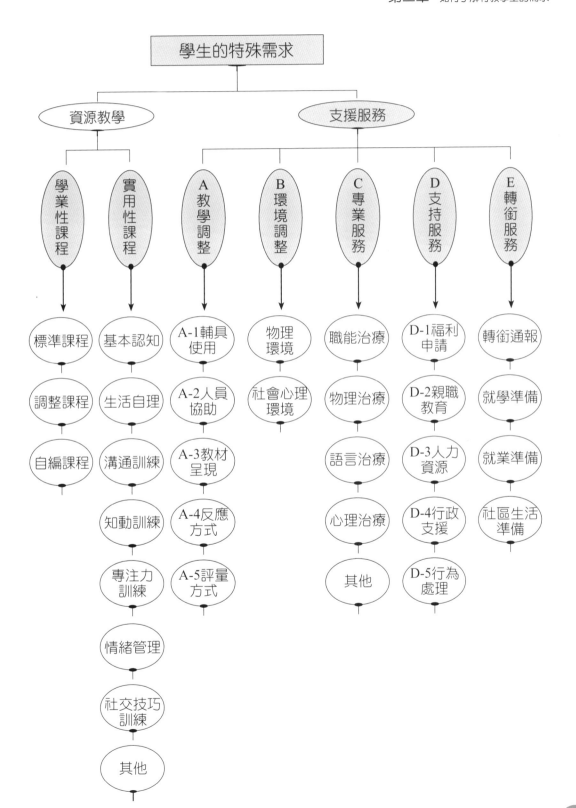

 注意 撰寫特殊需求時可能常犯的錯誤

1. 未能充分描寫出學生障礙對其在普通班上課及生活學習的影響。
2. 未整合出學生特殊的服務需求，以致常流於學業性課程的教學，例如國語、數學等；學生的口語表達能力、注意力、社交技巧、情緒管理、知覺動作等問題均未能夠依學生需要提供服務與教學。
3. 未能依學生障礙程度調整評量方式或替代性評量。
4. 校內行政支援或人力支援等支持服務缺乏明確描述。
5. 未將專業團隊的評估及建議納入。
6. 忽略了優勢能力發展的需求。

、決定特殊需求所面臨的困境

㈠困境

1. 與專業團隊合作不易

由於身心障礙學生的需求是非常多元的，無法單靠學校教育系統，與專業團隊合作勢在必行。但因經費短缺，專業人員嚴重不足，僅能優先服務迫切需要的學生，但各專業間彼此的了解不夠，資源整合有困難。

2. 與家長期待不符合

《特殊教育法》第 27 條「各級學校應對每位身心障礙學生擬定個別化教育計畫，並應邀請身心障礙學生家長參與其擬定與教育安置」；《特殊教育法施行細則》第 18 條「參與擬定個別化教育計畫之人員，應包括學校行政人員、教師、學生家長、相關專業人員等，並得邀請學生參與；必要時，學生家長得邀請相關人員陪同」。這是我國法令賦予家長參與 IEP 擬定的權益，其立意是為了保障身障生的權益。但是，特教老師根據特教專業決定出的特殊需求若與家長的期待發生落差時，究竟如何取得共識呢？

3. 學校資源有限

在「融合教育」的思潮下，各類輕、中度的身心障礙學生多安置在普通班級中，

如何依據各類身障生的個別需求，連結合適且有限的資源提供所需的特殊教育服務？另外，面對一個大量特殊需求的學生，特教老師如何在有限的教育資源與學生的特殊需求中取得適切的平衡點，在在考驗著特教老師的智慧。

㈡如何因應困境

面對身心障礙學生特教需求的多樣性，身為個案管理者的特教老師，對各專業服務內涵需有必要的了解，才能依據學生的需求，連結適當的專業服務，並且在與專業人員的溝通上容易達成共識，避免失焦。由於專業人員編制短缺，而學生需求量相當大，直接服務僅能滿足少數學生，因此，建立專業人員到校以評估及諮詢為主的間接服務模式，可能是可行的方式。

家長對子女的期待因個人經驗背景、家庭等種種因素，不一定能接納專業人員對學生評估後所提的需求建議，以立即性需求為考量，此時親師溝通的重要性可見一斑。個案管理教師在與家長溝通時，除了提供各種專業的評估與建議之外，不妨將「與家長建立彼此信任的關係」列為優先重點工作。對於家長所提的想法與建議，避免立即否決，可擇一試行看看，若試行的結果如意料中失敗，一方面家長了解學校的努力，一方面也提升家長對老師的信任；若試行的結果成功了，老師也能藉此提升專業能力，了解另一種服務的可能性，創造三贏的局面何樂不為？

另外，針對學校資源的有限性，整合校內團隊資源與連結社會資源勢在必行。在整合校內資源方面，台北市的校園特教團隊運作是可行的方式，不受限於學生的學籍，而是依據學生學業性或功能性課程的需求，以選修課程的模式到適合的普通班、資源班、特教班等學習場所接受特殊教育服務；一方面能盡量提供學生教育服務，一方面能有效運用學校資源。另外，在連結社會資源方面，除了學校行政主動與社區資源聯繫之外，老師們亦能建立人脈，連結適合的社會資源，如請大專院校的學生擔任球類社團教練或課業輔導義工等。

決定特殊需求的困境與因應之道

決定特殊需求的困境		因應之道
家長期待與專業建議有落差	→	☆建立親師間的信任關係 ☆立即性需求為優先考量
與專業團隊合作不易	→	☆了解各專業的內涵 ☆建立專業間對話機制 ☆建立有效的專業團隊到校服務模式
學校資源有限無法滿足學生全部需求	→	☆推動校園特教團隊運作 ☆連結社會資源 ☆與家長協商,選擇對孩子最主要的優先服務

四、特殊需求寫法舉例

範例一　小君

修改前	1. 小君語文能力較弱,因此須加強溝通、閱讀、語文能力的訓練,因此安排其至資源班每週六節課,以提升其語文能力。 2. 在普通班上課方面,應注意座位宜安排在能看見老師面部表情的位置。 3. 希望導師能安排熱心的小老師提醒其課堂學習與生活作息。 4. 該生在大班教學時需配戴 FM 系統,希望任課老師皆能協助輔導小君使用。
修改後	1. 小君語文能力較弱,須增加溝通、閱讀、語文能力的訓練,因此安排其至資源班每週六節課,以提升其語文能力。→提供實用性課程 2. 在普通班上課方面,應注意座位宜安排在能看見老師面部表情的位置。→B 環境調整 3. 希望導師能安排熱心的小老師提醒其課堂學習與生活作息。→A-2 教學調整之人員協助及人力資源 4. 該生在大班教學時需配戴 FM 系統,希望任課老師皆能協助輔導小君使用。→A-2 教學調整之人員協助 5. <u>尋求專業團隊的服務,包括語言治療師的評估與治療建議及聽障巡迴輔導教師的評估與建議。→C 專業服務</u> 6. <u>尋求醫療評估斜視問題與矯正方式,輔導或訓練該生執行矯正方式。→C 專業服務</u>

＊加底線文字為建議增加或修改之內容

範例二　小琇

修改前	1. 提供生活照顧（如廁、飲食、餵藥、穿脫衣物等）及訓練。 2. 活動的安排能多以操作性為主，教材教具需視需求放大使用。 3. 建立小琇日常生活規範、服從性，及能提供贏得他人注意的適當行為。 4. 培養小琇基本學習能力（模仿、分類、點數能力）。 5. 培養一至兩項休閒活動或遊戲。 6. 提升大動作與精細協調的能力。 7. 提升注意力。 8. 訓練認讀圖卡及增進圖卡溝通能力。
修改後	生理： 1. 與醫生聯繫了解癲癇對個案的影響與限制、觀察服藥效果、追蹤回診與服藥之穩定。→C 專業服務 2. 尋求專業團隊的服務，包括語言、職能、物理等治療的評估與治療建議。→C 專業服務<hr>生活： 1. 提供生活照顧（如廁、飲食、餵藥、穿脫衣物等）及訓練 　D 支持服務之人力資源課程　←　資源教學之實用性課程 2. 培養一至兩項休閒活動或遊戲能力。→資源教學之實用性課程 3. 提升大動作與精細協調的能力。→資源教學之實用性課程 4. 提升注意力。→資源教學之實用性課程 5. 該生無法自行上下學，申請交通補助費。→D-1 福利申請<hr>社會： 1. 建立小琇日常生活規範、服從性，及能提供贏得他人注意的適當行為。→D-5 支持服務之行為處理<hr>學業： 1. 活動的安排能多以操作性為主，教材教具需視需求放大使用。→A-3 教學調整之教材呈現 2. 培養小琇基本學習能力（模仿、分類、點數能力）。→資源教學之實用性課程 3. 訓練認讀圖卡及增進圖卡溝通能力。→資源教學之實用性課程 4. 小組或團體學習時需要教師助理員或義工一對一在旁指導。→A-2 教學調整之人員協助及人力資源

＊加底線文字為建議增加或修改之內容

▶ 伍、資源教學與支援服務 ◀

一、支援服務

支援服務內容包括教學調整、環境調整、專業服務、支持服務及轉銜服務等五項，其中各項所囊括的內容將分述如下。

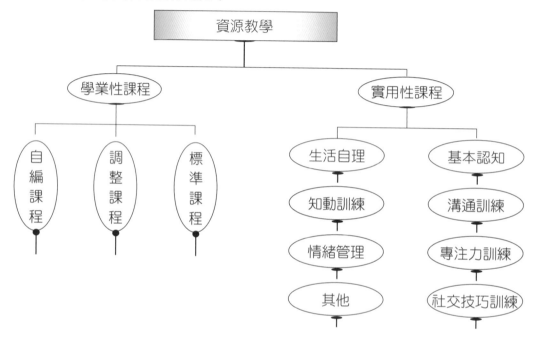

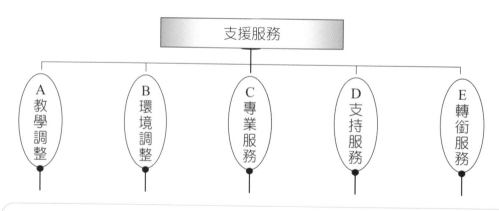

⭐ 注意　資源教學

老師提供的資源教學分為學業性課程及實用性課程，內容如上表，詳細說明請見本章柒課程設計。

支援服務 A：教學調整

內容包含輔具使用、人員協助、教材呈現、反應方式、評量方式，分述如下。

A-1 輔具使用

輔具在身障生的生活、溝通、學習、行動上扮演重要的角色，協助身障者發展獨立生活的能力，也增進其主動表達自身想法及與他人積極互動的機會。

在輔具選用方面，需請相關專業人員（如物理、職能、語言治療師）協助做縝密的輔具需求評估，確保學生能夠得到適用的輔具，並且由專業人員協助學生與教師、家長進行輔具使用的訓練，學生使用輔具期間若有任何問題，教師都應立即與專業人員聯繫，請他依據學生身心狀況的改變做進一步的評估或追蹤處理，如調整或更換輔具。

A-1 輔具使用				
生活方面	□特製湯匙 □特製碗盤	□特製水杯	□萬能把手	□特殊開關
	□活動式馬桶			
溝通方面	□盲用電腦 □溝通板	□調頻助聽器		
行動方面	□助行器 □輪椅	□爬行器		
醫療復健	□站立架 □升降桌	□擺位椅	□副木	□矯正鞋
	□人工電子耳			
學習工作	□盲用電腦 □觸碰式螢幕	□特殊滑鼠	□電腦擴視系統	□有聲電腦
	□點字列表機 □有聲計算機	□點字書籍	□放大課本	□握筆輔助器
	□調頻助聽器 □FM 調頻式接收器 □FM 調頻式麥克風			

A-2 人員協助

意指提供身障生在學習上的人員協助，如下列一覽表。

A-2 人員協助					
□代抄筆記	□手語翻譯	□報讀服務	□錄音	□提醒服務	□安排導生
□同步聽打員	□其他_____				

A-3 教材呈現

不同的教材及因著學生的障礙特質不同，教材呈現應多予考量，其呈現方式如下列一覽表。

A-3 教材呈現
□□說　□圖示　□實物　□書寫　□演示　□其他＿＿＿＿＿＿＿＿＿＿＿＿＿＿

A-4 反應方式

　　針對特殊學生不同的障礙特質，在要求學生表達或反應時可以透過其優勢管道來表現，以避免低估了學生的能力。可以實施的反應方式有：

A-4 反應方式
□書寫　□□語　□手語　□肢體語言　□溝通輔具　□電腦　□其他＿＿＿＿＿＿＿

A-5 評量方式

　　依據《各級主管教育行政機關提供普通學校輔導特殊教育學生支援服務辦法》第 11 條所提「……應依普通班學生成績考查規定，衡酌學生之學習優勢管道，彈性調整其評量方式。必要時得提供點字、錄音、報讀及其他輔助工具，並得延長考試時間。」

　　因此，依據學生的身心狀況，在評量的方式上也要做一些調整。例如，允許使用輔具、考題的部分可以用口頭、手語、錄音機等做解釋說明；做答的方式也可以書面、口頭、手語、電腦、旁人協助或解釋等做調整；也可以視狀況以單獨、小組作答、在資源班作答、在家作答等方式；或延長考試時間、增加施測次數、考試時增加休息次數等。這些因應身心障礙學生的需求所做的調整，目的都是為了排除身心障礙對其之影響，使其也能獲得公平的學習和評量。

A-5 評量方式					
輔具使用	□特製桌椅	□盲用電腦	□放大鏡	□擴視機	□調頻助聽器
考題呈現	□解釋說明	□報讀	□放大試卷	□點字	□電腦
作答方式	□書寫	□□頭	□手語	□指出	□電腦
	□其他＿＿＿＿＿＿＿＿＿＿＿＿＿＿＿＿＿＿＿＿＿＿＿				
情　　境	□單獨作答	□小組作答	□在資源班作答	□在家作答	
時　　間	□延長考試時間	□分次施測	□考試時增加休息次數		
其他＿＿＿＿＿＿＿＿＿＿＿＿＿＿＿＿＿＿＿＿＿＿＿＿＿＿＿＿＿＿					

支援服務 B：環境調整

　　環境方面可分物理環境和社會心理環境兩大部分，物理環境係指無障礙的學習空間與生活環境；社會心理環境則可分為身障者本身之心理調適，以及校園師生（社會大眾）對其身心特質的了解與接納。

　　以身心障礙者的角度來思考如何適當調整學習環境，可以讓他們學得更好。如針對視聽障的學生，需考量座位的安排，還有光線、色彩的部分應按其需求做調整，而資料的傳遞可透過擴音電話或傳真的方式。

　　至於肢障或腦性麻痺的學生則必須考慮他的行動狀況，因此教室位置、座位安排、課桌椅的調整、盥洗室改良、電梯、斜坡道和扶手、走道通路之無障礙設計和停車位等都需做設計和安排。

　　物理環境只是硬體的考量，其實社會的接納度更是重要，如班級氣氛、同儕師生關係、親師互動等都會影響身障學生是否能適應所處的環境。這個部分可以透過特教宣導提升外界對身障者的了解和接納。此外，提供身障生輔導和諮詢也能協助他早日融入所處環境。

B 環境方面

物理環境

☐教室位置　　☐座位　　☐桌椅　　☐隔音　☐光線　☐色彩　☐擴音電話或傳真

☐盥洗室　　　☐樓梯　☐升降梯　☐室內通道走廊　　☐室外引道通路

☐室內出入口　☐避難層出入口　　☐斜坡道及扶手　☐停車位

☐其他＿＿＿＿＿＿＿＿＿＿＿＿＿＿＿＿＿＿＿＿＿＿＿＿＿＿＿＿＿＿

社會/心理環境

☐班級氣氛　☐同儕關係　☐師生關係　☐親師關係

☐教室規則　☐學習動機　☐學習態度　☐其他＿＿＿＿＿＿＿＿＿＿＿＿＿

支援服務 C：專業服務

各項專業人員的職責

專業人員	職責	需要者
物理治療師	評估身心障礙學生有姿勢、移動、行動、平衡、動作控制及協調能力，提供輔具使用、體適能訓練，以及環境調整與改造的建議。	☆有知覺動作的困難，需要行動或擺位輔具的學生。 ☆日常生活，例如：如廁、行走需要無障礙設施的學生。 ☆動作協調與技能較弱，參與一般體育課有困難的學生。
職能治療師	訓練學生日常生活所需的各項能力，同時運用環境改造（無障礙環境）、副木及輔具、工作簡化等方法，幫助個案執行有意義的日常活動，維持身心功能。	☆發展遲緩或疑似發展遲緩的學生，例如腦性麻痺、智能障礙。 ☆學習困難的學生，包括注意力缺陷及過動症、自閉症。 ☆肌肉神經功能障礙學生，包括肌肉萎縮、腦傷等。
語言治療師	提供有關溝通障礙、吞嚥障礙的評估、診斷與治療，以及溝通輔具的設計與運用。	☆語言理解有困難的學生，例如常聽不懂指令。 ☆語言表達有困難的學生，例如句子過於簡單。 ☆有構音障礙、口吃等說話問題。
聽力師	藉助各種儀器評估及診斷個案聽力系統的障礙類型及程度，並依檢查結果擬定聽能復健與復健計畫後進行訓練。	☆有聽力障礙的學生。 ☆有使用或需要使用聽力輔具的學生，例如助聽器、人工電子耳等。
心理師	運用個案會談、行為觀察及心理測驗等方式來診斷學生的問題，進而採取心理諮商或心理治療的技巧來改善學生的問題。	☆有情緒困擾，包括憂鬱、躁鬱或焦慮的學生。 ☆衝動、過動或有精神症狀的學生。 ☆認知功能，例如記憶力、注意力有障礙的學生。
社工師	協助連結學校、社會福利及社區資源，協助學生家庭解決問題，增進家庭的功能和運作。	☆學生為弱勢家庭，需要社會資源，例如低收入戶。 ☆學生家庭功能有障礙，包括嚴重疏忽、虐待、暴力等。

我的學生需要哪些專業服務

小君
重度聽覺障礙
就讀普通班
→

聽力師 ──→ 評估聽覺功能及助聽器配帶情形

語言治療師 ──→ 溝通能力評估與療育訓練

小為
腦性麻痺
就讀特教班
→

物理治療師 ──→ 評估適當的行動或擺位輔具

職能治療師 ──→ 提供手眼協調、感覺整合功能訓練計畫

語言治療師 ──→ 溝通及口腔運動能力之評估及訓練

小強
情緒障礙
就讀普通班
→

職能治療師 ──→ 提供遊戲及人際互動技巧訓練建議

臨床心理師 ──→ 提供心理評估、設計治療策略

小廷
學習障礙
低收入家庭
就讀普通班
→

社工師 ──→ 協調、連結社會資源及相關補助

臨床心理師 ──→ 心理諮商、團體輔導

小華
重度自閉症
就讀特教班
→

語言治療師 ──→ 提供語言訓練的目標及方法

職能治療師 ──→ 評估學生日常生活功能表現及訓練建議

支援服務 D：支持服務

內容包括福利申請、親職教育、人力資源、行政支援、行為處理，分述如下。

D-1 福利申請

《特殊教育法》第 19 條「接受國民教育以上之特殊教育學生，其品學兼優或有特殊表現者，各級政府應給予獎助；家境清寒者，應給予助學金、獎學金或教育補助費。」「前項學生屬身心障礙者……應減免其學雜費……」「身心障礙學生於接受國民教育時，無法自行上下學者，由各級政府免費提供交通工具；……無法提供者，補助其交通費」中清楚的列出了幾項身障生可獲得之福利內容。另外教育部也另訂《特殊教育學生獎助辦法》，針對就讀國內公私立高級中等學校（含）以上之特殊教育學生，包括身心障礙學生及資賦優異學生，皆得以申請獎學金或助學金。

D-1 福利申請
□交通服務　　□住宿服務　　□學費減免　　□獎助金申請　　□其他＿＿＿＿＿＿

D-2 親職教育

親職教育的形式相當多樣，親師晤談是最常見的方式，而透過校園刊物或舉辦親職教育講座也能提供特殊教育相關資訊。另外，同質性或主題式的家長成長團體也是可行的方式，例如由過動兒家長組成的成長團體，經由組員分享教養策略與心情、相關資訊，讓同樣有過動兒的家長能互相支持與成長。或者是以教材教具為主題，由組員來分享或介紹市面上優質的教具或自製教材，提供大家為子女選購適合教具的參考。

D-2 親職教育
□晤談　　□親職教育講座　　□刊物　　□家長成長團體　　□其他＿＿＿＿＿＿

D-3 人力資源

根據《特殊教育法》第17條內容提及「特殊教育學校（班）、特殊幼稚園（班），應因實際需要置特殊教育教師、相關專業人員及助理人員」；教育部發布的《特殊教育相關專業人員及助理人員遴用辦法》中更明確指出，「特殊教育助理人員」包括「教師助理員」、「住宿生管理員」，指的就是「協助身心障礙學生學習及生活輔導之人員」。所以，若學生在學習或生活輔導上有需求時，是可以尋求人力資源的。

除了法定的教育助理人員的人力資源外，其實有許多學校環境內或社區人力資源可以尋求，如愛心媽媽、社會團體志工、大專院校義工……等等。

對於「教師助理員」的職責，在《特殊教育相關專業人員及助理人員遴用辦法》中亦有明確陳述是「在特殊教育教師督導下，協助評量、教學、生活輔導、學生上下學及家長聯繫等事宜」，其中「在特殊教育教師督導」的用意不外指的就是希望我們所使用的人力資源即使不具有特殊教育背景，也能熟悉特殊生的特質與輔導重點，所以對於人力資源的特教知能訓練是很重要的。我們可以做的有：鼓勵其參與相關研習課程、定時與特教老師討論個案特質及輔導目標、建構組織人力資源網及其交流（讀書會、旅遊、工作心得分享等）。

D-3 人力資源
□教師助理員　　□住宿生管理員　　□志工　　□愛心家長　　□其他＿＿＿＿＿＿＿＿＿

D-4 行政支援

為提供特殊教育學生整合性服務，說明學校特殊教育工作之行政分工與合作及相關支援，依據《特殊教育法》第15條「各級主管教育行政機關應結合特殊教育機構及專業人員，提供普通學校輔導特殊教育學生之有關評量、教學及行政支援服務」，並由《各級主管教育行政機關提供普通學校輔導特殊教育學生支援服務辦法》規範行政支援的服務範圍，包括設備、人員、社區資源、評鑑、相關專業團隊運用及特教知能研習。「台北市國民教育階段辦理特殊教育及相關支援補充說明」中更清楚指出學校各處室的職責。

其內容如下頁表：

校內行政相關支援服務內容

特教組長
1. 擬定行事曆及各項計畫與活動。
2. 執行特殊教育各項工作事宜。
3. 依據特教推行委員會決議，辦理學生入班相關事宜。
4. 召開特教教學研究會、個案研討會、家長座談會、行政協調會……等會議。
5. 與行政單位、普通班教師協調特教相關事宜。
6. 依特教學生需要規劃課程內容及編排課表。
7. 辦理各項特殊需求學生鑑定、轉銜工作及安置適當班級。
8. 邀請校外專家專題演講，籌畫及辦理各項特教研習活動。
9. 提供普通班教師及特殊教育學生家長諮詢。
10. 協助處理特殊教育學生申訴案件。
11. 提供特殊教育學生考場及監考。
12. 其他相關事項。

校長
1. 行政策略決定，領導監督。
2. 審核特教班之工作計畫。
3. 定期召開特教推行委員會會議。
4. 聘請特教專業教師。
5. 其他相關事項。

輔導主任
1. 督導推動特殊教育之各項活動內容。
2. 協助特殊需求學生之鑑定安置、轉銜工作。
3. 參與特殊需求學生個案會議，提供輔導諮詢。
4. 評鑑特教工作之績效，並提供改進方法。
5. 其他相關事項。

校內行政支援
- ☐ 輔具申請
- ☐ IEP會議
- ☐ 排課協調
- ☐ 編班服務
- ☐ 其他_____

輔導室
1. 舉辦特教生親職教育座談會。
2. 協助輔導特教生。
3. 協助鑑定特教生智力或性向及轉銜。
4. 其他相關事項。

總務處
1. 提供良好場所作為特教班級資源教室。
2. 協助各項無障礙設施之規劃及各項設備之採購。
3. 支援特教生教學所需之教材與設備。
4. 特教組設備及財產之登記及報銷。
5. 其他相關事項。

教師會
1. 於相關會議中宣導特殊教育、融合教育。
2. 其他相關事項。

會計室
1. 協助特教經費年度概算之編列。
2. 控管經費預算與執行。
3. 確實執行特教經費專款專用。
4. 其他相關事項。

家長會
1. 一般學生：支援各項特教業務。
2. 特教生家長：配合參與、支援各項特教相關活動，提供特教生家長意見。
3. 其他相關事項。

教務處
1. 依特教學生需求適當編班，並協助推動融合教育。
2. 協助配合特教生課表編排及教學。
3. 協助遴選普師接納資源班學生（國小）。
4. 提供合格特師擔任特師，需要時安排特師與普師科目交流、協同教學。
5. 配合提供校內各項教學資源。
6. 配合協助特教生成績考查。
7. 參與推動資優教育方案。
8. 協助鑑定資優學生學科能力。
9. 其他相關事項。

人事室
1. 提供特師進修資訊。
2. 鼓勵或表揚表現優異之特教教師。
3. 協助特教班教師晉用，並辦理特教津貼及輔導教師費等事宜。
4. 其他相關事項。

訓導處
1. 特教生出缺席之管理與獎懲之記錄。
2. 協助特教生之安全、秩序、儀容、整潔等管理。
3. 協助遴選普師接納資源班學生（國中）。
4. 協助特教組辦理校內各項活動。
5. 協助評量資優學生生活適應能力。
6. 參與推動資優教育方案。
7. 其他相關事項。

資料來源：台北市教育局（2005）。

D-5 行為處理

　　《特殊教育法施行細則》第18條提及個別化教育計畫內容應包含的第五項：「學生因行為問題影響學習者，其行政支援及處理方式」，此內容提醒我們：

1. 特教生行為問題的處理應被納入特教服務內容，甚至應被優先處理。
2. 處理特教生行為問題的方式應明確列出。
3. 處理特教生行為問題的成員應包括校內行政相關人員。

　　特教生因著障礙特質及認知能力等限制，對於情緒處理及行為控制的能力較一般生來得弱，在與環境中的人、事、物相互作用下，相對的亦較一般生容易產生情緒或行為問題。特教生的情緒行為問題可能影響的層面，因著個體功能、家庭功能、學校支持、社區環境等因素交錯循環作用下而有不同程度的影響，小則只是影響個體的學習表現或人際關係；次等的可能還影響其班級同儕學習、班級秩序等；嚴重的則可能影響個體安全、同儕安全、校園秩序等，所以情緒行為問題的處理實在不容忽視。

　　目前在處理學生情緒行為的觀念上強調的是「正向行為支持」，其重點在於：用正向態度看待個體的行為問題，分析其行為背後的功能，再針對其功能訓練個體發展出適當的行為，以取代不適當行為；在處理過程中強調團隊合作，包括家庭與學校環境相關人員的討論與合作；其處理策略除注重個體個別化因素，亦從生態觀點出發而包含較多重層面，其完整策略層面包括前事控制（生態環境的調整）、個體行為訓練以及安排有效的行為後果等等。

　　當特殊學生在校園環境中發生影響個體或同儕安全的嚴重情緒行為問題時，勢必需要立即性、特殊性的處理方式及更多的人力介入，這時候校園若有一套處理流程，當可將其影響降至最低，保障校園安全與秩序，所以學校對於「校園危機處理機制」的訂定有其必要性。「校園危機處理機制」的內容中應包括處理流程、負責人員名字及聯絡分機、處理方式等等；其中的成員可以包括行政人員、導師、資源班老師、科任老師、警衛、校護、教師助理員等，而其成員協助處理的方式，會因個案障礙特質與行為表現而有差異，故需要透過會議（如個案會議、IEP會議）說明與討論。目前在「台北市國民教育階段辦理特殊教育及相關支援補充說明」中清楚指出訓導處對協助特殊教育學生之安全行為、秩序等之管理是責無旁貸的。

　　對特殊生的嚴重情緒行為問題亦可尋求校外的資源，可供諮詢的資源有：各縣市特教輔導團、巡迴服務老師等，各大學院校特教中心均設有諮詢專線可供電話諮詢。

台北市高級中等（含）以下學校，具有嚴重情緒及行為問題之特教學生（含疑似），經學校團隊輔導無顯著成效者，可向東區特殊教育資源中心提出轉介需求。該中心「情緒及行為問題專業支援團隊」的專業支援教師會到校評估，經評估接案後會到校提供諮詢、進行行為功能分析、設計介入處理策略、協助介入處理策略的執行、溝通協調與整合相關支援、追蹤輔導及了解介入處理的成效等服務（台北市教育局，2005）。

　　針對家庭失功能或功能不佳的特殊學生（國小到公私立高中職），台北市委託民營機構成立了五個「社工個案管理中心」，學校可透過申請來協助輔導學生及其家庭。「台北市特殊教育學生社工個案管理工作實施計畫」中提到各區社工個案管理中心在管理期程的工作內容包括：安排家訪與案家建立信任關係、評定個案內外在資源與障礙，視個案需求邀集相關專業人員，並擬定個別化家庭服務計畫、尋求資源並轉介相關單位協助、定期追蹤個案狀況、視個案狀況召開個案研討會。而該計畫亦提及該計畫目的之一為「結合家庭、學校及社會資源，提供特殊教育學生整合性之服務」，故社工個管中心除針對個案家庭提供輔導外，更重要的在於建立與連結家庭外的資源，包括醫療、福利機構等（台北市教育局，2005）。

　　為結合特殊教育與精神醫療資源，使嚴重情緒障礙學生獲得適切之跨專業復健服務，台北市政府教育局分別自 1998 年、1999 年起陸續與台北市立療養院（現名台北市立聯合醫院松德院區）、台北榮民總醫院合作，於青少年日間留院辦理「嚴重情緒障礙特殊教育班」（以下簡稱情障班），藉由精神醫療團隊與特殊教育人員跨專業合作，營造良好附件及學習環境，提供適應多元課程，使學生獲得穩定改善，甚至回歸學校學習，重拾自尊與自信。情障班的實施對象包括：高級中等以下學校在學學生，罹患精神疾病，或經特殊教育學生鑑定及就學輔導委員會鑑定為嚴重情緒障礙者。高級中等以下學校非在學學生，罹患精神疾病，年滿 22 足歲以下者。其入班流程，不管個案是因有意願或因在校適應嚴重困難，皆得經由家長同意，並由專科醫師評估適合日間留院者，方得安排入班（台北市教育局，2005）。

處理學生嚴重情緒行為問題可連結之相關資源

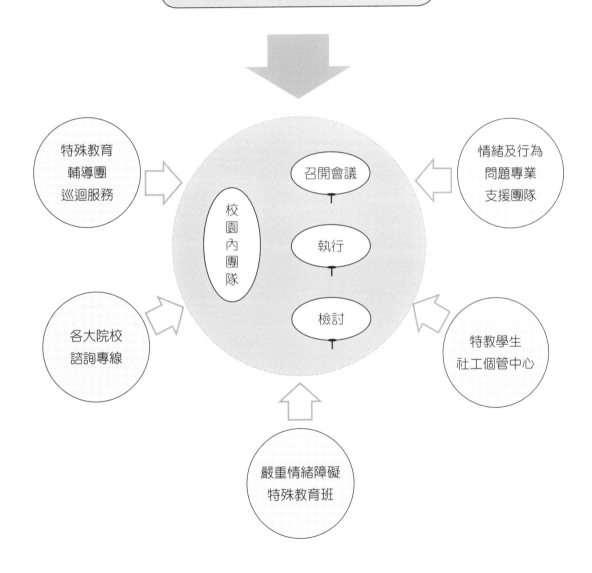

優質 IEP：以特教學生需求為本位的設計與目標管理

支援服務 E：轉銜服務

　　我國《特殊教育法施行細則》第 18 條提到個別化教育計畫內容應包括的第十項內容就是「學前教育大班、國小六年級、國中三年級及高中（職）三年級學生之轉銜服務內容」，目的是為了幫助特殊生能夠順利的從原學習階段轉到另一階段；而在同一條文裡也提到「……轉銜服務，應依據各教育階段之需要，包括升學輔導、生活、就業、心理輔導、福利服務及其他相關專業服務等項目」，因此各階段皆要清楚的列出其轉銜服務內容。

　　依據教育部發布的「各教育階段身心障礙學生轉銜服務實施要點」中提及各階段的轉銜服務包含移送轉銜服務記錄，並得「視需要邀集相關人員召開輔導會議」；而在進入國民教育階段之轉銜除了上述兩項內容外，還特別需要於安置前邀請「安置學校及相關人員召開轉銜會議」。目前無特殊狀況的學生，其轉銜會議的功能多合併於鑑定安置會議中成為轉銜鑑定安置會議；若有特殊狀況，學校可依其需求特別邀請安置學校及相關人員召開相關轉銜會議。

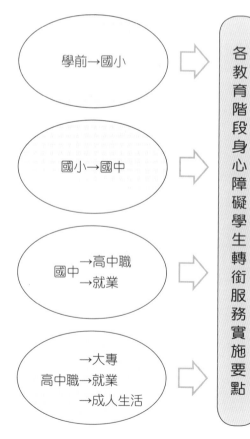

學前→國小

國小→國中

國中　→高中職
　　　→就業

高中職→就業
　　　→大專
　　　→成人生活

各教育階段身心障礙學生轉銜服務實施要點

★轉銜服務資料移轉
1. 學生基本資料
2. 目前能力分析
3. 學生學習記錄摘要
4. 評量資料
5. 學生與家庭輔導記錄
6. 專業服務記錄
7. 未來安置與輔導建議方案

★召開轉銜會議
（多合併於鑑定安置會議）

★召開輔導會議（視需要）

整體而言，轉銜服務的目的是為協助特殊學生順利適應下一個階段（就學、就業或生活）。因此在提供轉銜服務時，應考量下一階段所需的各方面能力，並於現階段提供包括技能、態度等的相關訓練服務。

　　如對於未來要就學的學生，首先要讓特殊生認識新環境的學習模式、環境，對於越幼小的特殊生，所提供的轉銜服務內容則需要較長的時間及陪伴。在技能部分，則需培養學生上課技能，例如遵守教室規則、抄聯絡簿等能力。

　　又如未來要就業的學生，須先實施職業性向評量，協助學生了解其職業性向；並提升其職業技能、工作態度。目前北市九年級的學生，皆須依規定實施職業性向組合卡以了解其職業性向；另外針對已確定就業方向的學生，可經申請安排每週半天的校外技職課。而針對高職學生，學校會實施相關職業評量，如職業能力檢核、工作能力評量等，以了解其職業工作能力，並於高三階段，接受學校安排每週一至四天不等的職場實習課程。

　　而針對未來不升學、也不就業的學生，則須擬定「進入社區生活的轉銜服務」，其目標是為其即將踏入社區生活做準備。

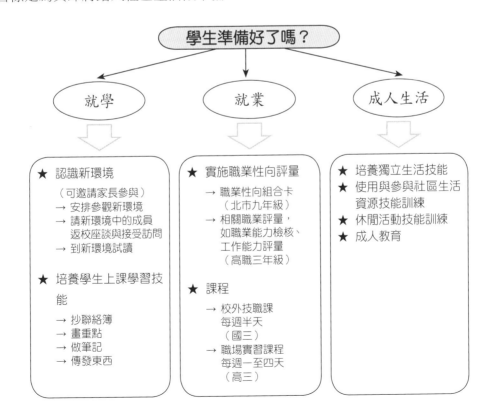

▶ 陸、教育場所 ◀

　　學生的教育場所包括普通班、資源班、特教班，但三者間是否應該保持彼此流動性，端視學生的需要來決定。因此學生雖然安置於全時段特教班，但實用語文可能由於學生的語文為其優勢能力，且經評量後找出學生適合學習哪一個年級的語文課程，再安排回歸至普通班學習語文課程，此外學生的數學課亦可能至資源班接受簡化課程。舉例說明如下表：

學生的教育場所

 王小明　**普通班**：領有輕度肢體障礙身心障礙手冊，僅需交通費申請服務。

 張小英　**普通班＋資源班**：學習障礙，需至資源班接受學業性課程教學。

 謝小華　**普通班＋資源班＋特教班**：自閉症中度，到資源班接受實用性課程教學，至特教班接受社會適應課程。

 黃小東　**特教班**：重度多重障礙，全時段接受六大領域課程。

 陳小敏　**特教班＋普通班**：智能障礙重度，融合回普通班上體育與音樂課。

 李小強　**特教班＋資源班**：多重障礙中度，到資源班上學科課程。

 吳小風　**特教班＋普通班＋資源班**：智能障礙中度，到普通班上美勞課程，至資源班上學科課程。

註：**粗黑體**為學生主要接受教育服務的場所。

▶ 柒、課程設計 ◀

一、課程設計的內涵

　　IEP 是為特殊學生量身訂作的一個教育執行方案，課程設計的部分則是 IEP 中重要的核心，課程設計部分應詳細說明參與之課程方案的類型、教學重點、服務時數及負責教師，並根據學生之特質運用特殊的教學策略、教導學習策略及實施多元評量方式。若是需要結合專業團隊時，則在 IEP 中應詳列學生所需接受的專業服務、內容及時間安排。

```
                ┌─────────────────────────┐
                │   特殊需求學生課程類型及內容   │
                └─────────────────────────┘
        ┌────────────────┬───────────────┐
┌──────────────┐ ┌──────────────┐ ┌──────────────┐
│   普通班課程    │ │   資源班課程    │ │   特教班課程    │
├──────────────┤ ├──────────────┤ ├──────────────┤
│ 依據：「九年一貫課程綱│ │ ◎學業性課程    │ │ 依據：「啟智班課程修訂│
│   要」設計課程  │ │ ◎實用性課程    │ │   綱要」設計課程 │
│               │ │               │ │               │
│ ◎一般學業性課程  │ │               │ │ ◎功能性課程    │
│               │ │               │ │ ◎發展性課程    │
│               │ │               │ │ ◎生態課程     │
└──────────────┘ └──────────────┘ └──────────────┘
```

㈠課程類型及內容

　　課程類型是以特殊學生的需求為依據，並且必須同時考量學生的教育場所，因此學生 IEP 中所包含的課程內容，應該依照學生在不同的教育場所提供不同的課程類型。以下係針對學生在不同的教育場所可能涵蓋的課程加以說明。

1. 普通班課程

　　領有身心障礙手冊或經鑑定為學習障礙、情緒障礙安置於普通班的學生，若其障礙程度並不影響其在普通班各領域課程的學習，則學生全時制在普通班接受教育，其課程類型完全依照九年一貫課程所規定的領域及時數，唯仍應視學生的特殊需求給予其他的特殊教育支援服務。

2. 資源班課程

　　可分為「學業性課程」和「實用性課程」。

⑴學業性課程

　　是與學科相關的課程，不論是標準課程、調整課程或自編課程，均以適應普通班的課程為主軸，再根據學生的特質與需求加以調整。自編課程的部分強調的是相關學習策略的教學，但學習策略仍是以幫助學生學習普通班課程為基礎，詳細說明如下。

　　①標準課程：根據「九年一貫課程綱要」及內容，作同年級課程或降年級課程教學。

　　②調整課程：將九年一貫課程作以下幾種方式之調整。

- ◆加深：代表加深能力指標的難度。
- ◆加廣：代表增加能力指標的廣度與多元性。
- ◆簡化：代表降低能力指標的難度。
- ◆減量：代表減少部分能力指標的部分內容。
- ◆分解：代表將能力指標分解成幾個小目標，不同的階段或同一階段分開學習。
- ◆替代：代表將能力指標用其他方式替代，例如：能應用文字來表達自己對日常生活的想法。針對特殊需求的學生可能替代為：能應用口語表達自己對日常生活的想法。

　　③自編課程：識字訓練課程、閱讀理解課程、數學學障教學課程、寫作策略教學、理解策略、閱讀策略、組織策略、記憶策略……等。

⑵實用性課程

　　主張教導學生實際生活中重要且需具備的知識與技能，課程目標及內容是由學生目前及未來生活環境和行為表現分析而來，並且結合專業團隊之評估及建議加以執行，例如語言治療師建議之溝通訓練，職能治療師建議之專注力訓練等。因此資源班的實用性課程大致包括：生活自理、基本認知能力、專注力訓練、社會技巧訓練、溝通能力訓練、知動訓練、情緒管理……等。

資源班課程類型與實施方式

融滲式

將實用性課程依學生需求
融滲到學業性課程內

學業性課程

◎標準課程：實施同年級或降年級的課程，例如學生實際年級為五年級，但在學習五年級數學有困難，因此學生之數學課採降年級至四年級學習。

◎調整課程：根據九年一貫的能力指標，加以加深、加廣、簡化、減量、分解、替代來適應學生的特殊需求。

◎自編課程：各學習策略的教學，例如：針對識字困難的學生實施「基本字帶字」、「加法識字」、「集中識字」等學習策略的課程教學，提升其識字的效率。

實用性課程

◎基本認知能力：注意力、記憶力等訓練。

◎溝通能力訓練：聆聽技巧、敘事能力訓練。

◎社交技巧訓練：例如如何面對衝突事件、解決紛爭的策略、交朋友的策略等。

◎專注力訓練：在家裡寫功課時，可以使用清單、時刻表或鬧鐘提醒學生要完成的事項或提醒自己專心的牌子，當老師發現學生分心時可以設計一個提醒專心的鈴聲；在學校可以給予視覺的提示，提醒其專心，或訓練學生使用自我監控的檢核表，設定幾項專心的指標，例如：有完成課堂作業，桌上保持上課所需的物品等，每節課評估自己上課的狀況，再配合獎勵制度。

◎情緒管理訓練：教導學生認識與表達情緒，例如：生氣時的處理策略。

◎生活自理：例如教導學生如何整理書包。

◎其他。

3. 特教班課程

目前特教班課程設計主要是依據教育部於民國 86 年公布的啟智課程修訂綱要及民國 88 年所頒布的《特殊教育學校（班）國民教育階段智能障礙類課程綱要》為基礎，其中包含六大領域：生活教育、社會適應、實用語文、實用數學、休閒教育、職業生活。

特教班的課程類型可分成發展性、功能性和生態課程等三大類型：

(1)發展性課程：強調依照發展序階來設計課程目標，課程內容包含動作、知覺、語言、社會及生活自理等領域。適合輕度或較年幼的智能障礙者。

(2)功能性課程：主張教導智能障礙者實際生活中重要而必備的活動與技能。功能性課程有三項要素：功能性的活動與技能、自然情境、符合生理年齡，其課程領域分為語言、生活自理、家事、社區活動、職業、社會及休閒娛樂。

(3)生態課程：生態課程結合了功能性課程的優點，更強調家長和學生參與整個選擇課程目標和內容的過程，考慮學生的生理年齡和其所處生態環境，以發展個別化的課程內容。其課程目標是透過生態評量的方式，分析學生目前及未來環境所需的技能，將課程領域分為居家生活、學校生活、社區生活、休閒生活和職業生活。

特教教師可以學生的階段、能力、障礙類型、特殊需求、社區資源和家庭期望等因素，選擇合適的課程模式或是併用模式將其融入六大領域的教學設計。

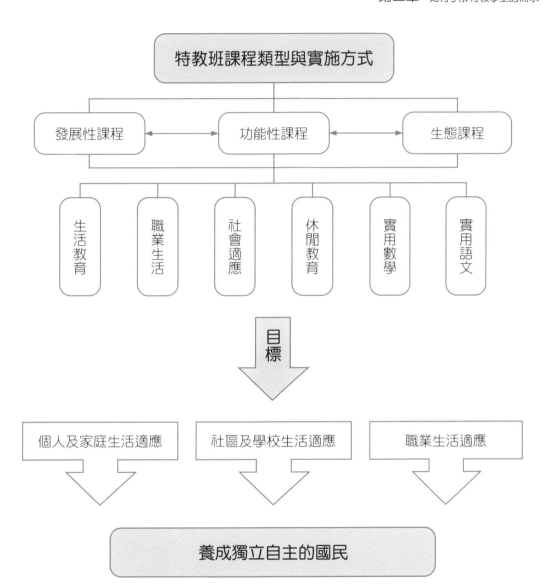

㈡可運用之教學策略

　　根據每個孩子的不同特質及學習需求，教師應採用合適及個別化之教學策略來教導孩子，引導孩子做有效學習。一般在特殊教育教學中，常運用的教學策略有：

> ※ 教師進行教學時常運用之教學策略
>
> 1. 直接教學　　　　　2. 編序教學　　　　　3. 結構教學
> 4. 後設認知　　　　　5. 心智理論　　　　　6. 心智圖像
> 7. 情境教學　　　　　8. 社會性故事　　　　9. 工作分析教學
> 10. 生活經驗統整教學

　　而為了增進孩子參與普通班之活動，尚可運用下列幾種教學策略：

> ※ 可增進學生參與普通班學習之策略
>
> 1. 同儕教學　　　　　2. 合作學習　　　　　3. 合作教學
> 4. 合作諮詢　　　　　5. 多媒體教學　　　　6. 使用科技輔具

　　此外，為了幫助孩子有效學習，需教導孩子有效的學習策略，幫助孩子做更好的學習，有效的學習策略包含：

> ※ 能幫助孩子有效學習之學習策略
>
> 1. 識字策略　　　　　2. 理解策略　　　　　3. 閱讀策略
> 4. 書寫策略　　　　　5. 組織策略　　　　　6. 專注力策略
> 7. 記憶策略　　　　　8. 情緒管理策略　　　9. 其他

　　以上各策略之說明，參考「台北市國民小學身心障礙學生個案輔導評量工作手冊」彙整（台北市政府教育局，2007），說明舉例如下：

項目	細目	說明／舉例
（一）運用教學策略	1. 直接教學	由教師主導教學，將知識組織、分層、分類，直接預防與補救學生學業及其他技能缺失的教學模式；運用同質性小組教學、形成性評量以及教學技術。藉由系統性地發展學生的基礎知識，使學生完整了解，並將其應用於學習新知識之上，進而提升學習品質。
	2. 編序教學	將教材加以分析，按關連性及難易程度編成許多小細目。學生可以自習的方式，從簡而繁、由淺入深的順序學習，就像階梯一樣，循序漸升，層層而上，最後達到預定的教學目標，且學生在學習過程中，可立即核對結果以增強學習效果。
	3. 結構教學	根據學生所要學習的目標，對其學習情境所做的一種有系統有組織的安排，以達到教學目標。結構教學特別重視「結構的環境」和「視覺提示」。經常運用於自閉症、中重度智能障礙及有社會情緒問題學生的教學中。
	4. 後設認知	是一種個人控制及引導心智歷程的現象，亦即對自己認知過程的思考。利用這種現象，我們可以讓學生在了解自己思考模式的同時，透過控制自己的思考模式，從而達到學習效果的學習方法。
	5. 心智理論	心智理論是指推斷他人思維的能力，使能有系統地掌握人與人之間的互動行為，能根據所得資料預測和解釋他人的行為。使一般人在交談時，能了解對方說話中更深層的意圖，以作適當的回應和修正。常運用於自閉症學生人際互動及社交技巧訓練。
	6. 心智圖像	是一種觀念圖像化的擴散性思考策略，利用線條、顏色、文字、數字、符號、圖形的方式，快速記憶資訊和想法的圖像筆記法。創意心智圖法將原本需要大量文字才能記憶的點子，清楚地簡要記錄在一張心智圖上，結構開放又并然有序。
	7. 情境教學	以學習者為中心，在自然的環境中進行。強調教學過程在「自然的教學環境」下，並以功能性的內涵為重點，學生透過主動探索以建構知識及經驗。幫助學生面對新情境時能活用知識，協助學生產生「自然性」與「類化性」的學習。常運用於生活技能的學習。
	8. 社會性故事	是一種利用大量視覺教材來引導學習社會行為的方法，重視學生對社會行為的了解為教學目的。撰寫社會性故事時，必須以學生能力、興趣、學習風格與需求為優先考量，並尊重兒童的觀點，描述孩子遭遇的困難、情境概念或社會技能。常運用於 3 歲以上，中高功能自閉症兒童或其他障礙兒童，教導教室常規、技能，及生活上例行活動。
	9. 工作分析教學	是一個將複雜的教學目標分析、精簡成一連串教學小單位的過程。工作分析法包含兩個概念：對於每一個教學目標的分析，必須以學生現階段能力為考量起點、必須與系統化教學流程密切配合（診斷－教學－評量－再教學），例如教導重度智障學生穿衣、餐後整理等。
	10. 統整教學生活經驗	依據學生身心發展狀況及能力，指導其逐漸具備生活上應有的基本知識、技能與態度。此模式打破傳統教學時數與科目的限制，課程設計以「生活」為中心，編制方式以「單元」為主。常用於增進智能障礙學生的生活能力之教學。

項目	細目	說明／舉例
(一) 增進參與普通班學習之策略	1. 同儕教學	運用同儕間相互幫助、彼此討論、分享學習經驗和紓解學習焦慮的教學系統。強調同儕老師與同儕學生間相互合作、相互依賴，以達到學習的目的。同儕學生藉著接受思想模式較接近的同儕老師的教學而學習，同儕老師則因為教學前的準備、訓練及同儕學生的回饋而學習。
	2. 合作學習	學生在異質小組的學習環境中，一起從事有結構之學習任務的一種學習方法，透過相互協助、資源共享、批評指正、分享心得的團體歷程，以達到個人與團體的共同目標，不僅有助於學生的人際關係，也提升其學習成就。在特教上的應用以閱讀教學、識字教學等學科學習為多，但也能運用於增進特教學生社交技巧及同儕互動等領域。
	3. 合作教學	利用小組成員之間的分工合作，共同利用資源，互相支援，去進行學習；並利用小組本位的評核及組間的比賽，製造團隊比賽的社會心理氣氛，以增進學習的成效。一方面使學習機會更為平等，一方面使學習動機更為強烈。如普通班教師和特教教師或相關服務者，在一個融合的環境下共同計畫與教導異質團體中的所有學生。
	4. 合作諮詢	學校的合作諮詢是指學校人員與家庭以小組方式協商、諮詢以及合作方式來確定學生學習和行為之需求，並且擬定計畫、執行、評鑑、修正該提供需求之教育計畫的互動歷程。參與人員各擁有獨特的能力，在歷程中互相分享彼此之觀點和能力。
	5. 多媒體教學	綜合文字、圖片、影像與聲音等元素來呈現教學內容，並讓學習者對其呈現的教材內容做出有意義的連結。例如透過學生喜愛的電腦來當成學習材料呈現的媒介，將閱讀課程的教材轉化為有聲音、圖像及文字的 powerpoint 檔案，在課堂中進行播放以增進學生識字、閱讀理解、聽覺理解等能力。
	6. 使用科技輔具	科技輔具設備是指「任何產品、零件、設施，無論是商業化、改造或特殊設計的產物，其目的在提升、維持或增強身心障礙者功能者」。科技輔具涵蓋的範圍非常廣泛，從移行輔具、擺位輔具、輔助溝通系統、特殊開關、電腦輔具到教學媒體等皆是。

項目	細目	說明／舉例
㈢教導學習策略	1.識字策略	兒童認字的發展，可能需要三項基本能力，即音韻處理、字形處理和語意處理。原則上大致都以「字形」為主、「字音」為次。學生運用識字策略後能提升識字的能力及興趣，達到「識字」量增多，「閱讀」能力提升的效果。依中國文字特徵分類的識字教學活動，分為： ⑴形識類：部件識字法。 ⑵音識類：注音識字法。 ⑶義識類：生活教育科學分類識字法。 ⑷形義類：字理識字法、奇特聯想識字法、猜認識字法。 ⑸音義類：聽讀識字法。 ⑹形音義綜合類：分散識字、集中識字、字族文識字法。
	2.理解策略	人類具有系統的認知能力，而且是有「自主性的理解」能力。這個理解歷程是指個體根據某件事物的理解，而形成屬於個體自己特有的訊息解釋和處理方式，又藉由理解所獲取新訊息的基礎，進一步解決其他龐大、複雜，以及未曾經驗過的事物所衍生的問題。 理解包含字彙發展、文意理解、推論理解、評鑑性或批判性理解、欣賞性理解。理解的學習方法強調觀點之間的聯繫的理解，如提問法、筆記法等。又如：可透過故事結構分析策略將文章內容結構化，幫助兒童監控自己對文章內容的了解。其策略教學步驟如下：閱讀故事→瀏覽故事→完成故事圖→討論故事，並以視覺的圖示方式幫助閱讀障礙兒童了解故事結構。
	3.閱讀策略	閱讀的歷程：解碼→字義理解→語句整合。在「解碼」歷程中，可以運用熟悉字、發音策略建立自動化解碼歷程；使用「重複閱讀法」的技術，訓練閱讀的流暢度；使用「閃示卡」作為字彙辨識自動化的訓練方法。在「字義理解」歷程中，可以加強「語彙訓練」、「句子結構訓練」課程，將新字彙與自己原有知識和新經驗結合，使字義理解歷程能自動化，其練習活動如：持續默讀、語文理解、同義字代替困難字、造句等。 在「語句整合」歷程中，可以使用「速讀」課程，縮短語句整合時間，以增加閱讀速度及閱讀理解能力，而成為高效能的閱讀者。常見方法如：字詞句的理解技巧、找文章重點、摘要訊息、引出推論、產生問題、解答問題等基本技巧；朗讀和默讀、略讀和精讀、慢讀和快讀、連讀和跳讀等閱讀方法；進行閱讀計畫等閱讀策略。
	4.書寫策略	兒童認字的發展，可能需要三項基本能力，即音韻處理、字形處理和語意處理。原則上大致都以「字形」為主、「字音」為次。學生運用識字策略後能提升識字的能力及興趣，達到「識字」量增多，「閱讀」能力提升的效果。依中國文字特徵分類的識字教學活動，分為： ⑴形識類：部件識字法。 ⑵音識類：注音識字法。 ⑶義識類：生活教育科學分類識字法。 ⑷形義類：字理識字法、奇特聯想識字法、猜認識字法。 ⑸音義類：聽讀識字法。 ⑹形音義綜合類：分散識字、集中識字、字族文識字法。

項目	細目	說明／舉例
㈢教導學習策略（續）	5.組織策略	學習者面臨一項學習作業時，將組織的方法應用到學習的情境中，這個組織策略是學習者主動和有意的處理歷程。在此過程中，其基本的學習工作有：⑴群聚法（先分類再組合）；⑵記憶術（利用音韻、類別來配對字詞），其複雜的學習工作有：⑴選擇主要觀念；⑵做大綱；⑶釐清網路；⑷畫組織圖等技巧。如：根據類別（蘋果、桃子歸為水果類）、語法（狗、吠）、聲韻（蘋果、瓶子）的線索作為歸類之依據，也就是說學習者將學習的材料加以分類以增加記憶量或回憶量。又延伸為列出大綱表、建立組織網……等學習策略。
	6.專注力策略	心理學上對專注力的解釋為個體對情境中的眾多刺激，只選擇其中一個或一部分去反應，並從而獲得知覺經驗的心理活動。影響專注力的主要因素包括個體的動機或需求、刺激本身的特徵等。培養專注力強調： ⑴自我覺察：在做事時，偶爾停下來，反問自己「現在正在做什麼？」有什麼「感覺、想法？」「這些感覺、想法是從何來的？」然後，再分析這些想法，想想目前所做、所想的事情，對自己有沒有幫助？如果沒有，就將心拉回，專注於當下所做的事情，經過不斷的覺察、練習，自然能慢慢培養專注力。 ⑵可以從「做好眼前的事」的方法開始：如果仍然無法專心的話，可以暫時放下手邊的工作，去做做其他的事，身體動一動，再回到工作。 ⑶無法專注很久，就把工作分節逐段完成或把專注的品質稍稍降低一些，讓專注做事的時間拉長，例如：有些人習慣於一邊聽音樂一邊念書，透過音樂能夠持續念書的時間。 ⑷用自我鼓勵的方式，如吃一些東西來獎勵自己，也會適時增加自己的持續力。 ⑸安排自己喜歡、有興趣的事，就比較容易專注其中。 ⑹運用播放「專注力訓練」的錄音帶進行專注力自我控制訓練。 ⑺透過視覺專注、聽覺辨識、動作模仿、理解等活動，訓練專注的能力，把注意力集中在教材上。
	7.記憶策略	記憶力是一切學習的基礎。記憶系統包含三個部分：⑴感官記憶區；⑵短期記憶區；⑶長期記憶區。個體透過五官接受訊息，在短期記憶區運作或暫存訊息，再經反覆儲存訊息至長期記憶區，成為儲存知識或提取經驗的記憶庫。記憶術策略是幫助學習者去記憶學習材料的一些活動，使學習者可以更快速有效的記住事物。其技巧是由教師提供或由學生自己產生的記憶策略，如：聯想法、詩歌韻文法、複誦法、分段記憶法、重點摘要法、諧音法、分類法、關鍵字法……等。

項目	細目	說明／舉例
㈢教導學習策略（續）	8.情緒管理策略	當我們受到外在刺激，生理上或精神上會產生心理反應，這些反應就是情緒。情緒涵蓋的範圍包含了個人的感受、想法和行為三部分。常見的正面情緒為愉悅、輕鬆、高興等；常見的負面情緒包括憤怒、悲傷、焦慮、害怕、厭惡、羞愧、驚慌等。 情緒的關鍵在於情緒的表達方式，以適當的方式在適當的情境表達適當的情緒，就是健康的情緒管理之道。常見的情緒管理方法如下： ⑴覺察自己真實的情緒。 ⑵了解自己常用來應急的防衛方式。 ⑶以更大的彈性適應環境。 ⑷增加自身的挫折容忍力。 ⑸找出適合自己的休閒方式。 ⑹隨時不忘獎勵自己。 ⑺改變固著的想法可以改變心情。 ⑻擁有相互支持情緒的友伴。 ⑼讓正反面情緒都有安全適當的出口。 ⑽尋求專家的協助。 情緒教育可從「認識自我情緒」、「認識他人情緒」及「人我互動」三方面談情緒管理，以作為個體對自我情緒掌控之參考。例如：「情緒的覺察」方面可以使用「情緒記錄卡」以覺察自己的情緒；「認識他人情緒」方面可以使用「情緒臉譜」以認識他人的情緒表情；「人我互動」方面可以運用「我的訊息」的溝通方法，把自己內心的感受用言語描述出來；使用「腹式呼吸法」練習放鬆自己以轉換情緒；運用「積極的傾聽」、「同理心」的練習，以面對他人的情緒。

⑶學習成果評量方式

評量目的在了解學生的學習能力，並驗證 IEP 上所擬的是有彈性、可變動的。學生的評量可採多元評量的方式，多元評量主要是引導學生自主學習、考核學生學習成效、引起學生學習興趣、激發學生自我發展，及尊重個人價值與尊嚴等。而人性化、多元化的評量乃是期望降低紙筆測驗在現今教學評量的比率，加重其他評量方式比率，彈性使用各種評量方式來適切評量學生學習效果。茲將各類多元化評量方式之意義介紹如下：

1. 紙筆測驗：傳統常用的紙筆測驗方式有選擇、是非、填充、簡答、配合等，此種考試方式由教師出一份筆試題目，學生根據試題上的情境執筆做答，此種考試通常有明確的答案。

2. 口頭評量：即以口頭表達的方式讓學生說出學習的成果。

3. 實作評量：教學後教師設計一模擬的情境，讓學生以實際操作的方式展現他的能力，以表現他的學習結果，教師再根據一定的「作業標準」評定學生的表現。

4. 軼事記錄：是一種針對有意義的重要偶發事件，做扼要的描述和說明的記錄，內容包括被觀察的對象、事件發生的時間、觀察者、觀察到的行為、發生的情境，以及針對此事件的個別詮釋。

5. 檔案評量 ：係指教師指導學生蒐集學習過程中的資料，學生須將所蒐集的資料加以分類整理、編碼，並視實際需要適時檢視所蒐集的材料，以了解學習的進展情形，教師並依一定的標準評定學生檔案蒐集的表現。

紙筆　　　　　實作　　　　　口頭　　　　　檔案　　　　　其他：打字、
　　　　　　　　　　　　　　　　　　　　　　　　　　　　　觀察記錄…等

👍 **檢查一下**

◎老師需檢視所提供的每一項課程內容或支援服務，是否符合學生之特殊需求及能力現況，以免產生提供之課程與孩子的需求南轅北轍之荒謬情形。

◎課程設計內容應依孩子能力及需求的輕重緩急，作課程先後順序及所占比重輕重的安排。

◎撰寫學生課程設計時，需針對各項教學課程、支援服務項目，詳細說明以下內容：教育場所、課程名稱、教學重點、服務時數、負責老師所運用的特殊策略等。

◎建議可在此部分附上學生的課表，包含在普通班及特教班學習的綜合課表。

二、課程設計寫法舉例

就以下列個案為例，提供教師在撰寫課程設計時作為參考。

(一)資源班（範例一　小君）

教育場所

安置	普通班＋資源班
說明	1. 星期一至星期五早自習，及星期二午休共六節課，進行溝通、閱讀理解、語文教學。 2. 其餘課程皆維持不變。

課程設計

	課程名稱	教學重點	服務時數	負責教師
資源教學	溝通訓練	提供正確的構音指導及持續性的聽能訓練。	外加：二節	○○老師
	閱讀	利用交互教學的策略及故事結構的教學，提升學生對故事的閱讀理解。	外加：二節	○○老師
	書寫	藉由詞語填充、畫圖日記引導正確的語法使用，增進書寫能力。	外加：二節	○○老師
支援服務	提供導師輔導特殊學生的技巧	與普通班老師討論小君學習特性，為小君安排中間靠前的位置，此外協助小君養成上課時主動拿 FM（調頻系統）給任課老師使用的習慣。		○○老師
	語言治療	構音問題評估、諮詢。	四週一次，每次 80 分鐘	○○老師
特殊策略	多媒體教學語意圖示法	在資源班上語文課時，透過電腦來作學習材料呈現的媒介，將閱讀課程的教材轉化為圖像及文字，在課堂中進行播放以增進語文能力。讓學習者對其呈現的教材內容做出具體、有意義的連結。		○○老師

㈡特教班（範例二　小琇）

教育場所

教育場所
1. 方式：全時段安置於自足式特教班＋二節普通班融合課程
2. 說明：一節團體遊戲課（四年 3 班）、一節美勞課（二年 3 班）

課程設計

課程設計方案		教學重點	節數	負責教師
六大領域	實用語文	認讀圖卡、注意力訓練、聽指令能力、模仿能力	每週四節	○○
	實用數學	分類、一對一對應能力	每週二節	＊＊
	休閒教育	提升動作能力、模仿能力	每週六節	＊＊○○
	社會適應	提升溝通能力、聽指令能力	每週三節	○○
	生活教育	提升生活自理能力、動作能力、服從態度	每週八節	○○＊＊
	職業生活	培養負責任的態度及環境、食物整理的能力	每週一節	＊＊
融合課程	融合體育融合美勞	跳躍技能、傳接球在範圍內著色或貼貼紙	每週二節	◎◎
專業團隊	職能治療	增進精細動作能力、促進大肢體動作之發展	融入休閒教育、生活教育	職能治療師
	語言治療	增進語言理解能力及口語表達能力	融入各領域	語言治療師

優質 IEP：以特教學生需求為本位的設計與目標管理

CHAPTER 3

目標管理

　　當我們找到了身障學生的需求，並且提供各項的支援服務及資源教學來滿足學生的需要後，接著是訂定可以努力的方向及想要達到的目標，且讓所有團隊的成員均有共識願意為目標來努力。同時，評估學生在學年、學期結束時，是否達到擬定的標準。若是，則表示目標是務實、可執行的；若不是，則需要檢討如何改進。

　　目標管理的目標依類別可以分為認知、技能、情意等三大類，依領域則可以涵蓋特教學生需求的各種專業性、功能性或實用性的課程，依時間可以分為學年/學期/短期等三項。但是無論怎麼分，目標均應說明：(1)目標是什麼(2)達到的終點行為(3)怎麼完成(4)多久可以完成(5)那些人參與(6)那些領域/科目及(7)定期檢討及評鑑目標達成的情形等。以下各節將針對各項細節一一說明。

▶ 壹、學年/學期目標的分類 ◀

美國學者 Bloom 將教學目標分成三大類別：(1)認知方面：指知識的學習；(2)技能方面：指動作與技能的學習；(3)情意方面：指情感、態度、責任、欣賞、參與等人格或品格方面。

學年/學期目標的分類及評量方法

類型	認知	技能	情意
定義	知識	動作和技巧	態度、動機、 自我概念、人際
重點	1. 學習基本能力：記憶力、注意力、聽知覺處理、視知覺處理等。 2. 認知能力：推理、歸納、空間、邏輯、序列、分辨、分類等。 3. 學業性知識：國語、數學、自然、社會、健康、藝術人文、閱讀理解、解決問題、生活常識等。	1. 生活自理能力：如廁、穿著、用餐、清理等。 2. 行動能力：站立、走路、平衡、上下樓梯等。 3. 休閒運動技能：游泳、球類、田徑、騎車。 4. 學科、職業技能：寫字、打字、煮飯、洗車、清潔等。	1. 態度：積極或消極。 2. 學習動機：強或弱。 3. 自我概念：自信高低、身體外貌、健康接納度。 4. 人際關係：自我情緒管理、同理他人、分享、親子關係、友伴關係。 5. 價值觀：金錢、品格、服務志工等。
評量方法舉例	直接測量法（傳統紙筆測驗） 課程本位測量 概念發展模式 效標參照評量法 檢核表	工作分析 檢核表	軼事記錄（質性敘述） 評定量表 項目檢核 社會計量 五等第李克特量表

▶ 貳、決定目標的優先順序 ◀

傳統以來，台灣的教育深受升學主義學歷至上的影響，不論是各階段的入學能力測驗（基本能力測驗、學業能力測驗等）均是以知識性的題目為命題方向，導致父母、教師、學生們均過度重視紙筆測驗所表現的學科知識性之多寡。這種想法充斥在校園內，好學生被定義為考試分數高，排名在前面的學生，但是學生的品格、道德、學習的動機、自我的了解、服務的熱情均未被重視。

特殊教育服務的對象往往是校內學業表現較差，並合併各類身心障礙的學生，亦

即在普通教育適應困難的一群。因此，特殊教育所提供的教育，若是如同普通教育般的過度重視知識與考試分數，那麼學生的需要在哪兒呢？特殊教育提供的服務若只是國文、數學、英語等學科的補救教學，而不顧學生的學習態度、學習動機、自我概念、情緒管理、社交能力、生活適應能力等，則特殊教育與普通教育有何不同呢？

　　每位從事特殊教育的工作者應有清楚的認識，即情意與認知，並非各自獨立、毫不相干的兩個領域。它們彼此影響，互為因果。例如一位長期失敗的閱讀障礙兒童，極需要的是自信的養成、策略的學習，或許優先於課本語文的補救教學。又例如輕度智能障礙者，需要學會金錢的價值觀及使用金錢的技能，但不是花費許多時間認識各種鈔票及硬幣，或是流於過度加減計算的教學，但不會使用計算機等。因此，配合學生的需要及所能提供服務的時間，決定目標的優先順序非常重要。

全人教育的理念

　　2004 年台北市教育局主辦的全市校長、主任特殊教育知能研習，針對出席的人員做了一項非正式的調查，題目是：「你認為一位成功的人士應具備哪些特質？」與會的人員（約有三、四百名）自由發言，統計之後，得到的結果是：情意最重要，占所有成功特質的 60-65%，亦即熱情、真誠、積極、自信、興趣等決定一個人成功的最重要因素；其次為技能，例如溝通能力、領導能力、人際關係、自我紀律等因素約占20%，而真正知識廣度、深度只占 15%，也就是認知能力只占決定一個人成功因素的15%。總之，特殊教育服務的對象是在普通教育適應較困難的一群，因此，教育目標之設定是否更應著重在情意、技能的培養，而認知方面則著重在基本知識的學習，而非陷入普通教育中過度重視知識性的學習，導致更多的挫折，更大的挫敗，對學習充滿害怕。因此，以全人教育的觀點，特教教師及父母們應重新思考以學生需求的角度來決定教育目標的優先順序。

▶ 參、學年/學期/短期目標間之相關性 ◀

　　當學生的課程或是支援服務已被提出用來滿足需求時，則可依提供的內容，明確列出目標，以讓所有參與服務的團隊人員有清楚的共識，並朝向共同的目標努力，同時可作為學期或年度檢討時，學生進步評鑑的指標。一般而言，目標可分為學年目標、學期目標與短期目標。依國內《特殊教育法》規定，學年/學期目標為每位學生均需訂

定，至於短期目標則依教師之專業知能與教學準備決定。學年目標以一學年為一個階段訂定，以**全人、大方向、重要性、有共識、可執行**為原則。至於學期目標，則是為了達到學年目標所列出的**明確＋可測量＋吸引力＋務實＋可追蹤**的階段性目標。短期目標則是敘述**達到學年/學期目標之教學過程、內容、進度、步驟、方法、評量、學習記錄**為主。現今以下圖說明相關性。

學年目標
全人、大方向、重要性
有共識、可執行

學期目標
目標明確、容易執行、任何人可評量、務實（不會太高、太低）、有吸引力、符合學生興趣、有功能、與生活環境結合、可以在生活中用出來

短期目標
達成目標之教學內容、教材步驟、方法、策略、進度、教學評量等

 注意

1. 每一領域之學年目標、學期目標及短期目標需環環相扣。
2. 學年目標依大方向訂定，原則上每一領域或科目以一項為原則說明教育方向，至於學期目標則依學年目標訂定，以不超過四項為原則。短期目標依領域/學科內容編製，若是認知、情意為主，則以教學進度內容安排，若是以技能學習為主，則宜以工作分析法訂定之。

▶ 肆、學年目標敘寫舉例 ◀

 提醒一下

原則：全人、大方向、重要性、有共識、可執行

＊培養正確的金錢使用觀念（輕度 MR）

＊加強情緒管理的能力（情障）

＊擴展人際關係（自閉）

＊提升專注力（過動）

＊認識國中環境及做好心理準備（輕度 MR）

＊青春期兩性交往及自我保護的概念（輕度 MR）

＊增進國語科的學業能力（學障、資源班）

＊增進口語敘事能力（學障、資源班、輕度 MR）

＊提升閱讀理解能力（學障）

＊增進書寫正確率（學障）

＊增進語言理解能力（中度 MR）

＊提升社交技巧能力（輕度自閉）

＊改善親子關係（輕度情障）

＊促進大肢體動作之發展（腦性麻痺）

＊增進精細動作能力（腦性麻痺）

＊增進生活自理能力（中度 MR）

▶ 伍、學期目標敘寫原則 ◀

一、學生導向

■ 培養學生認識注音符號——教師導向（×）
■ 能說出所有注音符號——學生導向（○）

二、學習結果而非學習活動

■ 練習一位數進位計算——學習活動（×）
■ 能正確計算一位數進位的算術——學習結果（○）

三、完整敘寫

①	②	③
目標行為	＋目標評量之情境	＋通過標準

目標行為＝一個具體的行為、動作＋行為所完成之結果或內容（可以是認知、情意或技能中之一項，也可以是合併當中兩項或包括三項）

①目標行為敘寫舉例 （依目標性質分類）	②目標評量之情境舉例 （地點、時間、人、方式等）	③目標之通過標準舉例
＊會計算每月的零用錢（認知） ＊學會合理的使用零用錢（技能、情意） ＊每週情緒失控的次數（情意） ＊主動參與班上舉辦的各種活動（情意） ＊每日離開座位的次數（技能、認知） ＊說出國中與國小的不同之處（認知、技能） ＊表現出上國中的心理準備（認知、情意） ＊會使用合適的方法表達自己的關切（技能） ＊會辨認個人隱私部位不可以任意被碰觸（認知） ＊國語科成績期末總評（認知） ＊口語敘事能力（技能認知） ＊口語朗讀流暢度（認知、技能） ＊聽寫全學期學過的生難字詞（認知） ＊聽懂並完成兩個連續的簡單指令（認知、技能） ＊與人做朋友的能力（認知、技能） ＊用口語向父母表達自己的情緒、需要、感覺（認知、情意、技能）	＊在學校時間 ＊在教室內 ＊不需要有任何提示下 ＊遇見喜歡的異性同學時 ＊在普通班中表現 ＊使用故事結構分析法重述故事 ＊使用康軒版第五冊課文念讀 ＊在期末總評時 ＊面對任何人在沒有肢體語言協助下 ＊周遭師長、朋友的評估下	(1)依獨立完成的程度 　＊能獨立完成 　＊能在直接口語提示下完成 　＊能在間接口語提示下完成 　＊能在手勢提示下完成 　＊能在視覺提示下完成 　＊能在示範動作下完成 　＊能在部分身體提示下完成 　＊能在完全身體提示下完成 (2)依時間、次數、百分率 　＊有80%是正確的表達 　＊可以明確做到正確率100% 　＊說出主要成分達80%以上 　＊1分鐘正確字數達到100字以上 　＊達到70%的正確率 　＊至少有一位同學是她的好朋友 　＊五人有四人肯定小雲的進步 　＊一天達五次以上 　＊五次中有四次通過 　＊五次中有四次願意

▶ 陸、領域與科目的整合 ◀

　　一般而言，屬於認知與技能的教學目標，往往在領域或科目方面比較單純，例如：增進語言理解能力、提升大肢體動作的發展、訓練生活自理能力、增進國語的學業成就等，均可用單一領域或科目來進行教學，以期達到所訂定的目標。但是情意的目標並不一定用單一領域或是科目來訓練會是有效的，因此融入在跨領域或科目的方式，

成為在教學過程中，隨時需要注意或加強的。例如：提升學生的學習動機、加強學生的人際關係、改善學生的自我接納情形，可以發生在每次的教學活動中，因此，當情意的目標需要被達成時，教師或團隊間應特別將情意的目標融入在每節課的教學活動中，這就是所謂的「融滲式」教學活動設計。亦即教導國語時，同時也在教導學習動機、注意力的持續度；或是教導生活自理時，也在教導溝通意圖、自我肯定等屬於情意的目標。這時擬定領域時，宜採用跨領域或是各領域的整合。除此，有些目標，宜整合一個或多個領域的教學來達成；尤其對於身障程度較重或是功能較弱的學生，每學期訓練目標不多，跨領域的整合是可行的。

▶ 柒、學年/學期目標評量方式與評量結果 ◀

學年/學期目標執行結束時，評量者可依原先設定的評量方式實施期末評量。一般評量方式有下列幾種，即筆試、口語、操作、作業、觀察、作品等，也可以同時合併使用一種或數種評量方式。評量結果，大概可以有下列可能性，即通過（P）、繼續執行（C）、宜再充實目標或加深目標（E）、宜簡化目標（S），或是選擇放棄目標（D）等。

▶ 捌、學年/學期目標的評鑑 ◀

> ### ★ 注意
>
> 1. 目標以學生全人考量：認知、技能與情意並重，且符合學生的需求。
> 2. 目標需符合學生能力水準：不會太低或太高；可以是一個跨領域的整合。
> 3. 學年目標之下有相對應的學期目標：學期目標是一學期的最終目標，一個領域或一個科目最多不超過四個學期目標，亦即不宜將短期目標納入，導致每個領域科目之目標過度繁複，增加教師之困擾並耗費時間，甚至無法考核。
> 4. 目標明確指明學生達成後可習得的知識、技能或情意：特別強調的是具有實用性、功能性，亦即學生在生活中可以使用出來，或是在課堂中可以表現出來的行為。
> 5. 目標的設定應注意學生的興趣，相關人員之配合程度及是否容易執行。
> 6. 目標的敘寫是以可觀察（定性）或可測量（定量）的明確陳述，且易評量為原則。
> 7. 列出完成目標之起迄時間、參與人員、領域配合。
> 8. 列出評量標準方式及績效檢討改進。

▶ 玖、學年/學期目標敘寫舉例 ◀

	學年	學期
	原則：全人、大方向、重要性、有共識、可執行	完整敘寫＝學習者＋目標行為＋目標出現之情境＋通過標準 原則＝明確＋可測量＋吸引力＋務實＋可追蹤
舉例	培養正確的金錢使用觀念（輕度MR）	1. 阿泉 會 計算每月的零用錢，並記錄花費的明細， 　　學習者　　　　目標行為　　　　　目標出現之情境 　一學期五個月有四個月正確。（認知） 　　　　　　　　通過標準 2. 阿泉 學會合理的使用零用錢，並由父母及教師確認， 　　學習者　　目標行為　　　　　　　　評量者 　80%使用無誤。（情意、技能） 　　　　通過標準
	加強情緒管理的能力（情障）	1. 阿亮 每週情緒失控的次數，在學校時間，由五次降為三次。（情意） 　　學習者　　　目標行為　　　　目標出現之情境　　　通過標準 2. 阿亮 的 情緒管理能力，由父母及任課教師評估， 　　學習者　　目標行為　　　　　　評量者 　五人中有四人認為有進步。（情意） 　　　　　　　　通過標準
	擴展人際關係（自閉）	1. 阿芳 會 主動參與班上舉辦的各種活動，在學校時間內， 　　學習者　　　　目標行為　　　　　　　目標出現之情境 　一學期由零次增加到二次。（情意） 　　　　　　　　通過標準
	提升專注力（過動）	1. 阿政 每日離開座位的次數，在教室內， 　　學習者　　目標行為　　　目標出現之情境 　由七次降為四次。（情意、技能） 　　　　通過標準 2. 阿政 上課的專注力，由任課教師評估， 　　學習者　目標行為　　　　評量者 　有80%的教師認為有進步。（情意） 　　　　　　通過標準
	認識國中環境及做好心理準備（輕度MR）	1. 阿玉 會 說出國中與國小不同之處，不需要有任何提示下， 　　學習者　　　　目標行為　　　　　　　目標出現之情境 　至少說出五點以上。（認知） 　　　　通過標準 2. 阿玉 表現出上國中的心理準備，由與他熟悉的師長評估， 　　學習者　　目標行為　　　　　　評量者 　80%認為已準備好。（情意） 　　　　通過標準

學年	學期
青春期兩性交往及自我保護的概念（輕度 MR）	1. <u>阿香</u> <u>會</u> <u>使用合適的方法表達自己的關切</u>，<u>在遇見喜歡的異性</u> 　學習者　　　目標行為　　　　　　　　目標出現之情境 　<u>同學</u>，<u>有 80%是正確的表達</u>。（技能、情意） 　　　　　通過標準 2. <u>阿香</u> <u>會</u> <u>辨認個人隱私部位不可以任意被碰觸</u>，<u>在任何情境下</u>， 　學習者　　　　　目標行為　　　　　　　　目標出現之情境 　<u>可以明確做到正確率 100%</u>。（認知） 　　　　　　通過標準
增進國語科的學業能力（學障、資源班）	1. <u>小明</u> 的 <u>國語科成績期末總評</u>， <u>在普通班中表現在班級中</u> 　學習者　　目標行為　　　　　　　目標出現之情境 　<u>前面 50%以上</u>。（認知） 　　　　通過標準
增進口語敘事能力（學障、資源班、輕度 MR）	1. <u>小俊</u> 的 <u>口語敘事能力</u> 在 <u>使用故事結構分析法重述故事</u> 　學習者　　目標行為　　　　　　目標出現之情境 　時，<u>可以說出主要成分達 80%以上</u>。（認知） 　　　　　　通過標準
提升閱讀理解能力（學障）	1. <u>小董</u> 的 <u>口語朗讀流暢度</u> 在 <u>使用康軒版第五冊課文念讀</u> 　學習者　　目標行為　　　　　　目標出現之情境 　時，<u>1 分鐘正確字數達到 100 以上</u>。（認知） 　　　　　　通過標準
增進書寫正確率（學障）	1. <u>小象</u> <u>會</u> <u>聽寫全學期學過的生難字詞</u>，<u>在期末總評時</u>， 　學習者　　目標行為　　　　　　　目標出現之情境 　<u>達到 60%的正確率</u>。（認知） 　　　　通過標準
增進語言理解能力（中度 MR）	1. <u>小均</u> <u>會</u> <u>聽懂並完成兩個連續的簡單指令，例如拿便當、坐好</u>， 　學習者　　　　　　　目標行為 　<u>面對任何人在沒有肢體語言協助下</u>，<u>達到 70%的正確率</u>。（認知） 　　目標出現之情境　　　　　　　通過標準
提升社交技巧能力（輕度自閉）	1. <u>小芳</u> <u>學會</u> <u>與人做朋友的能力</u>，<u>在班級中</u>， 　學習者　　　目標行為　　　目標出現之情境 　<u>至少有一位同學是她的好朋友</u>。（情意、技能） 　　　　通過標準
改善親子關係（輕度情障）	1. <u>小雲</u> <u>學會</u> <u>用口語向父母表達自己的情緒、需要、感覺</u>， 　學習者　　目標行為 　<u>在周遭師長、朋友的評估下</u>， 　　　　評量者 　<u>五人有四人肯定小雲的進步</u>。（情意、技能） 　　　　通過標準

▶ 拾、學年/學期目標修改範例 ◀

範例一

修改前	修改後
學年目標 能接受各項體能訓練，協助穩定情緒並減低躁動、亢奮的頻率。	**學年目標** 藉由各項體能活動提升小明情緒穩定的能力。
修改理由： 學年目標為全人、大方向，不需要重複說明，因為情緒穩定後代表躁動、亢奮的頻率會降低。	
學期目標 1-1 能跑跑步機以 3km/hr 的速度達 30 分鐘 1-2 能上下樓梯每次三層樓共四趟 1-3 能在同學的帶領下繞走操場 4 圈 1-4 能在老師 80%協助下做早操	**學期目標** 小明每日在教室內，情緒失控的次數由 5 次降為 2 次。
修改理由： 1. 1-1、1-2、1-3、1-4 均是提升情緒穩定度的體能活動，是一種過程，也是一種方法，並無法緊緊扣住學年/學期目標所提的情緒穩定的提升，因此不符合學年/學期目標之定義。 2. 宜將 1-1、1-2、1-3、1-4 放在短期目標/學習評量內，當做全學期的活動或教學內容，以做為達到學年/學期目標的方法。 3. 特教班教師與學生每日互動時間較多，因此比較容易記錄發生次數，若是資源班學生，則此種量化方式顯得不務實，因為教師並非每日均與學生在一起。難以計算次數，此時宜改評量方式。	

範例二

修改前	修改後
學年目標 從事活動時，能專心並靜待 5 秒以上。	**學年目標** 提升小明視覺的專注力。
修改理由： 1. 學年目標是大方向，不需要量化「5 秒以上」。 2. 依據學期目標得知均是：注視「人、事、物」，因此將學年目標設定為「視覺專注力」。	
學期目標 2-1 到校進教室時能眼睛注視老師、同學達 10 秒以上 2-2 當老師打招呼時能眼睛注視老師達 10 秒以上 2-3 能在不協助下能眼睛注視自己餐碗裡的食物 2-4 能主動看見喜愛東西時，眼睛注視物品 2-5 在老師的 50 ％協助下，能眼睛注視事物達 30 秒以上	**學期目標** 在教室內，小明視覺可以專注於一項活動、一件喜好事物或是老師與同學，達 10 秒以上。

理由：

1. 2-1、2-2、2-3、2-4、2-5 五項學期目標均是教室內每天要發生的事情，或是教學活動之一項。因此，不需要如此細分，會增加老師評量的負擔。
2. 過多相近的目標會模糊目標的焦點，且學校內學習的專注力也不會只有這五項。因此宜合併書寫為具有功能、容易評量的目標。
3. 一般而言，專注力的提升是整體能力的進步。不太會第一項能力提升則其他項會停在原地。這些細分的目標應算是教學活動，而不易細分為單元目標。

範例三

領域	修改前	修改後
實用數學	**學年目標** 缺	**學年目標** 增進小平數學能力，學會二位數加減法及應用
實用數學	**學期目標** 1-1 會以具體物操作二位數的加減法 1-2 能辨認 1000 以上的數量 1-3 能計算錢幣數量的總和	**學期目標** 能拿著超市廣告單，依照老師指示，算出指定兩樣二位數價格物品的總和與價差
職業教育	**學年目標** 缺	**學年目標** 提升掃地能力及擦桌子能力
職業教育	**學期目標** 1-1 能依照老師的指示，完成指定範圍的清潔工作 1-2 會清理餐桌/椅	**學期目標** 1. 以半間教室為範圍，掃地結束後遺漏的大件垃圾，不超過五項 2. 擦桌子時抹布能擰乾，每週被要求重新擰乾的次數從 5 次降到 2 次
生活自理	**學年目標** 缺	**學年目標** 認識食物種類及處理食物的能力
生活自理	**學期目標** 1-1 能認識食物材料的名稱 1-2 會使用電磁爐及烤箱 1-3 會清洗蔬菜/水果/肉類/魚類等食物 1-4 會準備碗、筷、排餐具 1-5 會收拾剩餘菜餚	**學期目標** 1. 能正確說出正在吃的食物是肉類、蔬菜類、水果類、五穀類、油脂類等正確率達 90% 2. 在處理食物時，不需任何協助，不會散落或弄髒食物。每週五次有四次通過
休閒教育	**學年目標** 缺	**學年目標** 提升繪畫及創作能力
休閒教育	**學期目標** 1-1 會使用蠟筆在紙張上畫出老師指定的簡單圖形 1-2 會用手指、蔬果、橡皮擦在紙上玩蓋印章的遊戲 1-3 會用水彩調色及在紙張上色 1-4 能用剪刀剪出老師指定的簡單圖形 1-5 能利用蠟筆與水不相溶的特性來作畫 1-6 會使用吸管進行吹畫	**學期目標** 能在期末時，依照老師所提供的材料及主題，在 20 分鐘內完成作品

領域	修改前	修改後
實用數學	學年目標 缺	學年目標 會玩電腦遊戲
實用數學	學期目標 1-1 會開機關機 1-2 會用滑鼠點選桌面圖示開啟程式 1-3 會用繪圖版在電腦上畫出老師指定的圖形 1-4 能用注音輸入自己的名字 1-5 能用非常好色製作卡片 1-6 能使用搖桿玩電腦遊戲	學期目標 下課時（情境）主動要求老師玩兩種不同（通過標準）的簡易電腦遊戲（目標行為）
職業教育	學年目標 能友愛同學	學年目標 提升與普通班學生互動的能力，能與小天使一起進行團體活動
職業教育	學期目標 1-1 能和朋友互相幫助（分工合作分擔困難）	學期目標 1. 期末時會有一個以上小天使不經老師提示，會主動找他玩遊戲。 2. 主動與普通班小天使一起跑操場三圈

範例四

領域	修改前	修改後
溝通	學年目標 一、增進語言理解的能力	學年目標 一、增進語言理解的能力
溝通	學期目標 1-1 理解日常生活相關詞彙正確率達 80% 1-2 理解並完成一個簡單指令正確率達 80%	學期目標 1. 可以理解日常生活相關詞彙 300 個，不論在學校或是家裡，正確率達 80%（認知） 2. 在任何人的指示下可以聽懂一個簡單指令並完成，正確率達 80%（認知）
溝通	學年目標 二、增進口語表達能力	學年目標 二、學生使用圖卡表達需求
溝通	學期目標 2-1 模仿發音 2-2 簡單仿說字詞	學期目標 1. 會對三位不同的教師使用圖卡表達自己的五種需要：喝水、休息、玩玩具、看書、畫圖，達到 100%（技能）

領域	修改前	修改後
知覺動作	**學年目標** 三、增進精細動作能力	**學年目標** 三、增進精細動作能力
	學期目標 3-1 具備三種基本運筆能力（畫圓形、直線、橫線） 3-2 雙手操作物體的能力（堆疊、旋轉、按壓） 3-3 在範圍內著色或貼貼紙	**學期目標** 1. 學會使用各種不同筆畫圓形、直線、橫線等幾種基本圖形，正確率達 100%（技能） 2. 學會堆疊、旋轉、按壓各種不同的積木、玩具，正確率達 80%（技能） 3. 可在固定範圍內著色或貼貼紙，獨立完成正確率達 80%（技能）
行動	**學年目標** 四、促進大肢體動作之發展	**學年目標** 四、促進大肢體動作之發展
	學期目標 4-1 跳躍技能（雙腳前後跳、單腳跳） 4-2 在 1 公尺內傳接球，準確度達 80%	**學期目標** 1. 學會單腳跳、雙腳前後跳，在任何人指示下均可以正確做出來，獨立完成達到三次以上（技能） 2. 學會與任何人傳接球，在 1 公尺內，準確度十次達到八次（技能）
生活教育	**學年目標** 五、增進生活自理能力	**學年目標** 五、增進生活自理能力
	學期目標 5-1 自行收拾物品 5-2 自行吃飯，飯菜不掉落	**學期目標** 1. 學會將物品收拾在適當的位置，不論在學校與家裡，正確率達 80%（技能） 2. 學會自己吃飯，不論在哪裡，飯菜不會掉落，達到 100%正確率（技能）
人際關係	**學年目標** 六、提升人際互動能力	**學年目標** 六、提升人際互動能力
	學期目標 6-1 口語提示下模仿老師的五種動作 6-2 動作協助下參與團體遊戲達 80%	**學期目標** 1. 學會在口語提示下，模仿老師的動作，達到五種以上（技能） 2. 學會在動作協助下，參與團體遊戲，主動意願十次有八次出現（情意）
認知	**學年目標** 七、增進認知學科能力	**學年目標** 七、增進學科能力
	學期目標 7-1 同類物品分類達 80% 7-2 認讀常用圖卡約 40 張 7-3 一對一對應達 80%	**學期目標** 1. 學會將同類的物品歸類，例如：交通工具、食物、飲料等，不論是用實物或圖卡，不論任何人提問，達 80%（認知） 2. 學會正確分辨生活常用圖卡 40 張以上，不論任何人提問，達 80%（認知）

IEP：以特教學生需求為本位的設計與目標管理

範例五

領域	修改前	第一次修改	第二次修改
溝通	**學年目標** 一、提升小君聽與說的溝通能力	**學年目標** 一、提升小君聽與說的溝通能力	**學年目標** 一、提升小君聽與說的溝通能力
溝通	**學期目標** 1-1 能聽辨相關語詞 1-2 能聽辨相關短句 1-3 能發出正確的讀音 1-4 能正確地發出相關的語詞	**學期目標** 1-1 能養成舉手發言的好習慣，經老師於課堂觀察，正確率可達 100%（情意） 1-2 養成良好的傾聽習慣，經由老師於課堂觀察，正確率可達 100%（情意） 1-3 能不依賴視覺，正確聽辨聽能訓練作業單的內容，正確率達 80%（認知） 1-4 能根據構音作業單的內容，發出正確的音，正確率達 70%（認知）	**學期目標** 1. 小君可以理解任何與他溝通者的話語達八成以上（認知、情意） 2. 小君可以使用適當的方式在合適的情境下說話，任何人可聽懂七成以上（認知、情意、技能）
作文	**學年目標** 二、增進小君的寫作能力	**學年目標** 二、增進小君的寫作能力	**學年目標** 二、增進小君的寫作能力
作文	**學期目標** 2-1 能完成句型填充練習 2-2 能完成並背誦短篇的圖畫日記	**學期目標** 2-1 能在不需老師的提示下，獨立完成文句填充，正確率達 80%（認知） 2-2 能在沒有老師的提示下，獨立完成 200~300 字左右之看圖作文，並能在文章的內容中包含圖片故事中三項重要元素，正確率在 60%（認知） 2-3 能在家中養成定期寫作的習慣，經老師評量為乙等（情意）	**學期目標** 1. 小君可以獨立完成 200~300 字的日記，一週有四天可以做到（認知、情意）

領域	修改前	第一次修改	第二次修改
閱讀	**學年目標** 三、增進小君對故事的閱讀理解能力 **學期目標** 3-1 能理解文章內容 3-2 能用口語回答老師所問的問題 3-3 能正確回答作業單上的問題	**學年目標** 三、增進小君對故事的閱讀理解能力 **學期目標** 1. 經老師期末評量結果，小君能朗讀約 500 字的故事，錯誤率低於 10%（技能） 2. 在閱讀故事時，能發現故事中不懂的生字或生詞並主動發問，課堂觀察結果每堂課平均至少一次（認知、情意、技能） 3. 經老師期末評量結果，小君能找出故事中的主角、地點、時間、事情經過、結局，正確率達 80%（認知） 4. 經老師期末評量結果，小君能獨立完成閱讀理解測驗的文章中明示的問題，正確率達 80%（認知）	**學年目標** 三、增進小君對故事的閱讀理解能力 **學期目標** 1. 小君閱讀完故事後，能主動發問次數，每堂課平均至少一次（認知、情意、技能） 2. 小君能回答故事明示的問題，正確率達 80 %（認知）

▶ 拾壹、學校專業團隊人員如何參與學年/學期目標的訂定 ◀

　　學校專業團隊人員的連結與工作內容已於第二章第伍節內敘述。由於他們身處團隊之一員，他們亦需要了解學生整體的情形才有助於擬定合理的目標，增進團隊間的共識及達到合作的目的，以下為一位語言治療師及一位職能治療師的擬定的範例。兩者的擬定方法與前述之學年/學期目標訂定之原則或方法完全一致。治療師或是特教教師、父母均可依目標於期末時進行績效評估以做為改進的參考。

學年目標/學期目標與學習評量（語言治療師範例）

領　域	語言治療	班　級	國小二年級	擬定者	吳沛琳
		姓　名	小懿	日　期	○○年○○月○○日

學年目標	（全人、大方向、重要性、有共識、可執行） 1. 提升語言理解能力　2. 使用肢體語言或已有（會）之口語增加溝通互動之頻率
學期目標	學習者＋目標行為＋目標出現之情境＋通過標準 1. 小懿在日常生活情境下，可聽懂日常語彙 50 個，且在老師或家長給予 1-2 個指令下，正確率達 80%。 2. 小懿在三位不同教師或助理員面前，可正確說出所需求之物品名稱達 20-30 個，正確率達 80%。 3. 小懿在使用杯子喝水時，五次有三次不會流出。

評估/評量結果摘要（正式與非正式評估與診斷含病原性與功能性、優勢與弱勢分析等）

1. 能夠以語調或加上簡單手勢表達要吃東西或不喜歡訓練，會隨音樂起舞。
2. 會主動與人示好，情緒穩定、個性開朗、笑口常開，能以食物引發學習動機。
3. 溝通表達能力貧乏，日常生活詞彙理解量少，對於簡單的規範遵守有困難。
4. 缺乏安全意識，需專人一對一在旁協助，且注意力極短暫。

建議/整合事項（含每週訓練次數、時間、人員、領域整合、策略運用、合作模式、資源連結等）

1. 每個月接受語言治療訓練 1 次，且請家長參與並指導在家與日常生活之事物連結，示範讓家長及小朋友了解。
2. 利用學校的語文課，利用實物、模型教導常用常見的日用品之語彙 2-3 個/天（1 次）。
3. 利用生活教育課程，將日常生活的物品，給予指認或示範教導。例：現在要吃飯了，請去拿湯匙（碗）。
4. 在家中，可教導家長利用洗澡時、穿脫衣服時，教導身體部位（或指認部分），用餐時，請小朋友指出她想吃的食物（如魚還是青菜），若小朋友意願不高時，可利用其喜愛之食物引誘。
5. 利用休閒教育或活動時，加大語彙（物品或玩具名稱），及動作（動詞名稱）→丟、扔、拍、按、接、拿。

期末檢討（績效評估、遭遇困難、修改目標、結束服務等）

日期：

專業人員：　　吳沛琳　　　　特教教師：　　　　　　　　　組長：　　　　　　　

（學校專業團隊吳沛琳語言治療師提供）

學年/學期目標與學習評量（職能治療師範例）

領　　域	職能治療	班　級	二年級	擬定者	黃綺虹
		姓　名	小懿	日　期	○○年○○月○○日

學年目標	（全人、大方向、重要性、有共識、可執行） 增強精細動作操作能力；加強生活自理能力；提升注意力
學期目標	學習者＋目標行為＋目標出現之情境＋通過標準 1. 小懿以前三指抓握湯匙並在部分動作協助（協助前臂翻轉）舀起固體食物，就口吃而不撒落，準確率達 80%。 2. 小懿能以手掌抓握方式，自行獨立脫下鞋子，成功率達 70%。 3. 小懿能維持注意力於操作活動上至少 3 分鐘，每 5 次中達成 3 次。

評估/評量結果摘要（正式與非正式評估與診斷含病原性與功能性、優勢與弱勢分析等）

弱勢：

1. 前三指指尖操作與肌力不足
2. 生活自理技能不佳
3. 活動力時間短

優勢：

1. 喜歡音樂
2. 喜歡參與團體
3. 能以食物引發學習動機

建議/整合事項（含每週訓練次數、時間、人員、領域整合、策略運用、合作模式、資源連結等）

1. 在實用數學課，配合認知教學活動，在特教老師協助下使用細物（不同材質、大小、形狀等），讓小懿以前三指指尖操作，每週三次（治療師根據其目前掌內操作技巧之程度，建議老師使用適宜大小之教材及指導老師如何矯正小懿動作）。並於家庭作業中設計適宜之作業，如黏貼貼紙等，讓家長在家中每日至少練習 30 分鐘。

2. 在實用數學課中，配合認知教學活動，使用阻力性教具（如：挖阻力黏土、捏夾子、夾圖卡、拔圖釘等），在特教老師協助下執行，每週三次。

3. 在生活教育課及用餐時間在志工媽媽協助下，練習舀取喜歡吃的小零食就吃，每天一次（治療師建議合適粗細的湯匙握把，以加強握持之穩定度並建議食具擺放的位置，以適切挑戰其舀食就口之運送動作的控制力）。由治療師指導家長與菲傭在家執行技巧。

4. 在生活教育課程及每次進入教室時，在志工媽媽協助下，練習脫鞋。並以食物增強（治療師指導老師與家長如何帶領孩子肢體執行動作）。

5. 在每一堂認知課程中，穿戴重量帶維持情緒行為穩定，並在助理老師協助下，適時以環抱方式或提供身體觸壓之穩定情緒感覺刺激，延長孩子靜坐之注意力時間。座位安排在較角落，減少外界同學干擾。在下課休息時間可執行抗阻力活動，如原地蹲跳等，利用提振精神的感覺活動，維持適宜之精神狀態，做為上課之預備（治療師可視教室可以執行之活動，加以設計提供志工媽媽或助理老師執行）。居家活動，治療師可建議家長在家執行較多觸壓活動，如：觸覺刷按摩，每日至少一次，每次 10-20 分鐘，以改善注意力狀態。

6. 於休閒教育課中，可利用不同姿勢下各種大肢體活動，如攀爬、丟接球、划滑板等阻力性活動，加強全身性之肌力，增加關節穩定度及提供身體較多面性之感覺輸入及整合練習，作為其他功能性活動執行的基礎。治療師可視學校設備及其能力加以設計活動，讓老師在課堂中執行。可配合孩童喜歡音樂及喜愛參與團體的方式與團體活動執行（配合播放音樂）。

（財團法人恩主公醫院復健科黃綺虹職能治療師提供）

期末檢討（績效評估、遭遇困難、修改目標、結束服務等）
日期：

專業人員：　　黃綺紅　　　　特教教師：　　　　　　　　組長：

▶ 拾貳、短期目標與學習評量的撰寫 ◀

　　短期目標主要是為了達到學年/學期目標所擬定的階段性過程。短期目標與長期目標相同，主要分為三大類，即：(1)認知，(2)技能，(3)情意。在前述已有詳細定義與說明。教師依據學年/學期目標做課程設計、時數安排、教材選用、引用特殊教學策略、擬定教學重點、教學進度、記錄評量結果及日期，並為整學期的評量做質性的敘述與建議。

一、書寫短期目標與學習評量的目的

　　短期目標並非特教法所要求要建立在 IEP 內，但是它記載著教師或團隊共同努力為達到學年/學期目標的形成性評量。因此，短期目標與學習評量有下列數項功能：

1. 確認所訂的短期目標是否與學年/學期目標相符合。
2. 方便教師於學期初做好全盤的教學計畫，並可依計畫執行。
3. 檢討所提供的教材、教學活動設計、時數、策略、評量方式對於達到學年/學期目標書寫適當。
4. 隨時記錄學生的表現與特殊反應，以利教師改變教材內容或是教學活動設計與評量方式。
5. 是一種形成性評量，列入檔案管理方便追蹤學習的過程，可以提供父母及接案教師的參考，同時作為檢討與修改 IEP 的參考。

二、依領域書寫短期目標與學習評量

　　短期目標與學習評量的書寫方式力求簡易、明確，避免過度冗長的記錄。最好是依教學領域訂定，亦即每位學生依課程設計方案，每科目或每領域訂定一份。例如小琇提供了五種科目/領域的教學滿足她的特殊需求，則需要書寫五份短期目標與學習評量。若小君只提供了三種科目/領域的服務，則需要書寫三份短期目標與學習評量。

三、書寫短期目標與學習評量的原則

 注意

1. 明確載明學年/學期目標與 IEP 所擬定的內容完全符合。
2. 說明年級、科目/領域、時數、教材來源、對象。
3. 說明達成目標的主要策略。
4. 若是屬於認知或是情意類為主的教學目標，則宜以單元名稱，或是教學進度來設計，因為知識性、情意性的課程，是屬於時間累積來的能力，無法將學年/學期目標一小步一小步依工作分析法切割開來，例如提升小華學習動機的學年目標，並無法書寫短期目標如下：「提升學習動機到 50%，60%，70%，……」。因為學習動機是一種內在的驅動力，會受人本身情緒的影響。因此表現出來的行為非同技能學習，它學會了就是學會了，比較不會退步，例如學會使用筷子吃飯，是一種技能學習，可以將整體技能分割為一小步一小步的教導，學生學會了不容易遺忘。即使忘了稍加練習就又穩定了。但是認知與情意的學習，往往有遺忘與內在動機的因素；因此在短期目標的書寫，宜以教學進度或是單元活動方式設計，以作為達到學期目標的過程之計畫與記錄。
5. 教學重點主要是說明如何達到短期目標，或是在短期目標內使用的教材，或是教學內容，或是與個案相關之教學策略等均可以記錄於此欄位。
6. 學習記錄與評量結果，主要是記錄學生在學習過程中之優異表現與特殊困難，或是偶發重大狀況影響學習等。因此，教師可依據實際的科目/領域，選用各種不同方式的記錄。至於評量結果亦可依目標的性質，選用各種評量方式或是擬定不同的通過標準。
7. 為了彌補學習過程中過多量化的記錄，特別設計一個期末檢討欄位，採用質性敘述，描述整個學期之學習過程所遇到的困難以及改進方法。

四、短期目標與學習評量範例

範例一　溝通技巧　短期目標與學習評量（資源班實用性課程）

領域	溝通訓練	上課時數	每週2節	設計者	黃○○	班級姓名	資源三小悅	教材來源	自編

學年目標	提升溝通表達能力（情意、認知、技能）
學期目標	1. 小悅能專注傾聽他人說話，老師及同學有五人以上認為他有進步。 2. 小悅在課堂練習中，能用言語拒絕同學所提的不當要求，達80%以上。
特殊教學策略	1.直接教學法　2.情境教學法　3.實際演練　4.故事教學
評量方式	1.口頭表示　2.觀察記錄

活動名稱		實施學期 ○○上		教學重點	學習記錄與評量	評量者
		起	迄			
一、專心聽		9/20	10/20	1. 眼睛能看著對方 2. 表現出專心聽的樣子	眼神接觸時間有提高，也可以靠近做出傾聽的模樣	資源普通教師同學
二、看圖說故事	分別說	9/20	10/20	能說出每一張圖所呈現的重點	能說出人物、地點並簡單陳述事件	資源教師
	一起說	10/20	12/20	能看著四張連續的圖，練習說出前因後果的故事	能說出人物、地點和事件發生情形的經過，但時間及感受陳述較弱	
三、分辨對錯	影片中的主角表現對不對？	11/20	1/20	1. 引導說出影片中主角的反應的是非對錯 2. 強調教導正確的反應	對於有看過的影片或曾經扮演過的情境角色，皆能做出正確反應，判斷是非對錯	資源教師
四、拒絕不當要求	勇敢說不	12/20	1/20	1. 能分辨不當的要求 2. 能說「不」、「不行」、「不要」、「我沒空」等話拒絕	對於同學不當要求，一開始大部分都能做出正確的拒絕反應，但若同學繼續堅持，小悅就會出現懷疑、最後屈服的表現	資源教師
期末檢討		小悅在「專心聽」的部分，當別人跟他說話時，他會停止手邊動作，表現出聽的樣子，但眼神還不夠穩定。在「看圖說故事」時，能針對老師的問題一問一答，但無法自己述說，需不斷提示；「分辨對錯」表現上，正確的機率很高，幾乎都能分辨。但在「拒絕不當要求」部分，因自我信心不足，所以常無法把持，還需再進行教育及練習。				

教師簽名：＿＿＿＿＿＿＿＿＿　家長簽名：＿＿＿＿＿＿＿＿＿　日期：＿＿＿＿＿＿＿＿＿

範例二　國語科　短期目標與學習評量（資源班學業性課程）

科目	國語科	上課時數	每週3節	設計者	黃○○	班級姓名	資源三 小　悅	教材來源	康軒版自編

學年目標	增進三年級國語之學業能力（認知）
學期目標	小悅學期成績表現在全班 30 名學生中排名在前 20 名內。
特殊教學策略	1.直接教學法　2.情境教學　3.多媒體教學
評量方式	1.口頭回答　　2.觀察記錄　　3.紙筆作答

教學進度	評量日期	評量標準（每課）與學習記錄				評量人員
		回答問題 3 個	認讀生字 15 個	聽寫生詞 8 個	句型練習 2 句（每句 10 字）	
第一課	3/01	3	15	10	3	資源班教師
第二課	3/09	2	14	9	2	
第三課	3/18	3	13	8	2	
第四課	3/30	4	12	8	2	
第五課	4/10	2	11	6	0	
第六課	4/19	3	15	8	1	
第七課	4/28	3	11	5	2	
第八課	5/06	2	13	7	1	
第九課	5/16	4	12	6	1	
第十課	5/25	2	12	5	1	
第十一課	6/02	2	11	7	0	
第十二課	6/11	1	14	6	2	
第十三課	6/19	3	13	7	3	
第十四課	6/26	2	13	6	1	

期末總檢討	在國語科方面，對於三上課程小悅在認讀寫方面的表現還不錯，但因為課文較長，生字較多，因此聽寫時有些難字或抽象字較無法正確寫出。在對課文文意的理解方面，目前表現還不錯，在圖片的輔助下，能正確回答出問題的比率較高；若只是單純口頭問，則需提示。在造句方面，則有困難。照樣造句常無法找出句子的規則，語詞造句表現稍好些，但句子常較短且不夠完整。

教師簽名：＿＿＿＿＿＿＿　家長簽名：＿＿＿＿＿＿＿　日期：＿＿＿＿＿＿

範例三　生活管理　短期目標與學習評量（資源班實用性課程）

科目	生活管理	上課時數	每週1節	設計者	黃○○	班級姓名	資源三小　悦	教材來源	自編

學年目標	增進自我管理能力（情意、技能）
學期目標	1. 小悦能運用自我管理策略，按時至資源班上課，每星期有八堂課以上做到。 2. 小悦能運用自我管理策略，完成聯絡簿中所規定之事項達 80%以上。
特殊教學策略	1.直接教學法　　2.情境教學
評量方式	1.口頭回答　　2.觀察記錄

活動名稱		實施學期 ○○上		教學重點	學習記錄與評量	評量者
		起	迄			
自我管理步驟	小悦能順利進行自我管理步驟	9/20	10/10	能在目標行為執行時，首先用言語進行確認目標、自我教導及自我增強，之後並於記錄紙中進行自我記錄及自我評估	能順利按照既定的五步驟完成工作	資源教師
自動目按時至資源班上課	1. 確定目標	9/20	1/20	鐘聲響時能馬上進教室	練習一個月後，能做到50%；至 12 月底，已達成每週有八堂課能準時。至期末時，已幾乎可達每堂課都能守時	資源教師　家長
	2. 自我教導	9/20	1/20	拿出功課表，確認自己是否該去資源班上課	共有五句，能説出前三句	
	3. 自我增強	9/20	1/20	為自己的決定加油打氣	可以適時為自己加油	
	4. 自我記錄	11/01	1/20	記得填寫自我評量表	需老師協助才能填寫出自己的表現填寫記錄	
	5. 自我評估	11/01	1/20	對自己的表現給予○×	能對自己是否守時做評量	級任老師
完成聯絡簿事項	1. 確定目標	9/20	1/20	每天都需完成聯絡本中規定之事項	練習二個月後，能做到50%。期末時，完成率可達 0	
	2. 自我教導	9/20	1/20	教導自己依序完成	需家長協助提示	
	3. 自我增強	9/20	1/20	為自己加油打氣	大多能做到	
	4. 自我記錄	11/01	1/20	每完成一項就填寫記錄表	需老師逐項提示協助完成	
	5. 自我評估	11/01	1/20	在記錄表中評估自己的表現	能做正確評量	

期末總檢討	自我管理步驟中，自我教導及自我記錄的部分需花較多時間作訓練，且目前還需依賴師長協助或提醒完成。但是，經過此課程的訓練，小悦對於自己正在進行的事情，比較能了解，並且漸能熟記課程步驟。 　　因小悦之固著特性，一旦學到步驟就會徹底執行，因此成效還不錯。但之後若要對其他行為產生類化，則較無法自動化，還是需要將自我管理之過程反覆練習，使其精熟才可。

教師簽名：＿＿＿＿＿＿＿　　家長簽名：＿＿＿＿＿＿＿　日期：＿＿＿＿＿＿

範例四　生活教育　短期目標與學習評量（特教班功能性課程）

領域	生活教育	班級姓名	四年二十班 小友	教學節數	小組/個別 每週6節	教材來源	自編課程	設計者	徐淑芬

學年目標	培養家居生活的技能
學期目標	1. 會在大人以口語提示下，獨力完成餐前準備活動，十次有八次通過（技能） 2. 會在大人以口語提醒下，獨力完成簡易午餐，十次有八次通過（技能）

短期目標（○○學年第○學期）	教學重點	預期目標●與評量結果 1	2	3	4	5	評量日期
1-1 使用削皮刀削皮	紅蘿蔔、馬鈴薯、蘋果					●	1/10
1-2 使用水果刀切片（厚約1公分）	紅蘿蔔、馬鈴薯、蘋果					●	1/10
1-3 使用水果刀切小塊（約1立方公分）	紅蘿蔔、馬鈴薯、蘋果 小黃瓜、熱狗					●	1/10
2-1 會看水滾了，將食材放進鍋裡	煮什錦麵、泡麵、貢丸湯、青菜蛋花湯			●			1/16
2-2 知道湯或麵湯滾了，表示煮熟可以吃	煮什錦麵、泡麵、貢丸湯、青菜蛋花湯			●			1/16
2-3 會依圖卡步驟做點心	三明治、大亨堡、水餃			●			1/16

評量標準：5＝獨力完成　　4＝手勢提示完成　　3＝少量口語協助完成
　　　　　2＝大量口語協助完成　　1＝動作協助完成

期末檢討	1. 小友已經能夠削紅蘿蔔、馬鈴薯，但蘋果的部分需要少量肢體協助（邊削邊轉），建議繼續練習削蘋果。 2. 小友已經能夠在口語提示下製作點心，建議能將此技能提升為獨力依據點心製作流程提示卡，自行完成點心。

教師簽名：＿＿＿＿＿＿　家長簽名：＿＿＿＿＿＿　日期：＿＿＿＿＿

優質 IEP：以特教學生需求為本位的設計與目標管理

範例五　社會適應　短期目標與學習評量（特教班功能性課程）

領域	社會適應	班級姓名	四年二十班 小友	教學節數	小組/個別 每週6節	教材來源	自編	設計者	徐淑芬

學年目標	1.提升人際互動的能力　2.建立在外用餐的能力

學期目標	1. 在口頭鼓勵下願意參與團體遊戲，五次中有四次願意（情意） 2. 不會搶食他人的食物，在任何情境下可以百分百做到（技能、情意） 3. 看同學付帳後，能在用餐後會主動付帳，五次中有四次通過（技能） 4. 在口語提示下以圖卡向老闆點餐，表達自己想要吃的餐點，五次中有三次通過（技能、情意）

特殊教學策略	1.實物操作　2.工作分析法　3.直接教學法　4.情境教學

週次	融合體育	融合美勞	特教班	評量結果與記錄	評量日期
		預定進度 第○學期			
1		準備週			
2	攻佔堡壘	走迷宮	三商巧福		
3	大風吹	大富翁	魚多多自助餐	口語提示付帳	9/16
4	分站遊戲 I	美麗的相框 I	晴光鍋貼	繞到隔壁的全家櫃臺付錢了	10/4
5	警察捉小偷	果凍風鈴	麥當勞		
6	貓捉老鼠	骰子遊戲	自助餐、鍋貼二選一	選自助餐，口語提示付帳	10/9
7		期中考	日式定食		
8	分站遊戲 II	美麗的相框 II	晴光市場美食廣場		
9	灌籃高手	果凍花	三商巧福	無法聽同學的提示及示範剪花片，會逕自剪成小碎片	11/7
10	大球追小球	吸管筆筒	魚多多自助餐		
11	兩人三腳	紙杯造型 I	晴光鍋貼	口語提示付帳	
12	過河拆橋	心願瓶	麥當勞	吃起鹽巴來了，不聽同學的制止（心願瓶）	11/26
13	分站遊戲 III	動物面具	三商巧福、自助餐二選一	選擇吃麵，但吃得很辛苦	12/1
14	瞎子推大球	母親節蛋糕	三商巧福	上體育課經常坐在地上不動，輪到他進行活動時，5、6 位同學也拉不動他	12/9
15	氣球傳情	有趣的剪紙	魚多多自助餐	同上。以糖果增強後能配合指令	12/19
16	接力賽	豆子畫	晴光鍋貼	趁大人不注意吃同學的鍋貼	12/30
17	春天到了百花開	飛翔的魚兒	麥當勞		
18	踢球大賽	紙杯造型 II	自助餐、鍋貼、三商巧福三選一	選自助餐，吃得很高興，看來是選對了	1/9
19		期末考	吃火鍋	難得的優雅	1/16

期末檢討	1. 整體而言，小友可以在同儕的口語提示下參與遊戲，但在勞作方面可能較無法控制力道，而需在大量口語提示下完成作品。 2. 可能受天氣炎熱影響變得不愛動，在糖果的增強下能配合指令，建議仍須持續從事耗體能的休閒活動。 3. 在口語提示下會到櫃檯處點餐、付錢。偶爾仍會趁大人不注意時拿取別人的食物或餵別人吃自己不喜歡吃的東西。

教師簽名：＿＿＿＿＿＿＿　家長簽名：＿＿＿＿＿＿＿　日期：＿＿＿＿＿＿＿

範例六　實用數學　短期目標與學習評量（特教班功能性課程）

領域	實用 數學	班級 姓名	四年二十班 小友	教學 節數	小組/個別 每週 4 節	教材 來源	自編	設計者	徐淑芬
學年目標	增進數概念								
學期目標	1. 在視覺提示下，會拿對 3 以下的數量之任何物品，五次中有四次的正確率。 2. 會辨認 1、10、100 元的幣值，五次有四次的正確率。								
特殊 教學策略	1.實物操作　2.工作分析法　3.直接教學法								

短期目標或預定進度 （〇〇-1）	起迄日期		教學重點	評量結果與記錄
1-1 會配對數字 1-3	9/11	1/20	提供視覺線索，運用不同的物品（小友喜愛的）實際操作（夾夾子、裝入夾鏈袋、剪貼等），明確告知練習的次數（圈圈打勾），立即給予增強。	1. 小友已能配對數字 1-10，但僅停留在單純符號圖形配對；能指認 1-3 的數字。在視覺線索提示下能拿出 3 個以內的數，並能以畫圈方式表示數量。
1-2 會指出數字 1-3	9/11	1/20		
1-3 會數出 3 以內的物品	10/16	1/20		
1-4 會拿出 3 個以內的物品	10/12	1/20		
1-5 會配對數字與數量	10/16	1/20		
2-1 會指認錢幣 1、10、100	10/16	1/20	找出並對應商品包裝盒上的價錢，進而能以商品圖卡代替實物的包裝盒。	2. 小友對錢幣的分類已有概念，在對應上也沒有問題。
2-2 會對應正確的幣值 1、10、100	9/11	1/20		
期末 總檢討	1. 小友一節課中需搭配穿插四個語文與數學的靜態學習活動，能維持穩定的學習狀態。 2. 明確清楚的作業單，如版面或圖片乾淨單一，有助引導小友理解作業的方式。 3. 在使用錢幣方面，受限於小友對量的概念仍須仰賴視覺提示，因此在對應 20 元時，提供兩個圈作為線索，告知為 20 元，並搭配社會適應中購物的課程，如酸辣湯一碗 20 元。			

教師簽名：＿＿＿＿＿＿＿　家長簽名：＿＿＿＿＿＿＿　日期：＿＿＿＿＿＿＿

五、短期目標與學習評量修改範例

修改前

學期目標：

    1. 能理解文章內容

    2. 能用口語回答老師所問的問題

    3. 能正確回答作業單上的問題

短程目標 ＼ 評量	評量結果	評量日期	備註
1-1 能理解文章標題的意義			
1-2 能正確圈選出老師所提示的重點			
1-3 能說出所讀文章的主要概念或內容			
1-4 能詢問同學有關文章內容的相關問題			
1-5 能朗讀文章			
2-1 能使用正確的句型回答老師的問題			
2-2 能正確回答老師所提之問題			
2-3 能主動對文章內容提出問題			
3-1 能回答依據題目即可尋找答案的問題			
3-2 能回答須在文章中不同地方尋找答案的問題			
3-3 能回答須作推論或結論的問題			
3-4 能回答依據學生個人經驗回答的問題			

修改後

閱讀領域　短期目標與學習評量

領域	閱讀	班級姓名	二年三班小君	教材來源	自編	設計者	曾彥翰	時間	2 節/週
學年目標	增進小君對故事的閱讀理解能力								
學期目標	1. 小君閱讀完故事後，能主動發問次數，每堂課平均至少一次（認知、情意、技能） 2. 小君能回答故事中明示的問題，正確率達 80%（認知）								
特殊教學策略	1.畫重點　2.交互教學策略　3.故事結構分析策略　4.增強策略（爬格子）								
評量方式	觀察、操作、自編閱讀理解命題								

預定進度	實施學期 ○○上 起	實施學期 ○○上 迄	教學重點	朗讀錯誤次數	主動發問	故事結構	閱讀理解測驗	備註
1. 小紅帽	○/○	○/○	☆用手指字來輔助閱讀，避免閱讀時漏字	5	0	40%	30%	請家長與導師共同指導，使其養成習慣
2. 青蛙王子	○/○	○/○	☆共同討論故事內容並引導學生提出問題	3	0	40%	40%	較害羞，需老師詢問方能被動回答問題
3. 國王的新衣	○/○	○/○	☆應用「畫重點」策略與師生討論故事內容，讓學生練習依序找出故事中之主角、地點、時間、事情經過、結局	1	1	60%	60%	較難找出故事結構中的「事情經過」的元素
4. 拇指姑娘	○/○	○/○		0	1	80%	40%	
5. 醜小鴨	○/○	○/○		0	1	80%	60%	
6. 長髮姑娘	○/○	○/○		0	3	80%	70%	
7. 人魚公主	○/○	○/○		1	2	100%	80%	
8. 司馬光打破缸	○/○	○/○	☆引導學生完成閱讀理解測驗	0	2	80%	100%	期末評量
9. 虎姑婆	○/○	○/○	☆讓學生獨立完成閱讀理解測驗	0	2	100%	100%	期末評量
期末檢討	1. 小君已養成用手指字閱讀的習慣，也大大減少讀字時會跳字的情形。 2. 小君在閱讀故事時，遇不懂的生字或生詞能主動發問。 3. 小君已能由故事中找出大部分的故事結構重要元素，並完成閱讀測驗正確率達 80%以上。 4. 建議小君仍要利用課餘或暑假時間，多閱讀課外書籍與出外旅遊，以增加語文知識與生活經驗。							

教師簽名：＿＿＿＿＿＿＿＿　家長簽名：＿＿＿＿＿＿＿＿　日期：＿＿＿＿＿＿＿＿

CHAPTER4

優質 IEP 範例

　　本章總共介紹八個 IEP 的範例，包括《特殊教育法》所規定 IEP 應涵蓋的內容。此外，並提供較具創意及務實的短期目標及學習評量的書寫方式。

　　有別於傳統短期目標的書寫方式，本章所提供的參考範例包括自閉症、中重度兒童、聽障兒童、智能障礙、學習障礙等類別兒童。安置方式則包括特教班與資源班等。至於短期目標所包含的領域範例由啟智班學生的六大領域課程到資源班的多元課程，如溝通、閱讀、作文、人際互動、情緒管理、到體重控制等琳瑯滿目。每種科目均依其特殊性設計各種不同精簡的表單，但同時重視全學期的教學內容、教學策略、教材資源、時數、人員、學習記錄、完成日期、評量結果等，並有質性描述全學期學生的表現與檢討，值得所有從事特教的專業人員參考。使用者可以依學生需要，選取合適的書寫方式。

優質 IEP：以特教學生需求為本位的設計與目標管理

範例一：小君的個別化教育計畫（資源班）

班級：＿二＿年＿三＿班　　入班日期：○○年○月○日　　設計者：＿曾彥翰＿

基本資料（特殊教育法施行細則第 18 條第一項第二款）

學生姓名	小君		性別	女	出生	○○年○月○○日	身分證字號	○○○○○○○○○
住　址	台北市○○區○○路○○巷○號○樓							

父	王×× （∨）存（　）歿	教育程度	高中	職業	自由業	出生地	台北	年齡	○○
母	蔡×× （∨）存（　）歿		國中		自由業		台北		○○

電話	(H)：○○○○○○○	(O)：○○○○○○○	行動：○○○○○○○○○

鑑輔會鑑定類別：聽覺障礙　　鑑定文號：○○○○○○○　　鑑定日期：○○年○月○○日

身心障礙手冊：□無　☑有（續填）字號：○○○○○○○

手冊記載類別：聽覺障礙　　　　障礙程度：重度

家庭狀況

● 小君家庭經濟狀況普通，父母感情和睦，對於小君聽覺障礙的問題多持正面積極的態度，可多與家長配合，共同輔導小君的學習與生活。
● 小君家雖位在住宅區，但放學後大部分的時間都是待在家裡開的小吃店，對於聽障生而言，缺乏一個良好、安靜的讀書環境。
● 小君的功課主要是由母親親自指導，且在校功課繳交及回家複習狀況良好，所以可多提供聽能訓練或語文作業讓其在家持續練習，以提高學習的成效。
● 提升小君聽說讀寫的能力是家長對小君進入資源班後的期望。

生長史	醫療史
● 母親懷孕的過程中有吸煙的習慣。 ● 小君出生時體重正常，並無明顯的障礙情形。 ● 母親表示小君在嬰幼兒階段動作發展正常，但語言發展落後，單字期啟始較晚且口語較不清楚，所以聽說讀寫能力的發展應是其入班後主要的學習重點。	● 小君在二歲進行聽力檢查時，發現右耳由於先天耳蝸的發育不全，右耳的聽力狀況是全聾。四歲時則因發燒，併發腦膜炎導致左耳聽力損失。因此在教學時可多注意優勢耳的運用與訓練。 ● 小君五歲時，左耳配戴助聽器，目前配戴之助聽器是由聽障資源中心於 91 年所配發，機型為 Unitron us80-ppl。矯正前聽力損失為 100dB，目前矯正後聽力損失為 47dB。

教育史

● 小君從五歲開始即參加○○基金會所舉辦的聽能管理與聽覺口語的課程，對其口語表達與聽習慣的建立有很大的幫助。
● 小君目前所使用的溝通方式，主要是以口語與讀唇為主。
● 小君自入小學開始即進入資源班接受輔導，一年級中午放學後來資源班接受外加式的語文課程，包括了：語文、溝通、閱讀，所以二年級可繼續針對學生需求延續相關課程。
● 經與普通班老師討論小君學習特性，已為小君安排中間靠前的位置，此外，小君也在一年級養成上課時主動拿 FM（調頻系統）給任課老師使用的習慣。
● 小君由於態度開朗認真、母親親自指導功課，目前在普通班學習及人際適應無特殊困難。

評量摘要（特殊教育法施行細則第 18 條第一項第一、四款）

評量結果摘要		
測驗名稱	施測者/日期	結果
兒童認知發展測驗	王老師/ ○○年○月○○日	原始分數 67 分，百分等級 71。
聽障國小新生入學聯合鑑定知覺動作能力評量表	王老師/ ○○年○月○○日	得分 26 分（總分 30）。
語言發展遲緩兒童語意發展檢核表	陳老師/ ○○年○月○○日	小君的語意發展年齡約 4-7 歲之間，通過百分比約 71%，7-9 歲之通過百分比為 25%。
魏氏兒童智力量表（WISC-Ⅲ）	曾老師/ ○○年○月○○日	評量結果全量表 IQ 103、語文 IQ 96、作業 IQ 111，整體而言智力屬於中等程度。
中文閱讀理解篩選測驗	曾老師/ ○○年○月○○日	總分 26 分，百分等級為 29，對照年級得分平均數，小君未達 2 年級的閱讀理解程度。
國小學童多元智能取向量表	劉老師/ ○○年○月○○日	小君自評結果顯示肢體動覺智能得分最高，而音樂智能得分最低。

能力項目	現況描述
認知能力	1. 從小君在魏氏兒童智力量表（WISC-Ⅲ）的表現上來看，可知小君的智力屬中等程度，作業智商優於語文智商，就四項因素指數與分測驗來分析，小君在知覺組織的智商最高（114），而語文理解智商（94）最低，分測的得分上以圖畫補充、圖形設計的量表分數最高（13），類同測驗的量表分數最低（8）。由以上的各數據可知小君的內在能力上，以非語文的推理能力、空間概念、視覺的察覺力較佳，但在了解事件關係、運用抽象思考的能力較弱。 2. 依據《兒童認知發展測驗》施測結果顯示：小君的原始分數 67 分，高於該年齡組平均數 60.1 分，百分等級 71，智力正常。其中圖形認知和圖形推理能力高於平均數，在判斷、推理及問題解決的能力屬中等程度。 3. 根據《國小學童多元智能取向量表》的結果顯示，小君的八項智能得分由高至低分別為肢體動覺、空間、人際、博物、邏輯數學、語文、內省、音樂。由此可知小君認為自己在有效運用身體來表達想法與感覺，以及改造事物的潛在能力方面能有較好的表現，而察覺、辨別、改變和表達音樂的能力較弱。 4. 由老師的觀察及與家長的訪談後，發現小君的生活經驗與同年級的學生相較下較為缺乏。
溝通能力	1. 聽：依據聽力師評估結果表示，小君對於高頻音（1 萬 Hz 以上頻率的音）的聽取能力較差、單耳聽取，且因缺乏好的「傾聽」的習慣，所以容易沒注意到他人所講的話。 2. 說：根據語言治療師評估的結果顯示，小君在氣音（ㄙ、ㄒ）與舌尖後音（ㄓ、ㄕ、ㄖ）的發音上有不清晰或替代的情形。 3. 讀：根據「語言發展遲緩兒童語意發展檢核表」的結果顯示小君的語意發展年齡約在 4-7 歲的階段，對於時間副詞的理解與使用有困難；此外，根據《中文閱讀理解篩選測驗》的施測結果顯示小君的閱讀理解能力未達 2 年級的程度，在閱讀的相關能力中，「理解文本內基本事實」的能力最佳，「抽取文章大意」與「比較分析」的能力最弱，皆未達 2 年級的程度。

能力項目	現況描述
溝通能力	4. 寫：根據資源班老師的課堂觀察小君的國字書寫能力佳，字體工整，少有錯別字及拼音錯誤，但書寫句子時會有文法錯誤，僅能寫出 100 至 150 字左右的日記，作文的內容無法分出段落且多為分散式的敘述，無法突顯文章的主旨或大意。 5. 人際溝通：根據教師平日的觀察及家長訪談的結果顯示，小君以口語為主要的溝通方式，並輔以讀話來了解對方所傳達的訊息，表達意願主動，表達時能專心注視對方，並呈現適宜的表情與肢體動作，若與他人在「面對面的溝通情境下」能有最佳的溝通效能。
行動能力	1. 根據《聽障國小新生入學聯合鑑定知覺動作能力評量表》結果為 26 分（總分 30），顯示小君在動作、視知覺的發展良好。 2. 依據普通班與資源班老師的觀察，小君的大肌肉、精細動作表現亦正常無特殊問題。
人際關係	根據平時之觀察及與導師、家長訪談結果，得知小君平日與同學相處融洽，在普通班中有特別要好的幾位朋友，且與老師互動良好。
情緒管理	依據資源班老師之觀察，小君的情緒穩定、態度樂觀。
感官功能	根據資源班老師之觀察，小君上課時易有斜眼看黑板的情形。
健康狀況	依據身心障礙手冊之登記，左耳裸耳之聽力損失為 100 dB，矯正後聽力損失為 47dB。右耳全聾，健康狀況良好，無特殊疾病。
生活自理	從教師及家長訪談中了解，小君在日常生活自理方面沒有特別的問題，遇到困難（如：需要打電話回家），亦會主動尋求老師的協助。
學業成就	從相關任課教師訪談中了解，小君的學習態度積極認真，課堂學習專心；國語學習方面，小君在班上的成績表現為乙等（80 分-90 分），能閱讀二年級的課文與寫出約 100 至 150 字的短篇日記，但仍常有字句結構不完整及語法上錯誤的情況產生；在數學學習方面，小君上學期的數學成績為乙等（80 分-90 分），根據普通班與資源班老師的觀察，小君計算能力佳，但對於應用題的題意理解能力較弱，因此影響作答的正確性，目前仍可藉由重複練習與家長輔導，達到班上平均的水準。

優　勢（特殊教育法施行細則第 18 條第一項第一款）

1. 能寫出約 100 至 150 字的短篇日記。
2. 能正確朗讀二年級課文。
3. 知覺動作能力佳，書寫端正，少有錯誤。
4. 學習態度佳，學習動機強。
5. 情緒穩定、個性溫和、態度樂觀。
6. 與同學相處融洽，且與老師互動良好。
7. 勇於表達自己的意見，並能主動尋求協助。

弱　勢（特殊教育法施行細則第 18 條第一項第一款）

1. 聽力損失，未建立良好的聆聽習慣。
2. 在氣音（ㄙ、ㄒ）與舌尖後音（ㄓ、ㄕ、ㄖ）的發音上有不清晰與替代的情形。
3. 書寫句子時易語法錯誤及結構不完整。
4. 未能完全理解故事內容。
5. 看書、看黑板的姿勢不正確。
6. 生活經驗較一般兒童缺乏。
7. 應用題的題意理解能力較弱

障礙對普通班上課及生活的影響及特殊需求（特殊教育法施行細則第 18 條第一項第三、五、七款）

1. 在普通班上課，座位宜安排在能看見老師面部表情的位置。
2. 提供 FM 調頻系統，以提高小君的學習效能。
3. 由於小君傾聽習慣尚未建立，因此需另安排同儕小老師在學業、生活上隨時提供提醒與協助，以利小君順利融入原班學習與生活。
4. 因小君的聽力與語言能力發展的障礙，評量時應適當地調整評量方式。
5. 資源班提供相關課程，以加強小君溝通、閱讀與寫作的能力。
6. 提供小君語言、聽力之評估與訓練。
7. 鼓勵小君多參與學校之社團活動或利用假日出外旅遊以增加生活經驗。
8. 尋求醫療評估小君上課時斜眼看黑板之問題與矯正方式，輔導或訓練小君建立正確的姿勢與習慣。
9. 提醒小君家長有關身心障礙學生相關福利措施之申請。

參與普通班課程課表（特殊教育法施行細則第 18 條第一項第八款）

節次 ＼ 星期	一	二	三	四	五
早自習	學生週會	導師時間	導師時間	教師晨會	導師時間
一	語文	生活	語文	語文	語文
二	數學	語文	數學	綜合活動	數學
三	健康與體育	彈性時間	生活	生活	生活
四	生活	彈性時間	綜合活動	生活	生活
五	（溝通訓練）	鄉土語言		（溝通訓練）	
六	（作文）	健康與體育		（閱讀）	
七	（作文）	彈性時間		（閱讀）	

說明：（　）內之課程為參與資源班之課程

教育場所與課程設計（特殊教育法施行細則第 18 條第一項第七、八款）

教育場所：普通班＋資源班				
資源班安置科目	方式	每週節數	課程設計	任課老師
溝通訓練	☑外加 ☐抽離	2	提供正確的構音指導及聽能訓練。	曾彥翰老師
閱讀	☑外加 ☐抽離	2	利用交互教學的策略及故事結構的教學，提升學生對故事的閱讀理解。	曾彥翰老師
作文	☑外加 ☐抽離	2	藉由詞語填充、畫圖日記引導正確的語法使用，增進書寫能力。	曾彥翰老師
共計每週總節數 6	抽離 0 節 外加 6 節			

支援服務（特殊教育法施行細則第 18 條第一項第三、五、七款）

支援 服務項目	服務內容	服務內容簡述	負責單位 （人）
教學調整	提供 FM 調頻系統	建立學生正確使用 FM 調頻系統之習慣與提供普通班老師諮詢服務	曾彥翰 老師
教學調整	調整評量方式	延長考試時間	王○○ 老師
環境調整	調整學生座位	安排座位於前三排中間偏左之位置	王○○ 老師
專業服務	語言治療	構音問題評估、諮詢（每月一次，每次40分鐘）	黃○○ 治療師
專業服務	聽力評估與輔具檢測	聽力檢查、聽能輔具設定與檢測、聽力評估（每學期一次）	張○○ 聽力師
專業服務	醫療評估與建議	評估小君上課時斜眼看黑板之問題與矯正方式，輔導或訓練小君建立正確的姿勢與習慣	王○○醫師 曾彥翰老師 林○○老師
支持服務	福利申請	提供交通補助費與獎助學金之申請	劉特教組長
支持服務	親職教育	不定期提供家長研習資訊、教師諮詢服務與親職講座	劉特教組長 資源班全體教師
支持服務	人力資源	運用愛心志工或愛心小天使協助小君順利參與班上學習和課程直排輪之社團活動	曾彥翰老師 劉特教組長 王○○老師

教育目標（特殊教育法施行細則第 18 條第一項第六、九款）

學年/學期教育目標	領域/科目/項目	評量方法	評量結果		評量人員
			上學期	下學期	
一、提升小君聽與說的溝通能力 1. 小君可以理解任何與他溝通者的話語達八成以上（認知、情意）	溝通	觀察測量	通過		曾彥翰老師
2. 小君可以使用適當的方式在合適的情境下說話，任何人可聽懂七成以上（認知、情意、技能）		觀察測量	部分通過		
二、增進小君的寫作能力 1. 小君能主動且獨立完成 200～300 字左右的日記，一週七天有四天可以做到（認知、情意）	作文	測量	部分通過		曾彥翰老師
三、增進小君對故事的閱讀理解能力 1. 小君閱讀完故事後，能主動發問次數，每堂課平均至少一次（認知、情意、技能）	閱讀	操作	通過		曾彥翰老師
2. 小君能回答故事中明示的問題，正確率達 80%（認知）		測量	通過		

IEP 會議（特殊教育法施行細則第 18 條第三項）

行政人員		專業人員	
普通班教師		家長或監護人	
特教教師		學生或其他	

溝通訓練領域　短期目標與學習評量

領域	溝通訓練	班級姓名	二年三班小君	教材來源	自編	教學者	曾彥翰	時數	2節/週
學年目標	提升小君聽與說的溝通能力								
學期目標	1.小君可以理解任何與他溝通者的話語達八成以上（認知、情意） 2.小君可以使用適當的方式在合適的情境下說話，任何人可聽懂七成以上（認知、情意、技能）								
特殊教學策略	1.示範教學　2.隨機教學　3.聽能訓練　4.構音訓練　5.增強策略（爬格子）								
評量方式	觀察、測量、操作								
評量結果標準	90%以上—5　89～80%—4　79～70%—3　69～60%—2　60%以下—1								

教學內容/短期目標 ○○學期	教學重點	評量結果與記錄	評量日期
1.在課堂中能主動表達與課堂學習有關的意見或看法	☆運用「忽略」、「增強」等策略來養成良好行為。	5	課堂隨機
2.在上課中能先舉手並獲得老師同意後再行發言		5	課堂隨機
3.在他人正在發言時能注意傾聽別人的發言內容		5	課堂隨機
4.在他人發言時能保持安靜		5	課堂隨機
5.能在無他人的提示下，察覺包含ㄙ、ㄒ、ㄓ、ㄔ、ㄕ、ㄖ等音的語音	☆運用錄音帶、遊戲等方式進行。 ☆每一項教學時間不宜過長。 ☆與父母溝通回家後能每天選一小段時間練習。	4	○/○
6.能在無他人的提示下，區辨包含ㄙ、ㄒ、ㄓ、ㄔ、ㄕ、ㄖ等音的語音		4	○/○
7.能在無他人的提示下，指認包含ㄙ、ㄒ、ㄓ、ㄔ、ㄕ、ㄖ等音的語音		3	○/○
8.在老師的示範下，能正確練習口腔運動	☆先進行基本的發音訓練，之後再以輔助活動練習目標音的發音。	5	課堂評量
9.經老師評估的結果顯示：小君能正確發出ㄙ音		正確發音	
10.經老師評估的結果顯示：小君能正確發出ㄒ音		正確發音	
11.經老師評估的結果顯示：小君能正確發出ㄓ音		發音不清晰	○/○
12.經老師評估的結果顯示：小君能正確發出ㄕ音		ㄔ音替代	
13.經老師評估的結果顯示：小君能正確發出ㄖ音		正確發音	

期末檢討	1.經過一學期教學策略的運用與提醒，小君在上課時已能專心傾聽其他同學的發言，當要表達自己意見時也能先舉手徵詢老師的同意。 2.小君目前對於語音的察覺與區辨能力不錯，正確率皆達80%，但對於更高層次的指認部分僅能達79～70%，對於包含ㄓ、ㄔ、ㄕ之語詞指認能力較差。 3.小君已能發出清晰的ㄙ、ㄒ音，ㄖ音被ㄌ音替代的情形也有所改善，但在發ㄓ、ㄕ這三個音時仍是有省略或彼此替代的現象，因此在暑假期間請家長持續給予孩子關於這三個音的聽能與發音練習。

資源班教師：＿＿＿＿＿＿＿＿　　家長：＿＿＿＿＿＿＿＿　　日期：＿＿＿＿＿＿＿＿

作文領域　短期目標與學習評量

領域	作文	班級姓名	二年三班 小君	教材來源	自編	教學者	曾彥翰	時數	2 節/週
學年目標	增進小君的寫作能力								
學期目標	小君能主動且獨立完成 200～300 字左右的畫圖日記，一週七天有四天可以做到（認知、情意）								
特殊教學策略	1.直接教學　2.「看圖說作」作文教學法　3.教師引導、示範　4.師生討論 5.增強策略（爬格子）								
評量方式	觀察、測量、操作								
評量結果標準	90%以上—5（優）　89～80%—4（甲）　79～70%—3（乙）　69～60%—2（丙）60%以下—1（丁）								

教學方法/短期目標 〇〇學期	教學重點	評量結果與記錄	評量日期
1. 能在不需老師的提示下，正確完成生字/生詞的注音填寫	☆藉由教師引導與示範，讓學生了解接下來故事寫作中會使用的生詞與生字的意義與用法。	3	課堂評量
2. 能在老師引導下了解生詞/生字的意義		5	課堂評量
3. 能在不需老師的提示下，將生詞/生字填入文句填充中		3	課堂評量
4. 能在不需老師的提示下，正確地排列出四張故事圖片的順序	☆先讓學生依故事圖片所呈現的線索自由排列出故事圖片的順序，教師再進行引導與修正。	5	課堂評量
5. 在課堂中，能積極地與老師討論每張圖片的內容	☆由學生自由口述圖片內容，教師將其內容記錄下來。	甲	課堂評量
6. 能在老師的引導下，寫出文法正確的句子	☆師生共同討論，針對寫作的文法及故事元素的部分進行訂正。	乙	課堂評量
7. 能在寫作的過程中明確地寫出故事圖片的主角、事情經過與結果，三項故事元素	☆最後由學生將結果抄寫於作文簿上。	能在文章中正確寫出三項故事元素	〇/〇〇
8. 能每週寫一篇約 200 字的日記，經老師依內容的豐富性與文法正確性	☆請家長協助孩子訂定日記之主題，先將內容以圖畫的方式呈現後，再進行寫作。	乙	課堂評量
9. 在課堂上能積極主動與老師分享日記的內容	☆增強學生主動分享日記的內容，並共同訂正內容。	乙	課堂評量

期末檢討	1. 小君經由課堂的練習已經培養出將生詞、生字應用在文章中的習慣，不但能使寫作的內容更加豐富，而且還學會如何正確使用生詞、生字來寫作。 2. 在與老師討論的過程中，小君能敘述出故事圖片的重點與提出三項重要的故事元素，能寫出四段的文章，但在寫作的文法上仍會有遺漏主詞或動詞在句中位置錯誤的情形。 3. 小君能寫出約 200 字的畫圖日記，內容大意清楚有條理，能分段落書寫，然而書寫時偶爾仍需家長引導日記的主題，因此建議家長假日多讓孩子出外踏青或參與團體性活動，以增加其生活經驗。

資源班教師：＿＿＿＿＿＿＿＿　家長：＿＿＿＿＿＿＿＿　日期：＿＿＿＿＿＿＿

閱讀領域　短期目標與學習評量

領域		閱讀	班級姓名	二年三班小君	教材來源	自編	教學者	曾彥翰	時數	2 節/週

學年目標	增進小君對故事的閱讀理解能力
學期目標	1. 小君閱讀完故事後，能主動發問次數，每堂課平均至少一次（認知、情意、技能） 2. 小君能回答故事中明示的問題，正確率達 80%（認知）
特殊教學策略	1.畫重點　2.交互教學策略　3.故事結構分析策略　4.增強策略（爬格子）
評量方式	觀察、操作、自編閱讀理解命題

預定進度	實施學期 〇〇上		教學重點	評量結果				備註
	起	迄		朗讀錯誤次數	主動發問	故事結構	閱讀理解測驗	
1. 小紅帽	〇/〇	〇/〇	☆用手指字來輔助閱讀，避免閱讀時漏字	5	0	40%	30%	請家長與導師共同指導，使其養成習慣
2. 青蛙王子	〇/〇	〇/〇	☆共同討論故事內容並引導學生提出問題	3	0	40%	40%	較害羞，需老師詢問方能被動回答問題
3. 國王的新衣	〇/〇	〇/〇	☆應用「畫重點」策略與師生討論故事內容，讓學生練習依序找出故事中之主角、地點、時間、事情經過、結局	1	1	60%	60%	較難找出故事結構中的「事情經過」的元素
4. 拇指姑娘	〇/〇	〇/〇		0	1	80%	40%	
5. 醜小鴨	〇/〇	〇/〇		0	1	80%	60%	
6. 長髮姑娘	〇/〇	〇/〇		0	3	80%	70%	
7. 人魚公主	〇/〇	〇/〇		1	2	100%	80%	
8. 司馬光打破缸	〇/〇	〇/〇	☆引導學生完成閱讀理解測驗	0	2	80%	100%	期末評量
9. 虎姑婆	〇/〇	〇/〇	☆讓學生獨立完成閱讀理解測驗	0	2	100%	100%	期末評量

期末檢討	1. 小君已養成用手指字閱讀的習慣，也大大減少讀字時會跳字的情形。 2. 小君在閱讀故事時，遇不懂的生字或生詞能主動發問。 3. 小君已能由故事中找出大部分的故事結構重要元素，並完成閱讀測驗正確率達 80%以上。 4. 建議小君仍要利用課餘或暑假時間，多閱讀課外書籍與出外旅遊，以增加語文知識與生活經驗。

資源班教師：＿＿＿＿＿＿＿＿＿　　家長：＿＿＿＿＿＿＿＿＿　　日期：＿＿＿＿＿＿＿＿＿

範例二：小棋的個別化教育計畫（資源班）

一、建檔（入班日期：民○○年9月）

學生姓名	小棋（男）	出生年月日	○○/○○/○○	身分證字號	○○○○○○○○○
年級班別	二年一班	父	黃○○	教育程度/職業	高中畢/商
就讀學校	○○國小	母	張○○	教育程度/職業	專科畢/公
聯絡地址	台北市○○○○○○路五段○○○號4樓之7			聯絡電話	(H)：○○○○○
鑑定類別	肢體障礙（持有身障手冊：中度○○/9/23）			行動電話	○○○○○○○
鑑定文號	北市教五字第0923○○○○○○○號			擬定者	蕭素禎
會議日期	○○/○○	開始日期	○○/○○	檢討日期	○○/○○

二、簡易家庭狀況、發展史、醫療史、教育史（特殊教育法施行細則第18條第一項第二款）

1. 家庭史：家有二男，排行老么，與父母同住汐止。父親與越傭是主要照顧者，目前由越傭到校陪讀與接送。家中成員主要使用國語溝通，經濟狀況尚可。小棋的回家作業通常是在父親的公司由父親與越傭陪伴完成，或是母親在家中指導完成。父母在教養態度上有一些差異，母親較要求孩子的自理能力而父親較為寵愛小棋，但兩人皆願意與學校配合，期望資源班能提升小棋生活自理、行動的能力以及擁有良好的人際互動。

2. 發展史：出生時父43歲，母39歲，家中無特殊病史。母親懷孕時為足月剖腹產，出生後因脊柱裂導致下肢輕癱及解尿困難。嬰幼兒時期的動作反應遲緩、協調不好、注意力較差，目前需倚靠助行器走，無法自己如廁（上大號）。

3. 醫療史：視、聽力皆正常，因脊髓損傷需倚靠助行器活動。幼時雙腳膝蓋開過刀，放筋，三歲後才開始有能力學習走路。目前身高130公分，體重49公斤，體重過重、體力較差。頭部因幼年時開刀裝入一條金屬導管，先前偶會有劇烈頭痛的情形出現。小一開學後，學期中有一段時間（一至二週），連續兩三天都在拉肚子。

4. 教育史：三歲之前曾於○○醫院接受物理治療服務、於早療機構接受職能治療。就讀○○附幼普通班，申請緩讀一年後進入○○國小普通班就讀。小一開始在○○醫院接受物理、職能治療服務，小二開始暫停醫院治療課程，但仍有定期回診。小一開始在資源班接受特教服務、學校專業團隊的職能治療與物理治療諮詢服務。

三、能力現況與優弱勢分析（特殊教育法施行細則第18條第一項第一款）

評量結果摘要			
測驗名稱	施測日期	施測人員	測驗結果
魏氏兒童智力量表	○○/○○/○○	蕭素禎	語文量表分數＝89（中下） 作業量表分數＝67（智能不足） 全量表分數＝75（臨界）
多元智能取向量表	○○/○○/○○	蕭素禎	由量表填答結果發現小棋的語文及人際智能為其主要優勢，數學和肢體能力為其相對弱勢。

評量領域與方式	現況描述	優弱勢分析
認知能力 ☑ 標準化測驗 □ 非正式評量 ☑ 教師觀察 □ 訪談	1. 標準化測驗：魏氏智力測驗結果顯示整體智力為臨界，其中語文量表（89）為智商中等，作業量表（67），推測可能因小棋動作太慢導致作業量表分測驗的得分較低。 2. 教師觀察顯示小棋的注意力較差，於學習時易分心。 3. 記憶、理解能力、空間、基本概念尚可。 4. 邏輯、推理能力較差。	優勢： 整體認知能力尚可，以長期記憶和語意概念形成能力較佳。 弱勢： 注意力不佳。 邏輯推理能力不佳。
溝通能力 □ 標準化測驗 ☑ 非正式評量 ☑ 教師觀察 □ 訪談	1. 聽：能理解簡單的指令與語句，對於較複雜的語句或是概念性的理解較弱。 2. 說：多話，能清楚表達自身的需求與基本的溝通，但對於事件的陳述，常會出現一長串前後矛盾的話，或是與真實事件不相符的話。 3. 讀：能自行拼讀試卷的題目，自行認讀課文。 4. 寫：能自己寫字、字跡整齊，但字體偏大，未經提醒時，字會超出格子，寫字速度較慢，尤其是進行遠端抄寫工作時。	優勢： 1. 能與他人進行簡單的溝通表達。 2. 能自行閱讀試卷說明與課文。 3. 書寫時字跡工整。 弱勢： 1. 對於複雜事件的陳述較無邏輯組織。 2. 抄寫時的速度較慢。
行動能力 □ 標準化測驗 □ 非正式評量 ☑ 教師觀察 ☑ 訪談：家長	1. 需要單手倚牆或是支撐才能進行站立、行走、平衡等動作。 2. 行動時需倚靠助行器，且需有人在旁陪同，無法獨立行動。 3. 上下學皆由外傭推輪椅往返學校與家裡。	弱勢： 無法獨立行動，需倚靠他人協助。

評量領域與方式	現況描述	優弱勢分析
人際關係 ☐ 標準化測驗 ☐ 非正式評量 ☑ 教師觀察 ☐ 訪談	1. 能夠在下課時與同儕和平共處，且因個性活潑開朗，易主動與人開啟話題，在班級內無人際適應困難之情形。 2. 有時會因為大號在褲子上或是放屁等事情擔心小朋友笑他。 3. 下課時喜歡與老師、小朋友講話。	優勢： 喜愛與人交友，個性活潑。
情　緒 ☐ 標準化測驗 ☐ 非正式評量 ☑ 教師觀察 ☑ 訪談：導師	1. 會因情緒不佳而影響其學習態度，心情好時會認真上課，心情不好時就會賴皮，逃避班上的作業。 2. 很希望得到教師的關注、關心，不論是資源教師、導師或科任老師；敏感，容易為小事而不開心，但是不好的情緒不會持續太久。 3. 挫折容忍度較低，個性被動依賴，較無法主動做事。	優勢： 喜愛得到教師的關注。 弱勢： 挫折容忍度低且情緒易有起伏。
感官功能 ☐ 標準化測驗 ☐ 非正式評量 ☑ 教師觀察 ☑ 訪談：家長、職能治療師、物理治療師	1. 視力矯正中，目前進步到雙眼裸視 0.7。 2. 聽知覺、觸、嗅覺正常。 3. 粗動作能力差，無法自行跑、跳、站立。 4. 精細動作能力佳。	弱勢： 因下肢障礙，以致粗大動作的能力較差。
健康情況 ☐ 標準化測驗 ☐ 非正式評量 ☑ 教師觀察 ☑ 訪談	1. 小棋出生即因脊柱裂而導致下肢癱瘓，原本醫生斷定無法走路，但兩、三歲時開刀後，就開始學習走路。 2. 小棋體重過重（身體質量指數，BMI = 28），間接影響其行動、動作與生活自理的訓練，且體能較差。	弱勢： 體重過重，影響復健與學習。
生活自理 ☑ 教師觀察 ☐ 訪談	1. 能自行穿脫外衣，進行簡單的清潔工作、飲食。 2. 如廁（上大號）、穿脫鞋襪需要他人協助。	弱勢： 穿脫鞋襪、如廁需人協助。
學業成就 ☐ 標準化測驗 ☑ 非正式評量 ☐ 教師觀察 ☑ 訪談：導師	1. 學習動機強弱與態度好壞端視小棋當時的心情而定，差異頗大。 2. 國語、數學目前尚能跟隨班級進度，進行學習活動，但與同儕相較程度仍較為落後。數學科學習落後程度較為嚴重。	弱勢： 易受心情好壞影響學習態度與動機。 學科能力與同儕相較，有些許落後。

優質 IEP：以特教學生需求為本位的設計與目標管理

四、障礙現況對於普通班學習之影響（特殊教育法施行細則第 18 條第一項第三、五款）

1. 由於行動時需倚靠助行器或輪椅，故影響其參與普通班活動性相關的課程，以及需花費更多的時間來進行教室轉換。
2. 注意力的持續性不佳以及書寫速度較慢，在普通班常發生上課發呆、跟不上班級腳步之情況，時常需要級任教師隨時提醒。
3. 因邏輯推理能力為其相對弱勢能力，以致在數學學科學習的速度較同年級學生緩慢，學習成效不佳，需要更多的時間進行補救教學。
4. 無法自行上大號，需要專人協助擦屁股、穿褲子，普通班教師於教學現場中不易兼顧此情形。

五、服務需求（特殊教育法施行細則第 18 條第一項第四、五、七款）

一、學習需求

1. 體重過重，需要訂定減重計畫。
2. 強化校園獨立行動之能力。
3. 培養挫折容忍度與情緒穩定。
4. 需要長期於家中由成人進行每日的復健運動。
5. 強化整體粗大動作之能力。
6. 培養基礎生活自理能力。
7. 加強國語、數學學科學習。
8. 增加注意力持續的時間。

二、支援服務

1. 職能治療師提供每月定期的諮詢與教學建議。
2. 物理治療師提供每學期定期的評估、諮詢與治療建議。
3. 提供家長諮詢與親職教育相關資訊。
4. 在校考試時可以延長作答時間，至資源班獨自書寫試卷。

六、教育安置（特殊教育法施行細則第 18 條第一項第八款）

場所		普通班＋資源班		資源班教學時數	每週 180 分（五節課）
節次	星期一	星期二	星期三	星期四	星期五	說明
早自修		（國語）		（數學）		＊每週有兩節外加式課程
1	語文	數學	語文	生活 (生活自理)	健體 (獨立 行動訓練)	（早自修）與三節抽離式課程（生活兩節、體育一節）共五節課，至資源班接受特教服務。
2	數學	音樂	語文	語文	語文	＊每週上課時數：180 分鐘
3	生活 (生活自理)	英語	生活	生活	數學	＊資源班各領域分配時間： 國語－ 50 分鐘
4	生活	生活	數學	彈性	彈性	數學－ 50 分鐘 生活自理－ 20 分鐘
5		綜合				獨立行動訓練－ 60 分鐘
6		綜合				
7		健體				

七、課程設計方案（特殊教育法施行細則第 18 條第一項第七、八款）

1. 採原班課程進行國語科補救教學，於教學過程中訓練專注力的持續。
2. 數學科採取單元重點教學（原班課程），針對其不足處加以練習、補強。
3. 生活自理以行為改變技術，來逐步訓練小棋自行穿脫鞋褲及如廁的能力。
4. 行動能力部分利用逐步塑造的技巧訓練小棋獨立行動，以利用助行器行走、上下樓梯為主。
5. 親師合作利用飲食、運動雙重控制體重，避免體重直線上升，每月檢討一次實施成果。

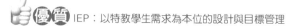
八、教育目標（特殊教育法施行細則第 18 條第一項第六、九款）

學年與學期教育目標	領域/科目/項目	評量方式與結果		評量日期		評量人員
		上學期	下學期	上學期	下學期	
一、全面提升小棋的專注力（認知） 1. 提升小棋在資源班專心書寫作業、評量，每堂課教師口頭提醒次數少於三次	注意力	E.C		1/9		蕭老師
二、增進二年級國語之學業能力（認知） 1. 期末時學期成績能在班上 32 名同學中排在前 20 名	國語科	A.P		1/15		蕭老師
三、增進二年級數學之學業能力（認知） 1. 小棋普通班的期末數學科總評，成績達到班級 32 名同學中前 25 名	數學科	A.P		1/16		蕭老師
四、培養基本生活自理能力 1. 學會自行完成穿、脫鞋子，在資源班時，五次中可做到三次（技能）	生活自理	CE.P		1/17		羅老師
2. 學習獨自上廁所，在如廁時經師長部分協助下完成如廁動作（技能、情意）		CE.C		1/17		蕭老師
五、強化小棋獨立行動之能力 1. 學會在校園內主動使用助行器輔助其獨立行走，不需他人協助（技能、情意）	獨立行動	CE.P		1/16		杜老師
2. 學會在校內主動使用助行器以協助獨立完成上、下樓梯的能力（技能、情意）		CE.P		1/16		蕭老師
六、減重計畫（情意、技能） 1. 學年期間運用飲食、運動控制，使 BMI（身體質量指數）降至 26	減重	E.C		1/19		蕭老師

* 評量方式：　A—筆試　　B—口頭　　C—操作　　D—作業　　E—觀察
* 評量結果：　P—通過　　C—繼續　　E—充實　　S—簡化　　D—放棄

九、 簽名欄（特殊教育法施行細則第 18 條第三項）

家　　　　長		校　　　　長	
導　　　　師		輔 導 主 任	
科 任 老 師		特 教 組 長	
職 能 治 療 師		其　　　　他	

國語科 短期目標與學習評量領域

領域	國語	班級姓名	二年一班 小棋	教材來源	康軒	教學者	蕭素禎

學年目標	增進二年級國語之學業能力（認知）

學期目標	期末時學期成績能在班上 32 名同學中排在前 20 名

特殊教學策略	直接教學、專注力策略、合作學習	評量方式	紙筆測驗、口語回答、教師觀察	教學時數	每週 50 分鐘

教學重點	評量結果與日期													
	第1課	第2課	第3課	第4課	第5課	第6課	第7課	第8課	第9課	第10課	第11課	第12課	第13課	第14課
國字、注音（書寫）正確率達 80%	✓ 9/12	✓ 9/20	✓ 9/27	✓ 9/12	✓ 10/14	✓ 10/18	✓ 10/24	✓ 11/24	✓ 12/9	✓ 12/13	✓ 12/20	✓ 1/2	✓ 1/5	✓ 1/9
口述造詞 至少造出兩個語詞	✓ 9/13	✓ 9/20	✓ 9/29	✓ 10/3	✓ 10/14	✓ 10/18	✓ 10/24	✓ 11/25	✓ 12/9	✓ 12/13	✓ 12/20	✓ 1/2	✓ 1/5	✓ 1/9
口述照樣造句 至少兩個照樣造句	△ 9/15	✓ 9/22	✓ 9/30	✓ 10/13	△ 10/17	✓ 10/21	✓ 11/3	✓ 12/2	△ 12/12	✓ 12/18	✓ 12/23	✓ 1/3	✓ 1/6	△ 1/10
造句（書寫）兩句 錯誤少於兩個	△ 9/16	✓ 9/23	△ 9/30	✓ 10/13	✓ 10/17	✓ 10/21	△ 11/3	✓ 12/2	✓ 12/12	✓ 12/18	✓ 12/23	△ 1/3	✓ 1/6	✓ 1/10

評量標準	備註
✓ ─ 獨立完成 △ ─ 部分協助下完成 × ─ 未達通過標準	

期末檢討	小棋在普通班的兩次國語定期評量為 87 分、99 分，已達到普通班的平均水準。在語文學習上，口述照樣造句的題型較需要教師提供引導、協助，書寫造句時自己會很努力地把已學過的國字寫出來，盡量不出現注音拼音。普通班導師亦認為小棋目前國語學習可跟上班級上課的進度。
未來建議	目前小棋的班上定期評量試卷是在資源班延長書寫時間下完成的，已與普通班老師達成共識，下學期開始讓小棋自己在原班進行考試，不用過來資源班書寫考卷。

資源班教師：＿＿＿＿＿＿＿ 家長：＿＿＿＿＿＿＿ 日期：＿＿＿＿＿＿＿

IEP：以特教學生需求為本位的設計與目標管理

數學科　短期目標與學習評量

領域	數學	班級 姓名	二年一班 小棋	教材 來源	南一	教學者	蕭素禎
學年目標	增進二年級數學之學業能力（認知）						
學期目標	小棋普通班的期末數學科總評，成績達到班級 32 名同學中前 25 名。						
特殊 教學策略	直接教學、專注力策略、 合作學習		評量方式		紙筆測驗、口語回 答、教師觀察		教學時數	每週 50 分鐘

單元名稱	教學進度 （○○學期）		單元教學重點	評量 結果	評量者
	起	迄			
一、200 以內的數	9/5	9/23	使用具體物表徵、200 以內的合成與分解、比大小。	3/BC	蕭老師
二、認識 1 公分	9/26	9/30	認識尺上的刻度與數值、用尺畫出指定長度的直線。	3/C	蕭老師
三、加法與減法（一）	10/3	10/20	二位數以內的加法計算、借位減法直式計算。	2/C	蕭老師
四、多少倍	10/21	10/28	2、3、4、5、6、8 倍數的認識。	2/BC	蕭老師
五、加法與減法（二）	11/3	11/24	二位數以內的進位加法、借位減法計算、應用問題解題。	3/C	蕭老師
六、幾點幾分	11/25	12/8	認識時針與分針、讀出數字鐘上的時間、正確撥出指定時間的長針與短針。	3/AC	蕭老師
七、平分和分裝	12/9	12/16	認識幾分之一、平分的概念、包含除的解題。	3/C	蕭老師
八、長方體和正方體	12/19	1/2	分辨正方體與長方體、利用積木自行堆疊出正方體和長方體。	3/AC	蕭老師

評量標準：依學習的精熟程度分為 3 = 100%～80%　2 = 80%～60%　1 = 60%以下

評量方式：A─操作　B─口頭　C─紙筆　D─觀察　E─指出

期末 檢討	1. 期中、期末定期評量卷採用原班試卷，在資源班經口頭協助指導書寫之成績平均為 80 分左右。 2. 第四單元倍數的認識與第七單元包含除的解題尚未達到精熟的標準，此部分的練習題皆需要教師在旁提醒或協助才能完成。 3. 第五單元加減法的進位加法與借位減法，小棋的學習速度很緩慢，教學方式一再調整後，花了近兩個月的時間才學會，但有時還是會有計算錯誤的情況出現。
未來 建議	寒假期間請家長在家協助小棋複習本學期尚未達到精熟的學習單元內容，以增進孩子的數學能力。

資源班教師：＿＿＿＿＿＿＿　　家長：＿＿＿＿＿＿＿　　　日期：＿＿＿＿＿＿＿

獨立行動/生活教育　短期目標與學習評量

領域	獨立行動生活自理	班級姓名	二年一班小棋	教材來源	自編	教學者	蕭素禎
學年目標	1. 培養基本生活自理能力　　2. 強化小棋獨立行動之能力							

學期目標	1. 學會在校內主動使用助行器以協助獨立完成上、下樓梯的能力（技能、情意） 2. 學會自行完成穿、脫鞋子，在資源班時，5 次中可做到 3 次（技能） 3. 學習獨自上廁所，在如廁時經師長部分協助下完成如廁動作（技能、情意） 4. 能夠在期末完成上臂起身動作，在一分鐘內連續 15 次（技能）

特殊教學策略	1.逐步塑造（shaping）　2.工作分析法　3.隨機教學	評量方式	觀察、操作	教學時數	每週80分鐘

短期目標（○○學年上學期）	練習時間/教學要點	預期目標與評量結果					評量日期	評量者
		1	2	3	4	5		
1-1 能使用助行器獨自行走校園各處，不需旁人協助	每週 1 次/給口語增強、提醒速度保持一致					●	1/16	
1-2 在跌倒時，能自行使用助行器撐起身體重量並站起來	隨機/判斷最有利的地形、如何運用雙腳輔助					●	1/16	
2-1 會使用助行器在十分鐘內爬完二層樓	每週 5 次/請外傭協助記錄爬樓梯的時間，並口頭提醒正確的上樓梯方式					●	1/16	
2-2 能使用助行器在十分鐘內由三樓走至一樓	每週 5 次/請外傭協助注意下樓梯的時間，並口頭提醒正確的下樓梯方式					●	1/16	
3-1 能自行脫下鞋子並起身站好	每週 1-2 次/提醒彎腰、觀察動作完成度					●	1/17	
3-2 能自行完成穿鞋子的所有動作	每週 1-2 次/視情況提供部分協助，提醒彎腰、固定穿鞋的腳不移動				●		1/17	
4-1 能自行在站立的情況下脫下鬆緊帶的褲子	隨機/觀察是否確實完成脫褲子的動作					●	1/17	
4-2 能在自行站立的情況下穿上褲子	隨機/視穿褲子情況提供口語協助或肢體協助					●	1/17	
4-3 能在如廁時不將尿液沾到衣褲上	隨機/口頭提醒，請外傭協助檢查是否完成動作				●		1/17	
4-4 能以雙手支撐做出半蹲後站立起身的連續動作	每週 1-2 次/視情況提供部分協助，提醒屁股要用力夾緊、雙手要撐住體重，不可故做跌倒狀				●		1/17	

評量標準：5＝獨立完成　　　　4＝口語提示下完成　　　3＝少量肢體協助完成 　　　　　2＝大量肢體協助完成　　1＝完全動作協助完成

期末檢討	1. 孩子由期初的平均每週跌倒 3-5 次，至期末時發生頻率已經降低至每週跌倒 1 次以下。 2. 開學時因小棋體重於暑假期間遽增，所以行動能力較小一時退步，目前已能在一定的時間內移行至資源班上課，進步情況穩定。 3. 穿著鞋子與褲子的自理能力上，仍需要提供少量的動作協助才能完成。 4. 上臂肌力的訓練尚未達預期水準，檢討其原因可能是每週訓練的時間過少所致。
未來建議	1. 繼續訓練行動能力，將由原班教室至資源班上課的移行時間縮短至 5 分鐘左右。 2. 持續訓練穿鞋與穿長褲的技能。 3.下學期增加上臂訓練的時間，每週至少 3 次。

資源班教師：＿＿＿＿＿＿＿＿　　家長：＿＿＿＿＿＿＿＿　　日期：＿＿＿＿＿＿＿

減重　短期目標與學習評量

領域	減重	班級	二年一班	執行者	蕭老師、小棋爸爸、小棋媽媽、阿草（外傭）
		姓名	小棋		

學年目標	訂定減重計畫（情意、技能）		
學期目標	學年期間運用飲食、運動控制，使 BMI（身體質量指數）降至 26（BMI ＝ 體重 kg ÷ 身高平方 m²）	諮詢對象	職能治療師 物理治療師

月份	執行方式與過程	執行結果
九月	召開 IEP 會議，口頭告知爸爸孩子需要減重的原因，以及了解孩子平時在家中的運動與飲食。爸爸表示小棋是因為早餐吃得很多，所以計畫讓他每天早餐的份量控制在一定的範圍，且禁止孩子喝奶茶改喝白開水。	外傭表示小棋早餐的份量依舊為一般正常孩子的 2-3 倍，但已經沒有再喝奶茶了。此時身高 130cm，體重 49kg，BMI 指數為 28.9。
十月	教師每日口頭提醒小棋早餐要吃少一點，並利用團體課的時間列出其他同學所吃的早餐的份量，讓小棋了解自己早餐吃太多容易發胖。爸爸依舊禁止小棋喝奶茶，早餐的煎蛋也都改為只吃蛋白不吃蛋黃。	早餐的份量減少為正常兒童的 1-2 倍。此時身高 132cm，體重 49kg，BMI 指數為 28.1。
十一月	增加課後在家中爬樓梯、運動的時間，每週一至二次至溫水游泳池泡水或游泳。	身高 135cm，體重 50kg，BMI 指數為 27.8。
十二月	因家長無法抽空帶小棋至游泳池，停止至溫水游泳池泡水的活動。物理治療師建議將孩子每日的飲食內容逐一記錄，了解孩子攝取的營養是否均衡，並建議家長至醫院減重門診掛號，以尋求更專業的資源。	身高 137cm，體重 54kg，BMI 指數為 28.7。
一月	十二月底至一月初請小棋寫下每日的飲食內容於資源班聯絡簿中，以了解孩子攝取的食物有哪些。	身高 137cm，體重 53kg，BMI 指數為 28.1。未達成本學期預定的目標。
期末檢討	1. 根據期末小棋的飲食資訊發現，他喜歡攝取高熱量、低纖的食物，如：漢堡、熱狗麵包、薯條……等，對於蔬菜、水果的攝取量較不足。小棋的早餐和晚餐常會攝取高熱量的食物，但午餐（學校的營養午餐）他都吃很少，有時睡前還會吃宵夜，希望家長能夠配合控制飲食的內容，避免攝取過多的蛋白質、脂肪，多鼓勵孩子吃青菜和水果。 2. 提供學校附近醫院減重門診資訊，再次建議家長就醫尋求專業協助。 3. 寒假期間請家長持續控制小棋的飲食與充足的運動，避免發生小一暑假後劇烈增重的情況。	

資源班教師：＿＿＿＿＿＿＿　　家長：＿＿＿＿＿＿＿　　日期：＿＿＿＿＿＿＿

注意力　短期目標與學習評量

領域	注意力	班級	二年一班	評量者	蕭老師	評量方式	觀察法
		姓名	小棋				

學年目標	全面提升小棋的專注力（認知）

學期目標	提升小棋在資源班書寫作業、評量的專心度，每堂課教師口頭提醒次數少於三次

科目	時間 起	時間 迄	教學重點	學習記錄與評量
國語	94.9.01	95.1.20	1. 能專心寫字，不分神注意老師與其他同學的互動。 2. 不在書寫作業時發呆超過一分鐘。	小棋可以在老師或外傭的提醒下，進行國字書寫的練習，但有時仍會出現分神、發呆的情況。
數學	94.9.01	95.1.20	1. 能專心書寫數學練習卷、學習單，不分神注意其他事情。 2. 在算數學時不會停滯不動超過一分半鐘。	在寫數學作業單、練習卷時，很容易出現分神的情況，有時是因為不專心，但有時候是因為課程內容尚未精熟的緣故，需要老師在一旁提醒協助完成作業。
期末檢討	在資源班上課時的書寫速度、專心程度已較小一時進步許多，不會在資源班老師指導其他小朋友時發呆，現在一堂課只需要老師口頭提醒一次，就可以自己進行書寫活動。希望在下學期時可以進步到不需師長提醒，即能完成課堂的書寫活動。

資源班教師：＿＿＿＿＿＿＿　家長：＿＿＿＿＿＿＿　日期：＿＿＿＿＿＿＿

範例三：小悅的個別化教育計畫（資源班）

基本資料

學生姓名	小悅	出生年月日	○○/○○/○○	障礙類別	自閉症中度		
校　　名	○○國小	年級	三年級	手冊編號	A○○○○○○○○○		
擬定日期	○○/○○	開始日期	○○/○○	檢討日期	○○/○○	擬定者	黃彩霞

生長史

1. 根據家長填寫的個案資料表所述，小悅出生時早產，當時母親 27 歲，父親 27 歲，為自然分娩。小時候主要照顧者是外婆，父母親的工作十分繁忙。於 2 歲 3 個月時，幼稚園老師發現有異狀，經醫院鑑定為發展遲緩。九十年時經醫院評估後確認為自閉症中度，並領有身心障礙手冊。
2. 學前階段就讀於普通幼稚園，但幼稚園老師具特教相關專業背景，因此能給予合適的引導，使其能適應學校生活。
3. 小學二年級前都持續在醫院中進行職能治療、語言治療及社交技巧訓練等。動作方面的發展，與一般同年齡兒童相近，但語言及社交技巧方面則尚有明顯落後。
4. 進入小學一年級即接受資源班之教學服務，早修、午休及國語數學課時間，皆至資源班上課。兩年多來，接受國語數學科補救教學及社交技巧、口語表達、情緒管理及休閒課程，目前能力：國、數學科約可跟上班級進度，學習態度方面亦愈趨積極，唯社交技巧及口語表達能力，尚與同年齡學童有顯著差異。

評量摘要

1. 認知能力：根據○○年○○月○○日 WPPSI-R 測驗結果顯示其全量表 IQ51、語文量表 IQ46、作業量表 IQ61，其本身有較佳的視覺—動作轉換能力、空間概念，以及觀察能力，可以理解一些抽象概念，詞配圖的指認能力不錯，長期記憶佳、具有方位、形狀、數量之概念；但短期記憶較差，對新事物需大量練習及花費較長時間才能熟悉記住。整體而言，認知發展有遲緩現象。另外根據《國小學童多元智能取向量表評量》結果顯示小悅在「空間」部分表現最佳；而在「人際」及「內省」部分，表現最弱。
2. 溝通能力：根據母親敘述及教師觀察，其在聽覺理解方面能夠聽懂具體的指令，在學校及家中皆能遵照父母師長指示。但對於較抽象的如感受、想法或時間觀念，則較無法理解。表達想法或回答時常常答非所問。會說簡單、完整的句子，但偶爾有詞序或代名詞錯用、顛倒的現象。在描述事件時，相當片面，常無法完整敘述，對於事件的前因後果描述有困難。生活用語方面，大都可以對答，且會主動表達自己的需求。常有喃喃自語及仿說、重複他人所說的字句情形。能夠唸讀課文，但無法理解所讀到的內容。書寫表達有困難。
3. 行動能力：依據教師及職能治療師評估及觀察，小悅的行動能力正常且良好，能夠獨立行動。「粗大動作」與一般兒童差不多；「精細動作」方面，在較複雜環境的主題—背景區辨、視覺空間概念的表現皆較弱。手部操作方面，手指的靈活度較差。

4. 人際關係：從教師平常觀察中發現，小悦在人際互動方面大都處於被動，但對於其有興趣的事物則會主動參與或詢問。喜歡與同學一起玩遊戲或學習，能遵從給予的具體指令，但較無法持續和同學做持續對話。有時也因此無法分辨是非，易受同學慫恿而做不適當的事。常無法了解人與人之間的距離及分際。與人交談時，無法直視他人雙眼，眼神飄忽，受欺負或有所要求時，會主動向老師報告及說明。喜歡自己獨處，靜靜看書、玩玩具或觀看別人遊戲。

5. 社交能力：根據教師觀察和同學訪談得知，小悦在環境上的適應能力還不錯，不會排斥新環境。在團體遊戲中也能在老師同學提醒與要求下，作等待和輪流，其主動性及對遊戲規則的理解力稍差些。

6. 情緒管理：依據教師平時觀察，小悦的情緒相當穩定，樂觀且笑口常開。師長言語的增強就能使其維持高度的學習興致，努力向前邁進。但在面對自己不感興趣的事物時，則會有注意力不集中、消極不配合的表現。遇挫折時，偶有哭泣反應。

7. 感官功能：經職能治療師評估，視覺聽覺均正常，但偏好視覺學習，聽覺較敏感，吵雜的聲音很容易引起他的注意而分心。較無法區辨主要聲音及背景聲音。

8. 健康狀況：根據其健康檢查記錄，小悦健康情形良好，食慾很好，不常生病。

9. 生活自理：從教師觀察及家長訪談中得知，小悦在飲食、如廁、穿著、清潔與衛生方面、整理書包等皆有能力自行處理及完成，但因其態度較為散漫，因此常需師長提醒及要求。

10. 學業成就：從教師的觀察及評量中了解，小悦的學習動機及學習態度在教師的增強下，可以維持相當好的狀況。在語文科的學習方面，注音符號每個聲母、韻母都能單獨唸出，但卻無法拼讀且無法區辨四聲。國字的認讀與書寫能力還不錯，目前約有二年級程度，能夠聽寫語詞且能流暢唸讀課文。數學科方面，會用直式作進退位加減，會背九九乘法及作簡單除法。能理解較為單純且具體的應用問題。但對複雜及抽象問題就無法理解。

優、弱勢能力分析

優勢能力	1. 認知方面：具備基本認知概念，且長期記憶力及空間能力佳。 2. 溝通方面：能主動參與且會表達需求。 3. 社交能力方面：生活適應能力不錯，能與老師及大部分同學融洽相處。 4. 情緒管理方面：情緒穩定，個性溫和。 5. 感官功能方面：視覺刺激輔助學習，效果佳。 6. 健康情形良好，生活自理能力不錯。 7. 學業能力：對字的記憶能力佳，且具基本運算能力。
弱勢能力	1. 認知方面：短期記憶及理解力較差，需較長時間及較多特殊教學策略教學，才能理解記憶與運用。 2. 溝通方面：無法清楚交代及描述事情發生之始末，無法專心傾聽及接續話題，常常答非所問。 3. 生活管理方面：需依賴師長或同學大量口語提示，才能做好自我管理。 4. 人際互動方面：欠缺是非對錯的分辨能力，易遭同學捉弄及指使。 5. 在團體遊戲中，欠缺遊戲技能及對遊戲規則的不理解。 6. 閱讀理解有困難。 7. 數學概念較薄弱，應用問題理解及處理有困難。

學生需求分析

項目	內容
認知	於學科教學時，提供其較多視覺刺激，以增進理解與短期記憶的學習效果。
溝通	需提供語言治療師之評估，培養學習傾聽他人說話之習慣，並運用圖畫或影片，實際模擬事情發生之情境，引導其發展敘事能力，以增進其溝通能力。
人際互動	教導其要學習勇敢拒絕他人不合理要求，增進是非對錯區辨能力。
生活自理	教導自我管理技巧，使其能學習自我管理。
社交技巧	增進遊戲技巧，使其能順利參與同學遊戲。
閱讀	提高對文章理解力，具體化學習內容至其可理解的程度。
數學	採小組教學，提供實際操作經驗，具體化應用問題，使其了解進而學習。
調整評量	數學與國語科考試時拿考卷至資源班考，提供一安靜無干擾之環境。並視需要提供報讀題目。
調整作業	班上較困難抽象之作業允許以抄寫方式完成，或請安親班老師指導完成。
調整教學策略	學習內容大致跟隨班級進度，但在資源班中，需要提供及運用直接教學法、建構教學法、編序教學、工作分析教學法……等，並提供具體操作機會及視覺提示輔助，反覆演練，直至理解、熟習為止。另外，運用社會性故事引導其發展社會性行為。
親師合作	每天以資源班之聯絡簿與家長保持聯繫，每週與班級教師聯繫至少一次，並說明該生在資源班的學習內容及表現。

特殊教育服務方式

項目	服務方式	使用時間	實施時間	內容	起訖日期	負責老師
資源服務	1. 抽離式教學	每週三、四早修及國語課時間	每週240分鐘	國語、數學學科閱讀	94 09 / 95 06	○○老師
	2. 溝通/人際互動能力訓練	每週一、二早修時間	每週80分鐘	傾聽及敘事能力訓練，並融入分辨是非對錯之教學，教導其勇敢說不		＊＊老師
	3. 社交課程	每週二午休及下午第一節	每週80分鐘	教導各式各樣遊戲技巧		○○老師
	4. 生活自理	每週五早修、隨機提醒	每週40分鐘	教導自我管理/管理技巧		＊＊老師
支援服務	提供導師輔導特殊學生的技巧	隨時		運用資源班聯絡本、制訂行為契約讓班級老師作評量以及學生自我評量		○○老師
特殊策略	1. 集獎卡換禮物之增強制度	學科上課、任何可以獎勵的情形		增強學習動機		○○老師
	2. 同儕學習	週二午休時間		由班上同學引導，使其學會及熟悉遊戲技巧		○○老師
專業服務	語言治療	每學期一次		作語言及溝通方面之評估及提供教學建議		語言治療師

學年及學期教育目標

學年目標/學期目標	領域/科目/項目	評量方式/結果 上學期		評量方式/結果 下學期		教學決定	評量人員
一、增進自我管理能力（情意、技能） 1. 小悅能運用自我管理策略，按時至資源班上課，每星期有八堂課以上做到。	生活自理	E	5				家長級任老師資源教師
2. 小悅能運用自我管理策略，完成聯絡簿中所規定之事項達80%以上。		E	3				
二、提升溝通表達能力（情意、認知、技能） 1. 小悅能專注傾聽他人說話，老師及同學有五人以上認為他能做到。	溝通訓練	E	4				級任老師資源教師
2. 小悅在課堂練習中，能用言語拒絕同學所提的不當要求，達80%以上。		B	3				
三、提升遊戲技巧（技能、情意） 1. 小悅能學會三種國小學童常玩的遊戲方式，三人中有兩人認為他會。	社交技能	C	4				資源教師
2. 小悅下課時，能主動邀請同學進行遊戲，同學中有五人以上曾被邀請。		E	3				
四、增進三年級數學之學業能力（認知） 1. 提升小悅數學之期末成績，參加班上及資源班段考，期末總平均達80分。	數學	AD	4				資源教師
五、增進三年級國語之學業能力（認知） 1. 小悅學期成績表現在全班30名學生中排名在前20名內。	國語	AD	4				資源教師

評量方式： A－筆試　　B－口頭　　　C－操作　　　D－作業　　　E－觀察
評量結果： 1－0～20%　2－21～40%　3－41～60%　4－61～80%　5－81～100%
教學決定： P－通過　　C－繼續　　　S－簡化　　　D－放棄

IEP 會議

行政人員	校長	輔導主任	特教組長	其他	普通班教師	導師	科任老師	科任老師	科任老師	科任老師
專業人員					家長					
特教教師					學生或其他					

生活管理　短期目標與學習評量

科目	生活管理	上課時數	每週1節	設計者	黃○○	班級姓名	資源三小悅	教材來源	自編

學年目標	增進自我管理能力（情意、技能）
學期目標	1. 小悅能運用自我管理策略，按時至資源班上課，每星期有八堂課以上做到 2 小悅能運用自我管理策略，完成聯絡簿中所規定之事項達 80%以上
特殊教學策略	1.直接教學法　　2.情境教學
評量方式	1.口頭回答　　2.觀察記錄

教學內容		實施學期 ○○上		教學重點	學習記錄與評量	評量者
		起	迄			
自我管理步驟	小悅能順利進行自我管理步驟	9/20	10/10	能在目標行為執行時，首先用言語進行確認目標、自我教導及自我增強，之後並於記錄紙進行自我記錄及自我評估	能順利按照既定的五步驟完成工作	資源教師
自動且按時至資源班上課	1. 確定目標	9/20	1/20	鐘聲響時能馬上進教室	練習一個月後，能做到50%；至 12 月底，已達成每週有八堂課能準時。至期末時，已幾乎可達每堂課都能守時	資源教師 家長
	2. 自我教導	9/20	1/20	拿出功課表，確認自己是否該去資源班上課	共有五句，能説出前三句	
	3.自我增強	9/20	1/20	為自己的決定加油打氣	可以適時為自己加油	
	4. 自我記錄	11/01	1/20	記得填寫自我評量表	需老師協助才能填寫出自己的表現填寫記錄	
	5. 自我評估	11/01	1/20	對自己的表現給予○×	能對自己是否守時做評量	
完成聯絡簿事項	1. 確定目標	9/20	1/20	每天都需完成聯絡本中規定之事項	練習二個月後，能做到50%。期末時，完成率可達 100%	級任老師
	2. 自我教導	9/20	1/20	教導自己依序完成	需家長協助提示	
	3. 自我增強	9/20	1/20	為自己加油打氣	大都能做到	
	4. 自我記錄	11/01	1/20	每完成一項就填寫記錄表	需老師逐項提示協助完成	
	5. 自我評估	11/01	1/20	在記錄表中評估自己的表現	能做正確評量	

期末總檢討	自我管理步驟中，自我教導及自我記錄的部分需花較多時間作訓練，且目前還需依賴師長協助或提醒完成。但是，經過此課程的訓練，小悅對於自己正在進行的事情，比較能了解，並且漸能熟記課程步驟。 　　因小悅之固著特性，一旦學到步驟就會徹底執行，因此成效還不錯。但之後若要對其他行為產生類化，則較無法自動化，還是需要將自我管理之過程反覆練習，使其精熟才可。

資源班教師：＿＿＿＿＿＿＿＿　　家長：＿＿＿＿＿＿＿＿　　日期：＿＿＿＿＿＿＿

溝通技巧　短期目標與學習評量

科目	溝通訓練	上課時數	每週2節	設計者	黃○○	班級姓名	資源三小悅	教材來源	自編

學年目標	提升溝通表達能力（情意、認知、技能）
學期目標	1. 小悅能專注傾聽他人說話，老師及同學有五人以上認為他能做到 2. 小悅在課堂練習中，能用言語拒絕同學所提的不當要求，達80%以上
特殊教學策略	1.直接教學法　2.情境教學法　3.實際演練　4.故事教學
評量方式	1.口頭表示　　2.觀察記錄

活動名稱		實施學期 ○○上		教學重點	學習記錄與評量	評量者
		起	迄			
一、專心聽		9/20	10/20	1. 眼睛能看著對方 2. 表現出專心聽的樣子	眼神接觸時間有提高，也可以靠近做出傾聽的模樣	資源普通教師同學
二、看圖說故事	分別說	9/20	10/20	能說出每一張圖所呈現的重點	能說出人物、地點並簡單陳述事件	資源教師
	一起說	10/20	12/20	能看著四張連續的圖，練習說出前因後果的故事	能說出人物、地點和事件發生情形的經過，但時間及感受陳述較弱	
三、分辨對錯	影片中的主角表現對不對？	11/20	1/20	1. 引導說出影片中主角的反應的是非對錯 2. 強調教導正確的反應	對於有看過的影片或曾經扮演過的情境角色，皆能做出正確反應，判斷是非對錯	資源教師
四、拒絕不當要求	勇敢說不	12/20	1/20	1. 能分辨不當的要求 2. 能說「不」、「不行」、「不要」、「我沒空」等話語	對於同學不當要求，一開始大部分都能做出正確的拒絕反應，但若同學繼續堅持，小悅就會出現懷疑、最後屈服的表現	資源教師
期末檢討				小悅在「專心聽」的部分，當別人跟他說話時，他會停止手邊動作，表現出聽的樣子，但眼神還不夠穩定；在「看圖說故事」時，能針對老師的問題一問一答，但無法自己述說，需不斷提示；「分辨對錯」表現上，正確的機率很高，幾乎都能分辨。但在「拒絕不當要求」部分，因自我信心不足，所以常無法把持，還需再進行教育及練習。		

資源班教師：＿＿＿＿＿＿　家長：＿＿＿＿＿＿　日期：＿＿＿＿＿

社交技能　短期目標與學習評量

科目	社交技能	上課時數	每週2節	設計者	黃○○	班級姓名	資源三小悅	教材來源	自編

學年目標	提升遊戲技巧（技能、情意）
學期目標	1. 小悅能學會三種國小學童常玩的遊戲方式，三人中有兩人認為他會 2. 小悅下課時，能主動邀請同學進行遊戲，同學中有五人以上曾被邀請
特殊教學策略	1. 直接教學法　　2. 工作分析法　　3. 實際演練
評量方式	1. 操作　　2. 觀察記錄

活動名稱	實施學期 ○○上 起	迄	教學重點 遊戲規則	分出勝負	收拾整理	學習記錄與評量	評量者
五子棋	2/20	3/20	○	○	○	整個過程皆能夠與同學順利進行。唯勝率不高，約只達30%。	資源班教師 資源班同學
動物棋	3/21	4/20	△	○	△	規則尚需老師及同學提醒，有問題會主動尋求協助。	
撲克牌（十點半）	4/21	5/20	○	○	○	整個過程皆能夠與同學順利進行。	○可獨立完成 △需提醒或協助完成 ×無法完成
記憶轉轉盤	5/21	5/31	○	○	○	整個過程皆能夠與同學順利進行。記憶力不錯，常常能獲勝。	
大富翁遊戲	6/1	6/30	△	△	△	規則部分尚需老師及同學提醒，錢幣計算的部分需用計算機輔助，有問題會主動尋求協助。	

目標			各類遊戲借用次數 五子棋	動物棋	撲克牌	記憶盤	大富翁	學習記錄與評量	評量者
能主動找資源班同學一起玩遊戲	3/1	6/30	8	5	6	4	10	會利用中午下課時間，主動找資源班同學一起玩。在資源班曾有6位同學被找過。最喜歡玩大富翁。	資源班 普通班老師
能主動找普通班同學一起玩遊戲			3	4	4	2	1	班級彈性課時，班上老師允許同學帶遊戲分享。小悅每星期幾乎都會來借用遊戲，會找班上固定的2-3位女同學一同遊戲。	資源班 普通班老師

總評	每次學會一種新遊戲，小悅就會在中午時，趕快將飯吃完就衝到資源班，借用該遊戲，等同學來，主動找同學一起玩。興致十分高昂，也逐漸能夠和同學順利進行遊戲。 　　班上彈性課時，該開始小悅都只選擇看書，後來4月份時，開始聽從資源班教師建議，第一次帶回記憶轉盤與同學一起玩，得到很好的回饋。之後幾乎每一次，都會主動來借不同的遊戲回去玩，但固定只敢找班上3位個性較溫和的女生一同玩。

資源班教師：＿＿＿＿＿＿＿＿＿　　家長：＿＿＿＿＿＿＿＿　　日期：＿＿＿＿＿＿

數學科　短期目標與學習評量

領域	數學	姓名	小悅	上課時數	3 節/週	教材來源	南一	教學者	黃〇〇

學年目標	增進三年級數學之學業能力（認知）
學期目標	提升小悅數學之期末成績，參加班上及資源班考試，期末總平均達 80 分

特殊教學策略	直接教學、編序教學、同儕教學	評量方式	紙筆、實作、教師觀察

單元名稱	教學進度 起	教學進度 迄	教學重點	評量結果 資源	評量結果 普通	評量人員
一、數到 2000	2/20	3/05	1. 2000 以內各數的唱、數、做、讀、寫。 2. 2000 以內各數的順序及大小比較。 3. 2000 以內各數的位值、進位與化聚。	5	4	資源班教師 普通班教師
二、加和減	3/06	3/16	1. 解決三位數以內的加法和減法問題。 2. 了解加法和減法的相互關係，並用來檢查答數。	5	4	
三、乘法㈠	3/17	3/26	1. 0 和 1 的乘法。 2. 從乘法表中，察覺運算的交換律。	4	3	
四、量長度	3/27	4/07	1. 認識毫公尺的意義，以毫公尺為單位，進行實測和估測。 2. 公分與公尺的關係和化聚。	4	3	
五、除法	4/08	4/18	1. 透過包含除和等分除的活動，了解平分的意義。 2. 經驗除法活動，利用加、減、乘求出答數。 3. 記錄基本除法的解題過程。	4	3	
六、幾「分公升」	4/20	4/30	1. 會使用分公分為刻度單位的工具。	3	2	
七、年月日	5/01	5/10	1. 認識時、日的關係和化聚。 2. 認識年、月、日的關係。 3. 做年、月、日的化聚。	4	3	
八、乘法㈡	5/11	5/20	1. 會作二位數乘法計算。 2. 透過乘法算式的記錄，認識被乘數、乘數和積。	4	4	
九、三角形和四邊形	5/21	5/31	1. 了解三角形、四邊形的構成要素：角、邊、頂點。 2. 做出或畫出滿足部分條件的三角形或四邊形。	4	2	
十、怎樣解題	6/01	6/12	1. 解決「加除」、「減除」、「乘除」的兩步驟四則問題。	3	2	
十一、角	6/13	6/20	1. 認識角的概念和構成要素。 2. 直接和間接比較角張開程度的大小。	3	3	
期末檢討			在數學科方面，小悅對於三上課程中，數方面的了解及加減乘除法運算表現均達目標以上。但是對於長度、容量、角度、時間等的概念較弱，尤其在單位的化聚上有很大的困難。			

評量結果： 1－0～20%　　2－21～40%　　3－41～60%　　4－61～80%　　5－81～100%

資源班教師：＿＿＿＿＿＿　　家長：＿＿＿＿＿＿　　日期：＿＿＿＿＿＿

國語科　短期目標與學習評量

科目	國語科	上課時數	每週 3 節	設計者	黃○○	班級 姓名	資源三 小悅	教材來源	康軒版 自編

學年目標	增進三年級國語之學業能力（認知）
學期目標	小悅學期成績表現在全班 30 名學生中排名在前 20 名內
特殊 教學策略	1. 直接教學法　2. 情境教學　　3. 多媒體教學
評量方式	1. 口頭回答　　2. 觀察記錄　　3. 紙筆作答

教學進度	評量 日期	評量標準（每課）與學習記錄				評量 人員
		回答問題 3 個	認讀生字 15 個	聽寫生詞 8 個	句型練習 2 句 （每句 10 字）	
第一課	3/01	3	15	10	3	資源 班教 師
第二課	3/09	2	14	9	2	
第三課	3/18	3	13	8	2	
第四課	3/30	4	12	8	2	
第五課	4/10	2	11	6	0	
第六課	4/19	3	15	8	1	
第七課	4/28	3	11	5	2	
第八課	5/06	2	13	7	1	
第九課	5/16	4	12	6	1	
第十課	5/25	2	12	5	1	
第十一課	6/02	2	11	7	0	
第十二課	6/11	1	14	6	2	
第十三課	6/19	3	13	7	3	
第十四課	6/26	2	13	6	1	
期末總檢討	在國語科方面，對於三上課程小悅在認讀寫方面的表現還不錯，但因為課文較長，生字較多，因此聽寫時有些難字或抽象字較無法正確寫出。在對課文文意的理解方面，目前表現還不錯，在圖片的輔助下，能正確回答出問題的比率較高；若只是單純口頭問，則需提示。在造句方面，則有困難。照樣造句常無法找出句子的規則，語詞造句表現稍好些，但句子常較短且不夠完整。					

資源班教師：＿＿＿＿＿＿＿＿　　家長：＿＿＿＿＿＿＿＿　　日期：＿＿＿＿＿＿

範例四：小偉的個別化教育計畫（資源班）

基本資料

學生姓名	小偉	性　　別	男	出生年月日	○○/○○/○○
校　　名	○○國小	年　　級	五年級	家長姓名	○○○
鑑輔會鑑定類別	讀寫障礙	鑑定文號	北市教五字第○○○○○○○號	鑑定日期	○○/○○/○○
開始日期	○○/○○/○○	檢討日期	○○/○○/○○	擬定者	鄭詠嘉

簡易生長史、教育史、醫療史（特殊教育法施行細則第 18 條第一項第二款）

　　依據教師訪談，小偉父母分居，由媽媽獨立撫養小偉，家裡除了小偉之外，還有三個姊姊，但年齡相差較為懸殊，分別就讀國中、高職及大學。由於姊姊和小偉均在求學階段，因此由媽媽負擔主要家計，平時放學後媽媽會帶著小偉在夜市或捷運站附近經營小生意，因此作息較為不規律，對於小偉課業輔導方面較無餘力。

　　小偉平時個性溫和、開朗，身體狀況良好，與同學的相處和睦，體能方面的活動表現佳。但從一年級起由於學科明顯落後同儕，經由普通班教師轉介至資源班接受學科輔導，並於小三下學期接受學障鑑定，鑑定結果判定為「文化不利」。但經由資源班教師持續觀察與輔導發現，小偉在識字方面有顯著困難，經過語文降級輔導、識字策略相關的課程訓練，小偉逐漸呈現緩慢穩定的成長，目前識字量約為小一程度，但對於同音異字，或字的類化使用仍有困難，另外在閱讀理解、數學抽象概念亦落後同年齡的兒童。因此於小五時進行學習障礙的「重新鑑定」，於○○學年度下學期判定為「學習障礙」。

評量摘要（特殊教育法施行細則第 18 條第一項第一、三款）

1. 認知能力:
　⑴WISC-III（施測日期○○/○○/○○）：評量結果全量表 IQ 93、語文 IQ 84、作業 IQ 105，整體而言其智力屬於中等程度；分測驗中以物型配置最高（量表分數為 14），顯示空間概念佳，而以常識（量表分數為 4）、詞彙、記憶廣度（量表分數為 5）得分最低，顯示語文知識、字詞運用及短期語文記憶與記憶廣度均有明顯困難。就因素指數的分析而言，其知覺組織 IQ109，達中等以上的程度，顯示其知覺組織、空間概念能力較佳；其語文理解 IQ82，顯示語文理解為明顯弱勢。
　⑵根據觀察，小偉在聽覺記憶測驗和長期記憶、短期記憶均有明顯困難，無法完整複誦一長串話，對於提取訊息或舊經驗亦有困難。
　⑶根據教師觀察，小偉注意力持續時間較短，需將學習分成小段落，口語提醒及複誦可以增進小偉注意力的維持。
　⑷《國小學童多元智能取向量表》（施測日期○○/○○/○○）：根據量表發現，就小偉而言，肢體動覺和人際是優勢能力，語文、數學邏輯是弱勢能力。
2. 溝通能力:
　⑴《中文年級認字量表》（施測日期○○/○○/○○）：原始分數為 4，低於切截分數，顯示為識字困難。
　⑵《閱讀理解困難篩選測驗》（施測日期○○/○○/○○）：低於切截百分率 0.49，評量結果為閱讀理解困難。
　⑶直接觀察中了解小偉可以表達日常生活中之需求，但無法完整陳述發生事件的來龍去脈，口語表達多為簡單句，缺乏連接詞、形容詞等，語言表達的內容，明顯落後同儕；語言理解方面對於指令、規則均能遵守，但分類概念非常薄弱，無法分辨及正確回答「人」、「事」、「時」、「地」、「物」等簡單問題。

3. 行動能力：依據觀察，小偉的行動能力良好，體能表現與同年齡學生相同，球類活動為其最在行的運動。

4. 人際關係：從平時觀察和教師訪談中了解，小偉的人際關係不錯，不論在班上或在資源班，小朋友都樂於與其互動，在老師的提示下也會主動幫忙別人。

5. 社交能力：從平時觀察中發現，小偉面對不熟悉的成人或小朋友時會較為內向被動，但若對方表現主動，小偉通常能夠很快的融入，不論在班上或在資源班都有固定遊戲互動的朋友。此外，小偉很有禮貌，遇到認識的老師會主動打招呼，對於老師要求的事情通常能夠完成，因此很得人緣。

6. 情緒管理：根據媽媽描述、教師訪談和觀察中一致發現，小偉的情緒穩定，在陌生情境時表現得較為害羞，需要大人的引導，但在熟悉情境的表現就很開朗，不過平時很少表達自己的感受。

7. 感官功能：根據學生健康卡顯示視覺、聽覺均正常，無特殊疾病。觀察中發現小偉在精細動作方面的問題為書寫時的筆畫隨性，雖可仿寫但常常字體潦草。

8. 健康狀況：健康情況良好，但與同儕相較，體型瘦小，目前身高為 143 公分、體重 32 公斤。

9. 生活自理：生活自理的能力佳，對於日常生活的事務，均能獨力完成。

10. 學業成就：

　(1)特殊需求轉介資料表得知，小偉從一年級起，數學、國語與整體學科就在全班最後 15%，原班的學習有顯著困難。

　(2)根據非正式的評量與觀察發現，在國語方面，小偉的識字量非常有限，無法朗誦小一上學期康軒版的課文，日常生活的常用字也都不認識。在數學方面，基本的加減運算並無困難，但不會背九九乘法，因此乘法計算有困難，且缺乏除法概念。此外，對於一些基本的數學概念（例如：時間、幾何圖形）的理解與運用能力不足，整體數學能力大約達小二程度。

優勢（特殊教育法施行細則第 18 條第一項第一款）

1. 體能活動及球類運動能力佳。
2. 知覺組織和空間概念能力佳。
3. 個性溫和、情緒平穩。
4. 能獨力完成日常生活的事務。

弱勢（特殊教育法施行細則第 18 條第一項第一款）

1. 注意力短暫，常會因小事而分心。
2. 長短期記憶力均弱，需透過操作或反覆練習，才能維持已習得的概念。
3. 識字量非常弱，無法閱讀短文或應付日常生活所需之常用字。
4. 基本數學概念的理解較弱。
5. 無法正確回答人事時地物等簡單問題。

服務需求（特殊教育法施行細則第 18 條第一項第四、五款）

1. 資源班課程與教學：包括安排國語、數學等學科的適性課程，並教導小偉識字策略、記憶力策略，及故事結構策略（了解故事的人事時地物）。
2. 調整評量：紙筆評量時，社會、自然至資源班提供報讀服務；國語、數學則接受資源班調整試卷，並依情況延長考試時間。
3. 與教務處協調，申請免習作抽查。

教育安置（特殊教育法施行細則第 18 條第一項第八款）

安置	普通班＋資源班
說明	1. 星期一至星期五早自習共 5 節課，進行小一康軒版國語閱讀、朗誦、識字訓練。 2. 原班國語、數學課全數抽離至資源班接受適性與降級課程，其餘課程皆維持不變。

課程設計方案（特殊教育法施行細則第 18 條第一項第七、八款）

	科目	課程方案	教學重點	服務時數	負責教師
資源教學	語文	降級課程	小一康軒版國語聽說讀寫等基本能力	外加：5 節	鄭詠嘉
		適性課程	透過繪本故事，回答故事中人事時地物等問題	外加：1 節	鄭詠嘉
		識字策略教學	獨體字認讀與聽寫、加法識字、基本字帶字策略	抽離：4 節	鄭詠嘉
	數學	降級課程	小三南一版數學～時間、月曆、加減法應用、三角形與四邊形、乘法、除法等基本概念的學習	抽離：4 節	鄭詠嘉
	注意力記憶力	實用性課程	教導提高注意力及記憶力的策略	融滲於各科教學	鄭詠嘉

教育目標（特殊教育法施行細則第 18 條第一項第六、九款）

學年/學期教育目標	教學領域	評量方法	評量結果 上學期	評量結果 下學期	評量人員
一、全面提升聽說讀寫的語言能力	語文				鄭詠嘉
1. 學會小一康軒版國語課程內容，包括朗讀課文、識字、生字聽寫、生字造詞，達到 80%的精熟度		紙筆/口述	P		
2. 在聽完故事後，能回答故事主要的成分五項中的三項：地點、主角、發生問題、解決方法、結果		口述	P		
3. 能夠認讀國民小學字頻表 100 個基本常用字彙，達到 80%的精熟度		紙筆	P		
二、建立小三南一版數學課程的基本數學概念	數學				鄭老師
1. 期末任何人發問，小偉可正確說出當下時間；並會使用月曆找出每個人的生日及主要節日；計算相距天數等達 80%正確（認知、技能、情意）		口述	P		
2. 理解加減法應用題的題意，並正確寫出算式，正確率達 80%（認知、技能）		紙筆	P		
三、增進小偉各領域學習的專注力及記憶力	各領域				鄭老師
1. 能專心於正在進行的學習活動，期末時資源班與普通班教師兩人均認為小偉有進步		觀察	P		呂老師
2. 期末時能背誦 50 個字以內小一康軒版的課文達 90%正確		觀察	P		莊老師

評量結果：
P－通過　C－繼續執行　E－宜再充實目標或加深目標　S－宜簡化目標　D－放棄目標

IEP 會議（特殊教育法施行細則第 18 條第三項）

行政人員		專業人員	
普通班教師		家　　長	
特教教師		其　　他	

注意力、記憶力訓練　短期目標與學習評量

科目	注意力記憶力	班級	五年A班&資源班	教學節數	融滲至各科目學習	教材來源	自編	設計者	鄭詠嘉

學年目標	增進小偉各領域學習的專注力及記憶力
學期目標	1. 能專心於正在進行的學習活動，期末時資源班與普通班教師兩人均認為小偉有進步 2. 期末時能背誦 50 個字以內小一康軒版的課文達 80%正確

科目	教學重點	學習記錄與評量
	☆上課時桌面僅留下與學習有關的學用品 ☆上課時注視老師 ☆資源班教學時採分段學習，20 分鐘休息 5 分鐘 ☆根據學習內容，運用視覺、聽覺、觸覺、肢體動覺等多感官方式，增進記憶力	11 月： 1. 小偉在少量口語提示下已能收拾桌面上物品，但有時仍會注意操場的活動而分心 2. 學會應用邊寫邊唸的方式記憶新字 1 月： 1. 小偉上課時能維持專注於正在進行的活動 2. 小偉能夠運用肢體動作、聯想、複誦、分段記憶的方式，增進記憶力

期末檢討	經過一個學期的訓練，小偉已能逐漸學習自我覺察自己上課是否專心，並儘量不被其他事物影響，因此在完成作業的速度時間上有長足的進步，所以資源班教師與普通班教師認為小偉較前一個學期進步。 　　此外在記憶力方面，透過複誦的方式，有效提升了小偉的記憶力，在學習新字時，都是採用邊寫邊唸，寫完後立即聽寫評量的方式，監控學習的成效。另外也教導小偉應用聯想，例如「汁」與水有關，因此是水部，「拉」是用手拉，因此是手部等方式，並適時透過運用肢體表演的方式協助記憶，一學期的持續練習，也發現小偉的短期記憶與長期記憶均有進步。

資源班教師：＿＿＿＿＿＿＿＿　家長：＿＿＿＿＿＿＿＿　日期：＿＿＿＿＿＿＿

語文科　短期目標與學習評量

領域	語文	班級	五年 A 班 & 資源班	教學節數	小組/個別 每週 9 節	教材來源	降級課程 & 自編課程	設計者	鄭詠嘉
學年目標	全面提升聽說讀寫的語文能力								
學期目標	1. 學會小一康軒版國語課程內容，包括朗讀課文、識字、生字聽寫、生字造詞，達到80%的精熟度（認知、技能） 2. 在聽完故事後，能回答故事結構分析中，主要的成分五項中的三項：地點、主角、發生問題、解決方法、結果（認知、情意） 3. 能夠認讀國民小學字頻表 100 個基本常用字彙，達到 80%的精熟度（認知）								

短期目標/ 教學內容	評量結果（A：100%　B：90%　C：80%）								評量者
	第 1 課	第 2 課	第 3 課	第 4 課	第 5 課	第 6 課	第 7 課	第 8 課	
1-1 朗讀課文	A	A	A	A	A	A	A	A	鄭老師
1-2 生字習寫	B	A	A	B	A	B	A	A	
1-3 生字聽寫	A	A	A	B	A	A	B	A	
1-4 運用生字造詞	C	B	B	C	B	B	B	A	

短期目標 教學內容	預定進度	評量結果（a：獨力完成　b：口語提示）								評量者
		北風與太陽	傻驢的故事	神奇變身水	阿吉的眼鏡	慌張大王	菲菲生氣了	葡萄園的寶藏	巨人阿布	
	週次	3	5	7	9	11	13	15	17	
2-1 能說出故事地點		a	a	a	b	b	a	a	a	鄭老師
2-2 能說出故事主角		a	b	a	a	a	a	a	a	
2-3 能說出故事中的主角遇到的問題		a	b	b	a	b	a	b	a	
2-4 能說出故事中的主角如何解決問題		b	a	a	a	b	a	b	b	
2-5 能說出故事結果		a	b	b	b	a	b	b	b	

（承上頁）

短期目標/ 教學內容	教學重點	評量日期/結果與記錄			評量者
3-1 學會常見的獨體字	依據國民小學字頻表 100 個基本常用字中的獨體字，先進行教學，建立「部件」的概念，以作為識字策略的基礎	11/3 1/12 認讀 教學字數： （50）個字 認讀通過率： （90）%	11/3 1/12 聽寫 教學字數： （50）個字 聽寫通過率： （80）%	說明 小偉對於教學的相關獨體字能達到80%以上的正確率，且對部件的概念有明顯的進步，唯在應用上可以再擴充。	鄭老師
3-2 學會第一級常用部首，例如：人水手	認識第一級常用部首，能說出字的部首	11/3 1/12 指出 部首： 手水口人木心艸言糸辶女土日火竹刀衣 通過率： （90）%	11/3 1/12 寫出/說出 部首： 手水口人木心艸言糸辶女土日火竹刀衣 通過率： （80）%	說明 經過一學期的反覆練習，已建立部首的概念，並且會用部首聯想字義。	鄭老師
3-3 學會使用「基本字帶字」、「加法識字」等識字策略，增進識字量	能夠運用「加法」的口訣及「基本字帶字」的策略，增進識字量	教學字族		說明	鄭老師
		11/3	1/12		
		①青：情、晴、晴、清 ②包：泡、炮、跑、抱、袍 ③皮：披、波、坡、被 ④少：沙、抄、炒、吵	⑤隹：推、堆、焦、進 ⑥反：販、飯、板、返 ⑦立：位、拉、音、垃、泣、粒 ⑧占：沾、佔、站、貼 ⑨采：採、彩、踩、菜	經過一個學期的教學，對於基本字帶字的策略已能夠達到熟練的程度，不僅習寫上能夠達到80%的正確率，且能夠在句子中選出正確的詞語，但保留效果應藉由常常複習來維持。	
期末檢討	經過教學後，發現小偉的學習仍有相當多的潛能且理解能力不錯，但在策略方面的使用較弱，需輔以適當的策略介入。策略精熟後能夠主動類化至部分相關情境，因此在小偉的教學設計上，除了量上的增加外，亦應提供質的提升，例如：教導小偉生字後，給予更多的時間與情境加以應用，另外給予成功的經驗提升其學習動機亦是一項重要的目標。				

資源班教師：＿＿＿＿＿＿＿　　家長：＿＿＿＿＿＿＿　　日期：＿＿＿＿＿＿＿

數學科　短期目標與學習評量

領域	數學	班級	五年 A 班 & 資源班	教學節數	小組/個別每週 4 節	教材來源	降級簡化課程	設計者	鄭詠嘉

學年目標	建立小三南一版數學課程的基本數學概念
學期目標	1. 期末任何人發問，小偉可正確說出當下時間；並會使用月曆找出每個人的生日及主要節日；計算相距天數等達 80%正確（認知、技能、情意） 2. 理解加減法應用題的題意，並正確寫出算式正確率達 80%（認知、技能）

週次/預定進度	教學重點	優（90%）	佳（80%）	可（70%）
第 1～5 週 單元一：我會看時鐘	☆能讀出/說出/寫出鐘面上的時間	✓		
	☆依照指定時間，正確畫出長短針的位置	✓		
第 3～10 週 單元二：征服月曆	☆能正確讀出月曆的月、日及星期	✓		
	☆能依照題目，正確指出幾天後的日期	✓		
第 5～20 週 單元三：乘法變變變	☆能流暢的背誦九九乘法表	✓		
	☆能計算二、三位數乘以一位數	✓		
	☆能計算二位數乘以二位數	✓		
第 10～20 週 單元四：除法小精靈	☆能正確寫出除法的直式	✓		
	☆能夠分辨除數、被除數和餘數			✓
	☆能計算二、三位數除以一位數（整除、有餘數）	✓		
第 5～20 週 單元五：加減乘除應用題綜合應用	☆增進加減法應用題的題意理解，並正確寫出算式		✓	
	☆能正確寫出乘法概念的應用題		✓	
	☆能正確寫出除法概念的應用題		✓	
期末檢討	教學建議： 1. 針對時間、月曆觀念的教學，可以擴充「日常生活的應用」，例如：規劃時間表、養成看時鐘做事的習慣；「培養時間感」，例如：吃一餐飯是多久（30 分鐘）、洗手（3 分鐘）、跑一百公尺（25 秒）；「推算時間」，例如：10 分鐘後、10 分鐘前的時間，幾日後或幾日前的日期。 2. 在加、減、乘、除基本運算方面，重點可放在應用題的題意理解。計算方面：乘、除可再加深難度，乘法可學習 3 位數乘以 2 位數；除法可嘗試學習除數為 2 位數的除法，或以計算機替代。

資源班教師：＿＿＿＿＿＿＿＿＿　家長：＿＿＿＿＿＿＿＿＿　日期：＿＿＿＿＿＿＿

範例五：小麗的個別化教育計畫（資源班）

基本資料（入班日期：民○○年9月）

學生姓名	小麗	出生年月日	○○/○○/○○	身分證字號	○○○○○○○○○
年級班別	五○	父	陳○○	教育程度/職業	高中/商
就讀學校	明湖國小	母	吳○○	教育程度/職業	高中/商
聯絡地址	台北市○○街○巷○弄○號○樓	聯絡電話		(H)○○○○ ○○○○	
鑑定類別	自閉症〈持有身障手冊：中度○○年○月〉				
鑑定文號	○○/9/23 北市教五字第○○○○○○○○	擬 定 者		劉明麗	
會議日期	○○/○○/○○	開始日期	○○/○○/○○	檢討日期	○○/○○/○○

簡易家庭史、生長史、教育史、醫療史（特殊教育法施行細則第 18 條第一項第二款）

1. 家庭史：家有一姊，就讀國中，與父母同住。經濟狀況不穩，父雖為裝潢包商，但錢常不拿回家用，多靠母在叔公的早餐店工作。

2. 生長史：足月出生，出生時一切正常。兩歲發現發展異常。

3. 醫療史：(1)五歲時經婦幼醫院早療中心診斷為自閉症，同年取得自閉症中度障礙手冊，之後陸續在台安、長庚醫院進行語言、職能、物理、心理和行為治療。

   (2)○○年 8 月底停止台安醫院之心理和物理治療，目前在台安只上語言治療，著重在閱讀和形容詞，以及和一起上課的同學互動。

   (3)目前每週三在康寧醫院做語言、職能和物理治療：

   　a. 語言治療著重在閱讀、對比和看圖說故事；

   　b. 職能治療著重在精細動作訓練，如別別針、綁鞋帶、扭毛巾等；

   　c. 物理治療著重在平衡、仿貼、拼圖、搖呼拉圈、走跑步機、踩腳踏車等；每週四則複習週三之職能與物理治療項目。

   (4)每學期回長庚醫院門診一次，○○年 11 月之追蹤醫學評估顯示該生在語言和人際互動方面有明顯進步。

4. 教育史：(1)母親對該生的教育極為用心，父親較少參與。

   (2)就讀○○托兒所大班時開始在○○兒童發展中心接受每週一小時之個別治療至二年級。

   (3)評量結果摘要：

   　a.《兒童發展評估》○○年9月，婦幼醫院早療中心診斷為發展遲緩（動作、認知、語言）。

   　b.《兒童發展評估》○○年 1 月 29 日至○○年 3 月 20 日，婦幼醫院早療中心診斷為自閉症、全面發展遲緩、聽覺靈敏度正常、兩眼散光一百度。

   　c.《斯比智力測驗》第四版○○年 1 月，結果顯示智商 51，屬於輕度到中度智能不足範圍，語文推理標準分數 54，抽象/視覺推理標準分數 59，結果顯示其學習能力將較同儕為弱。

   　d.《比巴利動作評量》粗大動作評估○○年 1 月：平衡能力、非位移和丟接物正常，但位移屬臨界。

   　e.《比巴利動作評量》精細動作評估○○年 1 月：握取能力、手部使用、手眼協調、靈巧度均遲緩，和動作計畫能力弱。

（台北市明湖國小劉明麗老師提供）

⑷該生經國小身障生新生鑑定安置入學，就讀〇〇國小普通班，一年級開始接受資源班服
務至今已五年，其間職能治療和物理治療未曾間斷：

　　a. 一年級：非常害怕進一年級教室，會大聲哭叫，經過資源班行為改變處理，逐漸適應
　　　　小學的環境，可以整節課不離開座位。

　　b. 二年級：該生在一年級所學習的各種認知、情意和技能，在這一年呈現穩定且明顯的
　　　　進步，如生活自理、情緒控制、溜冰、游泳、拼音、識字量增加等。下學期為該生順
　　　　利覓得一位有經驗的三年級級任老師。

　　c. 三年級：志工群加入支援服務，該生很快適應志工指導，喜歡與人互動，接觸更多元
　　　　的學習活動，如繪本導讀、各式體能活動和他喜愛的唱跳活動。

　　d. 四年級：該生原個管師開始申請省市互調，資源教師群展開銜接準備，讓該生能減除
　　　　焦慮，順利延續學習成長。下學期該生的自然老師自動認輔該生為五年級的級任，該
　　　　生知道後非常高興。

能力現況與優弱勢分析（特殊教育法施行細則第 18 條第一項第一款）

評量領域與方式	現況描述	優弱勢分析
認知能力 □標準化測驗 ☑非正式評量 ☑教師觀察 ☑訪談：家長、導師	1. 教師觀察與訪談任課老師和家長顯示，該生注意力不足，易於學習時分心。 2. 記憶生活事件、簡單國字和數字能力尚可。 3. 理解能力、空間概念、邏輯推理、應用等能力均弱。	優勢： 1. 具備簡易生活之認知與記憶能力。 弱勢： 1. 易分心。 2. 抽象思考能力差。 3. 應用能力差。
溝通能力 □標準化測驗 ☑非正式評量 ☑教師觀察 ☑訪談：家長、導師	1. 語言評估顯示，以口語溝通為主，可表達基本溝通功能，可遵守常用指令和回答熟悉的封閉式問題，會說簡單句，但長句語法易有錯誤。 2. 聽：可理解常用的指令、但反應較慢。 3. 說：會主動表達，能說簡單長而不複雜的句子，對於有關自己的生活事件會不停追問直到被制止。 4. 讀：可以閱讀低年級的讀物，能理解文字表面的意思，明白淺顯的故事內容。 5. 寫：可以自己寫出十字以內的短句，表達自己意思，偶有漏字，字體較潦草，可在提醒下略做修正。 6. 溝通：能辨識大人的情緒反應、能理解生活中常用的手勢動作、能指認常用的圖卡。常偏頭，缺乏視線接觸，可在提醒時直視。	優勢： 1. 會主動找熟人說話。 2. 能與他人進行簡單的溝通。 3. 能自行以國字或注音寫語詞和簡單句。 弱勢： 1. 常談論特定話題。 2. 字體潦草。 3. 句子易漏字，自己不會主動發現漏字。 4. 缺乏視線接觸，影響溝通。

評量領域與方式	現況描述	優弱勢分析
行動能力 ☐ 標準化測驗 ☐ 非正式評量 ☑ 教師觀察 ☑ 訪談：家長、導師	1. 可以正常行走和活動。 2. 可以自己跟隨班級參與團體活動。 3. 對校園環境熟悉，不會在校園中迷路。 4. 上下學由媽媽騎腳踏車接送，因為住得較遠。	優勢： 1. 可以自己跟隨班級參與團體活動。 弱勢： 1. 需要家人接送。
人際關係 ☐ 標準化測驗 ☐ 非正式評量 ☑ 教師觀察 ☑ 訪談：家長、導師	1. 會主動跟人打招呼，常面帶微笑、有禮貌，很得師長和志工喜愛。 2. 升上五年級後，開始會對同學說不雅的話，在糾正後，會立即道歉，逐漸改善。 3. 經常獨自玩耍，在老師或同儕帶領下，可以參與團體遊戲。	優勢： 1. 會主動找人說話，很快能與陌生人談話，很容易接受新的志工。 弱勢： 1. 不會判斷說話的情境，容易引起別人誤會。
情　緒 ☐ 標準化測驗 ☐ 非正式評量 ☑ 教師觀察 ☑ 訪談：家長、導師	1. 挫折容忍力較低，遇不會或沒學習過的事物易退縮、焦慮，常有情緒化的反應出現，如大哭大叫。 2. 平日性情溫和，遇到作息改變會有焦慮表現，如不停的詢問事情變化的原因或後續發展，和不停的彈手指。 3. 升上五年級後，在普通班常說自己是讀資源班的，不願意做同學教他的事，容易生氣，大聲說話、不理同學。經老師指導後願意修正情緒/行為。 4. 聽到有人談論該生需要改進的事，會吵鬧。 5. 對於讚賞會表現得很開心，在乎賞罰，只要用嚴肅的表情對他說話，就知道自己做錯了，也會改正。	優勢： 1. 大多數時間情緒平和。 2. 個性溫順，會配合指導改正錯錯。 3. 喜愛口頭獎勵。 弱勢： 1. 挫折容忍力較差。 2. 生活作息缺乏彈性。 3. 面對變化容易焦慮，情緒起伏大。
健康狀況 ☐ 標準化測驗 ☐ 非正式評量 ☑ 教師觀察 ☑ 訪談：家長、導師	1. 身體狀況良好，偶有感冒。	優勢： 1. 身體狀況良好，很少缺席，有助學習。

評量領域與方式	現況描述	優弱勢分析
感官功能 ☑ 標準化測驗 ☑ 非正式評量 ☑ 教師觀察 ☑ 訪談：家長、導師	1. 聽覺評估正常。 2. 視力尚無法檢查（兩眼散光約一百度），未戴眼鏡。 3. 非常害怕聽到打雷聲、鞭炮聲、比賽的槍聲，會激動的摀著耳朵，不停閃躲，無法繼續原有的活動。 4. 精細動作：可以在指導下藉由輔具編織圍巾。 5. 可正常行走、跑、跳，會游泳自由式、會溜直排輪、跳韻律舞，但各項動作的協調性和流暢度比同齡學生略差。	優勢： 1. 聽覺靈敏度正常。 2. 雖未戴眼鏡仍可以在座位上看清楚黑板上的圖和字。 弱勢： 1. 害怕聽到打雷聲、鞭炮聲、比賽槍聲，影響在校作息。 2. 精細動作和粗大動作協調能力較差，影響學習品質。
生活自理 ☐ 標準化測驗 ☐ 非正式測驗 ☑ 教師觀察 ☑ 訪談：家長、導師	1. 可以自己飲食、如廁、盥洗、穿脫衣褲鞋襪，但不大會依冷暖增減衣物、不大會摺疊衣物。 2. 會幫忙做簡單家事，如擺收碗筷、擦桌子、綁垃圾袋、倒垃圾、做資源回收、撕日曆、用電鍋蒸便當等。 3. 生活作息規律，也會提醒別人做到。	優勢： 1. 具有基本生活自理能力。 2. 會幫忙做簡單家事。 3. 生活作息規律。 4. 母親非常用心指導該生學習。 弱勢： 1. 需要繼續加強生活自理能力，逐步減少對家人的依賴。
學業成就 ☐ 標準化測驗 ☑ 非正式評量 ☑ 教師觀察 ☑ 訪談：家長、導師	1. 學業水準嚴重落後同儕，勉強達一年級中等程度。 2. 能拼讀簡單的字音，能認讀國字約 90 字。 3. 會唱數、認讀 1-1000，須在具體操作下才有量的概念。 4. 會書寫簡單的國字和英文字母大小寫、讀寫簡易字母和句子。 5. 會三位數的加減法計算，穩定性差。 6. 會看時鐘、會看日曆和月曆。 7. 會分辨錢幣、組合 1000 以內錢數，但應用差。	優勢： 1. 可以透過具體操作，學習簡易學科內容。 弱勢： 1. 學科能力與同儕相較，嚴重落後。

障礙現況對於普通班學習之影響（特殊教育法施行細則第 18 條第一項第三、五款）

1. 因溝通能力差及面對變化容易焦慮，易引起同學誤解，影響團體生活適應品質。
2. 聽到有人談論該生需要改進的事，會鬧情緒，影響學習進度。
3. 注意力差，上課學習易受影響。
4. 知動協調能力較差，粗大動作及精細動作有時需要有人在旁協助或指導。
5. 非常害怕聽到打雷聲、鞭炮聲、比賽槍聲，影響在校作息。
6. 因智能發展遲緩，無法理解高年級各科內容，完全無法上學科課程。

服務需求（特殊教育法施行細則第 18 條第一項第四、五、七款）

一、學習需求

1. 增進生活自理能力。
2. 持續在家長指導下每天做復健運動。
3. 培養挫折容忍力與情緒穩定。
4. 強化在普通班的團體生活適應力。
5. 充實休閒生活經驗，增加話題，提升溝通能力。
6. 增加注意力持續的時間。
7. 加強國語、數學、英語基礎學科能力。

二、支援服務

1. 職能治療師與物理治療師提供每學期定期的評估、諮詢與治療建議。
2. 資源教師提供家長諮詢與親職教育相關服務。
3. 資源教師提供普通班級任與科任教師諮詢與相關支援服務。
4. 資源教師在校考試時，於普通班使用資源班提供的試題應試。
5. 資源教師安排志工，提供個別化指導。
6. 特教組長為該生申請身障生獎助學金和交通補助費。
7. 特教組長提供升國中資訊，讓家長對鄰近學校早做了解。

教育場所（特殊教育法施行細則第 18 條第一項第八款）

場所	普通班＋資源班		資源班教學時數		每週 920 分（23 節課）
節次	星期一	星期二	星期三	星期四	星期五	說明
早自修	（基礎語文）	（韻律課）	（休閒教育）	（基礎語文）	（基礎語文）	* 因為該生為中度自閉症兼具智能不足，幾乎完全無法跟隨普通班上課，故需提供最多時數之特教團隊服務。
1	數學	國語	數學	音樂	綜合活動	
2	（電腦）	體育	英語	數學（唱遊）	綜合活動	* 每週有一節入普通班之個別指導（電腦）。
3	國語（畫畫）	數學	自然（生活數學）	體育	國語	* 每週有 22 節抽離式課程（詳見括號，含志工支援服務）。
4	國語（體能）	數學	自然（休閒教育）	（閱讀）	英語（生活數學）	* 資源班提供 23 節教育服務。
午休	（社交技巧）	（社交技巧）		（社交技巧）	（社交技巧）	* 資源班各領域分配時間： 國語—180 分鐘 數學—80 分鐘 英語—60 分鐘 電腦—40 分鐘
5	音樂（閱讀）	健康		美術	自然（溜冰）	休閒教育—400 分鐘
6	社會（閱讀）	國語（休閒教育）		美術	自然（溜冰）	社交技巧—160 分鐘

場所		普通班＋資源班		資源班教學時數	每週 920 分（23 節課）
節次	星期一	星期二	星期三	星期四	星期五
7	社會	綜合活動 (休閒教育)		社會	鄉語

課程設計方案（特殊教育法施行細則第 18 條第一項第二款）

1. 採用資源班自編教材進行國語、數學、英語基礎內容教學，於教學過程中訓練專注力之持續。
2. 整合生活自理和復建運動項目以「每日/每週檢核表」來提醒家長指導該生在家練習，在校練習以志工「個別指導檢核表」方式進行。
3. 挫折容忍力與情緒穩定，藉由社交技巧課程之遊戲方式逐步訓練。
4. 在普通班的團體生活適應力，透過同儕使用「上課表現檢核表」，協助該生調整態度與習慣。
5. 充實休閒生活經驗，以溜冰、韻律舞、體能活動、下棋、玩大富翁、編織等技能學習來達成。
6. 親師合作方面，經由每月一次的家長成長課程、每日學習聯絡單、每月學習報告、志工每節課的個別指導記錄和不定時的晤談/電話等方式進行聯繫，每學期末並舉行「個別化教育計畫檢討會」。

教育目標

學年與學期教育目標	領域/科目/項目	評量結果		評量日期		評量人員
		上學期	下學期	上學期	下學期	
一、增進專注力 1. 該生在資源班寫作業、評量，每節課教師口頭提醒少於五次（認知）	注意力	D		1/15 ○		劉明麗
二、增進生活自理能力 1. 每日至少完成五項在家練習檢核表上的項目（技能、情意）	生活自理復健運動	C		1/15 ○		劉明麗
三、增進普通班團體適應能力 1. 在普通班能遵守班級常規，100%配合（情意、技能）	普通班團體適應	D		1/15 ○		劉明麗
四、學會基本國語文能力 1. 期末時，會將老師教過的 50 個新語詞依屬性分類，每類再加說兩個語詞，正確率 100%（認知）	國語	B		1/15 ○		劉明麗
2. 會每天寫小日記，按照事件發生順序，敘述生活事件（含人、事、時、地、物）正確率達 60%（認知）		A		1/12 ○		劉明麗

IEP：以特教學生需求為本位的設計與目標管理

學年與學期教育目標	領域/科目/項目	評量結果		評量日期		評量人員
		上學期	下學期	上學期	下學期	
五、學會基本數學能力 1. 會使用 500 元以內錢幣，買任三樣東西，正確率達 80%（認知、技能）	數學	ABC		1/12 ○		劉明麗
2. 學會基本時間概念，安排每月行事曆正確率達 90%（認知）		ABC		1/12 ▲		劉明麗
六、學會基本英語能力 1. 期末時，在資源班，聽懂 20 個常用教室英語句子，做出 100%正確反應（認知）	英語	ABC		1/12 ○		劉明麗
七、從遊戲中學會基本社交技巧 1. 期末時，可以參與同學遊戲至少二種（情意、認知、技能）	社交技巧	CD		1/15 ○		劉明麗
八、學會簡易休閒生活技能 1. 期末時能從事至少三種休閒活動，例如與同學玩大富翁、玩電腦遊戲、拼圖等（認知、情意、技能）	休閒教育	CD		1/15 ▲		劉明麗

＊評量方式： A—筆試　B—口頭　C—操作　D—觀察
＊評量結果： ○—通過　▲—繼續　×—放棄

IEP 會議（特殊教育法施行細則第 18 條第三項）

職能/物理治療師	個管教師	學生家長	級任教師

特教組長	輔導主任	教務主任	校　　長

範例六：小友的個別化教育計畫（特教班）

建檔

學生姓名	小友	性　別	男	出生年月日	○○/○○/○○	
校　　名	○○國小	年　級	四年級	身障類別	重度智障、自閉症	
會議日期	○○/○○/○○	開始日期	○○/○○/○○	檢討日期	○○/○○/○○	擬定者 徐淑芬

簡易生長史、教育史、醫療史

　　依據家長訪談，小友身體狀況良好，個性溫和、順從，沒有口語，僅以簡單肢體動作表達需求。小友排行老么，與姊姊相差十歲，父母、姊姊均很疼愛小友，但主要照顧及教育者為母親，對學校教育的期望主要為提升其認知的學習。

　　小友 3 歲半開始在○○醫院接受語言治療，4 歲起在○○兒童發展中心就讀兩年，○○年 9 月就讀○○國小啟智班至今。

　　小友剛上一年級時經常動個不停，僅能坐在位子上兩分鐘，透過體育——溜冰、游泳等消耗大量體力活動的習得，讓小友從中體會學習的成就感進而對靜態活動產生興趣，延長靜態學習的時間。

　　三年級下學期期末開始在學校及家中表現出動作緩慢及需大量口語提示的拖延狀況。

評量摘要（特殊教育法施行細則第 18 條第一項第一、四款）

1. 認知能力：依據《學前發展性課程評量——認知領域》結果顯示：小友在配對、分類上，能在情境下依物品用途作配對，但在概念理解能力上則有明顯的困難。
2. 溝通能力：依據母親敘述與教師觀察，小友沒有口語僅能模仿嘴型，興奮時會發出「ㄚ」音，能理解並完成一個簡單指令，聽理解 80%日常生活詞彙及短句，但在抽象詞彙理解上有困難；有需求時會以肢體動作表達或經口語提示以圖卡表示，會回應「要」或「不」的問題，但缺乏選擇的能力。
3. 行動能力：依據教師訪談，小友的肢體動作發展良好且在熟悉的情境中有短距離定點來回的能力，但因注意力容易分散而經常在途中逗留，必須在大量口語提示下才能走到定點。
4. 人際關係：從平時觀察中了解，小友在人際互動方面處於被動，會聽指令和同學手牽手繞校園散步，多數空閒時間則喜歡獨自把玩紙片、葉片。
5. 情緒管理：依據平時的觀察，小友的情緒穩定，在有效的增強下學習配合度佳，但偶爾會以拖延方式表達拒絕學習活動或某種食物。
6. 感官功能：視覺、聽覺均正常，無特殊疾病。在精細動作方面可能因專注力及耐力低，經常一時衝動剪壞作品或將著色畫塗成一團黑；大量體能活動會增進小友學習其他事物的配合度。
7. 健康狀況：健康情況良好。
8. 生活自理：從教師及家長訪談中了解，小友在飲食、如廁、穿著、清潔與衛生上皆可在口語提示下完成，但母親表示小友過度依賴口語提示。家事技能方面能在適當的工作分析下學會打蛋、煎蛋並表現出高度興趣。
9. 學業成就：從教師的訪談中了解，在實用語文方面，小友開始對國字產生注意而且可以仿寫較複雜的國字，並能認得 20 個以內的日常字詞。在實用數學方面，已經有一對一對應的概念，在視覺線索提示下可以對應 3 以內的量。知道買東西要付錢，但不了解幣值及保管金錢的意義。
10. 社交能力：根據教師和家長訪談得知，小友在環境適應上表現不錯，但常不分情境與人，在市場或餐廳裡拿別人的東西吃，甚至會向陌生人討食物，造成很多的困擾；在團體遊戲上有輪流及等待的能力，但在主動參與及理解遊戲規則上有困難。

優質 IEP：以特教學生需求為本位的設計與目標管理

優勢

1. 對體能活動很有動機且技能學習強
2. 聽理解 200 個日常生活詞彙達 80%
3. 能認識約 20 個常用字詞並有學習意願
4. 有需求時會以肢體動作表達或經口語提示以圖卡表示
5. 生活自理能力佳，尤其對料理食物很有學習的意願
6. 情緒穩定、個性溫和

弱勢（個人內在能力比較，不與他人比）

1. 沒有口語僅能模仿嘴型，興奮時才會發出「ㄚ」音
2. 在社區中不會分情境，會向陌生人要東西吃或在餐廳裡吃別人的東西
3. 需大量口語提示已經會的技能或例行工作
4. 人際互動弱
5. 在團體遊戲中主動參與及理解遊戲規則上有困難
6. 在概念理解上較有困難

服務需求

1. 訓練小友具備處理食物的家事能力
2. 訓練小友在社區的購物及使用錢幣的能力
3. 建立在用餐場所合宜的行為
4. 提供多樣化的休閒活動及新的技能提高小友的生活樂趣
5. 獨力完成例行工作，並培養負責任的態度
6. 提供小友和普通班學生的互動經驗
7. 增進小友指認字詞、書寫、數概念等能力以提高其理解及思考力
8. 製造各種情境提供小友有主動表達及選擇的機會

教育安置（含普通班、資源班、特殊班、專業團隊、支援服務等）

安置	全時段安置於自足式啟智班＋四節普通班
說明	二節團體遊戲課（四.3、四.11）、二節美勞課（四.1、四.15）

課程設計方案（含普通班、資源班、特殊班、專業團隊、支援服務等）

1. 生活教育（每週 6 節）：
   ◎每週固定安排兩節課準備自己的午餐，訓練處理蔬果（削皮、切塊）及簡單烹飪（煮麵、做三明治、煮湯）的能力
   ◎定點來回訓練、獨力完成例行工作
2. 社會適應（每週 6 節）：
   ◎每週固定安排兩節課外出用餐
   ◎每週有兩節課和四年級普通班上團體遊戲；兩節課和四年級普通班上美勞課以提升人際互動能力
3. 休閒教育（每週 8 節）：多樣化的休閒活動及運動技能，如兩週一次的游泳課；羽球、桌球、跳繩技能的學習
4. 實用語文（每週 4 節）：增進指認字詞、書寫的能力、理解短句或指令
5. 實用數學（每週 4 節）：數概念、使用錢幣
6. 職業教育（每週 2 節）：獨力完成例行工作：進教室後的例行工作、打掃教室傳遞物品
7. 各 領 域：製造各種情境提供小友有主動表達及選擇的機會

教育目標

學年/學期教育目標	領域/科目/項目	評量方法	評量結果上學期	評量結果下學期	評量人員
全面提升聽理解與表達的溝通能力					
1. 能理解全學期課程活動相關詞彙 40 個，在期末總評時，正確率達 80%（認知）	各領域實用語文	檔案作業單	P		徐師鍾師
2. 能聽寫出全學期課程活動相關字詞 20 個，在期末總評時，正確率達 60%（認知）			C		
3. 在沒有肢體與語言協助下，能聽懂並完成兩組簡單指令，如「去拿……和……」、「先……再……」，正確率達 70%（認知、技能）		觀察	C		
4. 主動以圖卡表達需求，如「上廁所」、「要……」，一天達 5 次以上（情意、技能）		觀察	C		
培養居家生活技能					
1. 會在大人以口語提示下，獨力完成餐前準備活動，十次有八次通過（技能）	生活教育	操作觀察	P		徐師鍾師
2. 會在大人以口語提醒下，獨力完成簡易午餐，十次有八次通過（技能）			P		

學年/學期教育目標	領域/科目/項目	評量方法	評量結果 上學期	評量結果 下學期	評量人員
培養獨力完成工作的能力					
1. 能依據視覺提示圖卡，獨立完成工作，五次有四次通過（技能）	職業教育 生活教育	操作 觀察	P		徐師 鍾師
2. 能在 10 分鐘內從校門第一個路口經天橋走進教室，五次中有四次通過（技能）			C		
3. 能主動進行例行性工作，如放書包、打掃工作，表現其負責任的態度，在父母、老師等五人中有四人認同（情意）			C		
充實休閒活動的內容					
1. 主動且持續跑跑步機每日達 10 分鐘以上（情意、技能）	休閒教育	操作/檔案評量	P		徐師 鍾師
2. 在口語提示下願意參與游泳、羽球、桌球、跳繩的運動，五次中有四次願意（情意）			C		
3. 在少量動作協助下，能綜合剪、摺、貼技能，完成勞作作品達八成以上（技能）			C		
提升人際互動能力					
1. 在口頭鼓勵下願意參與團體遊戲，五次中有四次願意（情意）	社會適應	觀察	C		徐師
建立在外用餐的技能					
1. 不會搶食他人的食物，在任何情境下可以百分百做到（技能、情意）	社會適應	操作 觀察	C		徐師 鍾師
2. 看同學付帳後，能在用餐後會主動付帳，五次中有四次通過（技能）			C		
3. 在口語提示下以圖卡向老闆點餐，表達自己想要吃的餐點，五次中有三次通過（技能、情意）			C		
增進數概念					
1. 在視覺提示下，會拿對 3 以下的數量之任何物品，五次中有四次的正確率（認知）	各領域 實用數學	操作 作業單	P		鍾師
2. 會辨認 1、10、100 元的幣值，五次有四次的正確率（認知）			P		
評量結果　　P：通過　　C：繼續　　E：充實　　S：簡化　　D：放棄					

簽名

行政人員		專業人員	
普 通 班 教　　師		家　　長 或監護人	
特教教師		學　　生 或 其 他	

生活教育　短期目標與學習評量

領域	生活 教育	班級 姓名	四年二十班 小友	教學 節數	小組/個別每 周 6 節	教材 來源	自編 課程	設計者	徐淑芬
學年目標	培養家居生活的技能								
學期目標	1. 會在大人以口語提示下，獨力完成餐前準備活動，十次有八次通過（技能） 2. 會在大人以口語提醒下，獨力完成簡易午餐，十次有八次通過（技能）								

短期目標 （○○學年第○學期）	教學重點	預期目標●與 評量結果					評量 日期
		1	2	3	4	5	
1-1 使用削皮刀削皮	紅蘿蔔、馬鈴薯、蘋果					●	1/10
1-2 使用水果刀切片（厚約 1 公分）	紅蘿蔔、馬鈴薯、蘋果					●	1/10
1-3 使用水果刀切小塊（約 1 立方公分）	紅蘿蔔、馬鈴薯、蘋果 小黃瓜、熱狗					●	1/10
2-1 會看水滾了，將食材放進鍋裡	煮什錦麵、泡麵、 貢丸湯、青菜蛋花湯			●			1/16
2-2 知道湯或麵湯滾了，表示煮熟可以吃	煮什錦麵、泡麵、 貢丸湯、青菜蛋花湯			●			1/16
2-3 會依圖卡步驟做點心	三明治、大亨堡、水餃			●			1/16

評量標準：5 ＝獨力完成　　　　4 ＝手勢提示完成　　　3 ＝少量口語協助完成 　　　　　　 2 ＝大量口語協助完成　　1 ＝動作協助完成

期末 檢討	1. 小友已經能夠削紅蘿蔔、馬鈴薯，但蘋果的部分需要少量肢體協助（邊削邊轉），建議繼 續練習削蘋果。 2. 小友已經能夠在口語提示下製作點心，建議能將此技能提升為獨力依據點心製作流程提示 卡，自行完成點心。

休閒教育　短期目標與學習評量

領域	休閒教育	班級姓名	四年二十班 小友	教學節數	小組/個別每周 8 節	教材來源	自編課程	設計者	徐淑芬
學年目標	充實休閒活動的內容								
學期目標	1. 主動且持續跑跑步機每日達 10 分鐘以上（情意、技能） 2. 在口語提示下願意參與游泳、羽球、桌球、跳繩的運動，五次中有四次願意（情意） 3. 在少量動作協助下，能綜合剪、摺、貼技能完成勞作作品達八成以上（技能）								

短期目標或預定進度 ○○學期	起	迄	學習結果與記錄	評量日期
1-1 跑跑步機每次達 10 分鐘以上	9/03	1/20	☆可以逐步調整速度至 6，跑 10 分鐘	1/16
2-1 獨力仰漂 20 公尺以上	9/03	1/20	☆動作協助下仰漂 20 公尺	1/12
2-2 水中韻律呼吸連續 5 下	9/03	1/20	☆口語提示下完成韻律呼吸 5 下 ☆期末最後一週每天游泳： 　小友顯得非常有活力，心情特好，已經可以在動作提示下練習狗爬式＋水中韻律呼吸連續 10 下	1/12 1/16
2-3 獨力持桌球拍接反彈小軟球 5 下	9/16	10/6	☆可以接拍彈地球連續 10 下	10/6
2-4 獨力持桌球拍接反彈乒乓球 5 下	9/16	10/6		
2-5 獨力持繩連續往前跳 3 下	10/7	11/1	☆往前跳一下	11/1
2-6 獨力持羽球拍發球至定位（3 公尺遠）	11/2	1/20	☆動作協助下發球，至定位有困難	1/20
3-1 綜合剪、摺、貼技能完成勞作作品達 80%以上（配合融合美勞進度）	9/03	1/20	☆剪長條時需大量口語提示，否則會剪成碎片 ☆不會適當使用口紅膠 ☆剪花瓣時需大量口語提示，否則會剪成碎片 ☆吃起鹽巴來了 ☆剪紙隨性，需要口語提示沿線剪	10/4 11/21 12/8 12/29 1/16
期末檢討	1. 小友對於大動作的技能學習動機較強，表現優異，可以繼續練習，並提升其運動技能。 2. 在美勞方面需要運用精細動作的活動，完成作品隨性，需要大人大量口語提醒。 3. 建議在家中安排固定的休閒時間，並以圖卡溝通的方式，表達想進行的活動。			

社會適應　短期目標與學習評量

領域	社會適應	班級姓名	四年二十班 小友	教學節數	小組/個別 每週 6 節	教材來源	自編	設計者	徐淑芬
學年目標									

學年目標	1. 提升人際互動的能力　　　2. 建立在外用餐的能力
學期目標	1. 在口頭鼓勵下願意參與團體遊戲，五次中有四次願意（情意） 2. 不會搶食他人的食物，在任何情境下可以百分百做到（技能、情意） 3. 看同學付帳後，能在用餐後會主動付帳，五次中有四次通過（技能） 4. 在口語提示下以圖卡向老闆點餐，表達自己想要吃的餐點，五次中有三次通過（技能、情意）
特殊教學策略	1.實物操作　2.工作分析法　3.直接教學法　4.情境教學

週次	融合體育	融合美勞	特教班	評量結果與記錄	評量日期
	預定進度 ○○學期				
1	準備週				
2	攻佔堡壘	走迷宮	三商巧福		
3	大風吹	大富翁	魚多多自助餐	口語提示付帳	9/16
4	分站遊戲 I	美麗的相框 I	晴光鍋貼	繞到隔壁的全家櫃檯付錢了	10/4
5	警察捉小偷	果凍風鈴	麥當勞		
6	貓捉老鼠	骰子遊戲	自助餐、鍋貼二選一	選自助餐，口語提示付帳	10/9
7	期中考		日式定食		
8	分站遊戲 II	美麗的相框 II	晴光市場美食廣場		
9	灌籃高手	果凍花	三商巧福	無法聽同學的提示及示範剪花片，會逕自剪成小碎片	11/7
10	大球追小球	吸管筆筒	魚多多自助餐		
11	兩人三腳	紙杯造型 I	晴光鍋貼	口語提示付帳	
12	過河拆橋	心願瓶	麥當勞	吃起鹽巴來了，不聽同學的制止（心願瓶）	11/26
13	分站遊戲 III	動物面具	三商巧福、自助餐二選一	選擇吃麵，但吃得很苦	12/1
14	瞎子推大球	母親節蛋糕	三商巧福	上體育課經常坐在地上不動，輪到他進行活動時，五、六位同學也拉不動他	12/9
15	氣球傳情	有趣的剪紙	魚多多自助餐	同上。以糖果增強後能配合指令	12/19
16	接力賽	豆子畫	晴光鍋貼	趁大人不注意吃同學的鍋貼	12/30
17	春天到了百花開	飛翔的魚兒	麥當勞		
18	踢球大賽	紙杯造型 II	自助餐、鍋貼、三商巧福三選一	選自助餐，吃得很高興，看來是選對了	1/9
19	期末考		吃火鍋	難得的優雅	1/16
期末檢討	1. 整體而言，小友可以在同儕的口語提示下參與遊戲，但在勞作方面可能較無法控制力道，而需在大量口語提示下完成作品。 2. 可能受天氣炎熱影響變得不愛動，在糖果的增強下能配合指令，建議仍須持續從事耗體能的休閒活動。 3. 在口語提示下會到櫃檯處點餐、付錢。偶爾仍會趁大人不注意時拿取別人的食物或餵別人吃自己不喜歡吃的東西。				

實用語文　短期目標與學習評量

領域	實用數學	班級姓名	四年二十班小友	教學節數	小組/個別每週 4 節	教材來源	自編	設計者	徐淑芬

學年目標	提升聽理解與表達的溝通能力

學期目標	1. 能理解全學期課程活動相關詞彙 40 個，在期末總評時，正確率達 80% 2. 能聽寫出全學期課程活動相關字詞 20 個，在期末總評時，正確率達 60% 3. 在沒有肢體與語言協助下，能聽懂並完成兩組簡單指令，如「去拿……和……」、「先……再……」，正確率達 70% 4. 主動以圖卡表達需求，如「上廁所」、「要……」，一天達 5 次以上

特殊教學策略	1.實物操作　2.工作分析法　3.直接教學法

預定進度○○學期	教學重點	理解	圖詞配對	指認	寫出	評量日期
1. 在外用餐	自助餐、付錢、酸辣湯、三商巧福、麵	OK		酸、三	麵、自	9.30
2. 簡易烹飪	削皮、紅蘿蔔、馬鈴薯、煮麵、切	OK	削、煮	紅、切		10.31
3. 游泳	戴泳帽、泳鏡、游泳	OK	戴、泳		游	11.20
4. 休閒活動	跳繩、羽球、桌球、剪	OK	羽、桌		剪	12.18
5. 打掃教室	擦窗戶、拖地、搬椅子	OK	擦、搬	拖		1.10
6. 理解並完成「去拿……和……」指令達 80%	☆在情境中練習「去拿剪刀和口紅膠」的句型	☆起初需口語提示拿兩樣物品，練習一段時間後可以理解並完成此指令，但常因分心而只拿出其中一樣				1.10
7. 理解並完成「先……再……」指令達 80%	☆先洗手再吃麵包 ☆「先……再……」	☆此指令是小友每天早上的例行活動，練習幾次後甚至可以不需指令即可獨力完成 ☆在各種情境下練習此指令，發現小友已能理解「先再」但完成度視其動機而定				1.10
8. 主動以圖卡表達需求一天達 5 次以上	☆出去玩 ☆上廁所 ☆想吃東西時 ☆想喝飲料時	☆在午休時間會主動以「出去玩」的字卡向老師表達需求 ☆一天至少一次主動表達「上廁所」 ☆當他想吃或喝時需口語提示拿圖卡				1.10

期末檢討	1. 小友對於字詞產生學習興趣，歸功於家長的努力與配合。 2. 在情境中練習「去拿剪刀和口紅膠」的指令，可能因為生理或情緒的影響而表現不一致，對於擴充此指令的學習較有困難，需在不同情境大量練習。 3. 已理解圖卡交換的意義，但需製造情境讓小友有主動表達的機會。

實用數學　短期目標與學習評量

領域	實用 數學	班級 姓名	四年二十班 小友	教學 節數	小組/個別 每週 4 節	教材 來源	自編	設計者	徐淑芬
學年目標	增進數概念								
學期目標	1. 在視覺提示下，會拿對 3 以下的數量之任何物品，五次中有四次的正確率。 2. 會辨認 1、10、100 元的幣值，五次有四次的正確率。								
特殊 教學策略	1.實物操作　2.工作分析法　3.直接教學法								

短期目標或預定進度 （○○-1）	起迄日期		教學重點	評量結果與記錄
1-1 會配對數字 1-3	9/11	1/20	提供視覺線索，運用不同的物品（小友喜愛的）實際操作（夾夾子、裝入夾鏈袋、剪貼等），明確告知練習的次數（圈圈打勾），立即給予增強	1. 小友已能配對數字 1-10，但僅停留在單純符號圖形配對，但能指認 1-3 的數字。在視覺線索提示下能拿出 3 個以內的數，並能以畫圈方式表示數量。
1-2 會指出數字 1-3	9/11	1/20		
1-3 會數出 3 以內的物品	10/16	1/20		
1-4 會拿出 3 個以內的物品	10/12	1/20		
1-5 會配對數字與數量	10/16	1/20		
2-1 會指認錢幣 1、10、100	10/16	1/20	找出並對應商品包裝盒上的價錢，進而能以商品圖卡代替實物的包裝盒	2. 小友對錢幣的分類已有概念，在對應上也沒有問題。
2-2 會對應正確的幣值 1、10、100	9/11	1/20		
期末 總檢討	1. 小友一節課中需搭配穿插四個語文與數學的靜態學習活動，能維持穩定的學習狀態。 2. 明確清楚的作業單，如版面或圖片乾淨單一，有助引導小友理解作業的方式。 3. 在使用錢幣方面，受限於小友對量的概念仍須仰賴視覺提示，因此在對應 20 元時，提供兩個圈作為線索，告知為 20 元，並搭配社會適應中購物的課程，如酸辣湯一碗 20 元。			

職業教育　短期目標與學習評量

領域	職業教育	班級姓名	四年二十班 小友	教學節數	小組/個別 每週 2 節	教材來源	自編	設計者	徐淑芬

學年目標	培養獨力完成工作的能力
學期目標	1. 能依據視覺提示圖卡，獨立完成工作，五次有四次通過（技能） 2. 能在 10 分鐘內從校門第一個路口經天橋走進教室，五次中有四次通過（技能） 3. 能主動進行例行性工作，如放書包、打掃工作，表現其負責任的態度，在父母、老師等五人中有四人認同（情意）
特殊教學策略	1.實物操作　2.工作分析法　3.直接教學法

短期目標 實施學期	教學重點	評量結果與記錄	評量日期
1-1 進教室後的例行工作	放書包、拿出作業、聯絡簿、便當	☆大量口語提示 ☆依視覺提示板完成，但須以手勢提示 ☆帶著心愛的早餐進教室，能迅速完成工作，坐下來吃早餐	9/14 10/8 11/26
1-2 完成擦窗戶的工作	洗抹布、擦玻璃、窗檯	☆需口語提示 ☆在洗手台逗留 5 分鐘以上	10/16 11/21
1-3 完成搬桌椅的工作	雙手搬桌、椅	☆手勢提示該搬的桌椅即可 ☆需食物增強	10/9 1/4
2-1 教室→特教辦公室	傳遞資料夾至辦公室	☆一去不回頭，一路巡視各班 ☆動作協助 ☆動作協助	10/23 11/2 11/14
2-2 校門口→教室		☆會自己進教室	9/11
2-3 天橋→教室		☆自己進教室 ☆在天橋上逗留達 10 分鐘 ☆帶心愛的早餐，一路走進教室	9/28 10/22 11/7
3-1 主動完成例行性工作，表現其負責任的態度		☆經過一段時間練習，但仍需要口語提醒或肢體協助完成，容易被其他事物干擾，而影響工作的完成	1/18
期末檢討	1. 建議在家中也安排固定的工作給小友，並輔以工作提示卡，提醒他完成工作，養成工作的習慣。 2. 小友已能獨力來回於社區（走天橋）與學校，建議將此技能擴充至來回社區與家庭。		

範例七：小懿的個別化教育計畫（特教班）

基本資料

學生姓名	小懿	出生年月日	○○/○○/○○	身障類別與程度	多重障礙重度（女生）	
校　　名	國　小	年　　級	二年級			
會議日期	○○/○○	開始日期	○○/○○	檢討日期	○○/○○	擬定者　楊孟珠

簡易生長史、教育史、醫療史（特殊教育法施行細則第 18 條第一項第二款）

　　6 個月發現有異，1 歲半即在○○醫院、○○感統教室、○○兒童治療室、○○醫院接受物理、感統、職能、語言等治療；入小學前的暑假發現有散光，配戴眼鏡矯正。

　　3 歲半到入小學前分別在北市私立○○幼稚園與○○蒙特梭利幼稚園就讀。

　　姊姊是極重度多重障礙兒童，沒有語言及行動力；妹妹是正常兒童。小懿與妹妹相差 5 歲，會主動靠近妹妹，偶會用手拍打妹妹。父母親非常接納家中兩位特殊兒童，並申請一位外傭在家配合加強動作訓練及生活照護。

評量摘要（特殊教育法施行細則第 18 條第一項第一、四款）

認知能力	根據觀察發現： 1. 小懿約能聽懂日常生活語彙 20-30 個。 2. 注意力約只能維持 1 分鐘。
溝通能力	根據觀察發現： 1. 小懿會伸手配合「嗯」「嗯」或「我要玩」來要東西。 2. 做運動訓練時，會說「不要玩」來表達不喜歡。 3. 看到大人會說「阿姨」，並主動靠近來示好。 4. 其餘時候皆無符合情境之語言，但會任意發出簡單音以自娛。
行動能力	根據觀察發現： 1. 小懿能自行在平地上任意走動，但遇有突起障礙物之地面，易跌倒，且缺乏安全意識，需大人一對一在旁協助其安全。 2. 大致能扶著樓梯扶手上樓，但速度與穩定度較差，顯得有些吃力。
人際關係	根據觀察發現： 1. 小懿喜歡並能感受團體活動熱鬧氣氛或隨音樂而手舞足蹈。 2. 會主動靠近同學身邊，但有時會高興得突然用力拍打同學身體或用手抓同學臉部，甚至引發對方的肢體回應，導致衝突。
情緒管理	根據觀察發現小懿個性開朗，笑口常開。
感官功能	1. 物理治療師評估得知： 　•小懿手腳張力低，關節穩定度較弱，走路像線偶。 　•平衡差，不會跳或跑，快速走只能連續走約 10 公尺遠。 2. 職能治療師評估得知小懿手部操作學會用三指，但力氣弱。
健康狀況	根據與家長訪談得知小懿有散光，配戴眼鏡矯正。觀察發現小懿會任意將眼鏡拉扯下並亂丟，需大人在旁協助。

生活自理	根據觀察發現： 1. 小懿會自行握湯匙吃飯，但會有 1/3 飯量掉落在便當外或在便當內舀不起來。 2. 能雙手握杯喝水，但會有 1/2 杯水量流出。穿、脫、如廁等皆須人完全協助。
其他	根據觀察發現： 1. 對於簡單的規範遵守有困難：會一直玩電燈的開關、玩門；會任意扔書包內物品或拿取丟擲教室內物品。 2. 非常不喜歡做動作體能上的訓練，會故意將身體放軟，不願使力，須用食物做引誘。

優勢（特殊教育法施行細則第 18 條第一項第一款）

1. 能夠以語調或加上簡單手勢表達要吃東西或不喜歡做訓練。
2. 能在平地上自由行動。
3. 喜歡靠近並會主動與人示好。
4. 喜歡參與團體活動並感受熱鬧氣氛隨音樂起舞。
5. 情緒穩定，個性開朗，笑口常開。
6. 能以食物引發學習動機。

弱勢（特殊教育法施行細則第 18 條第一項第一款）

1. 溝通表達能力貧乏。
2. 日常生活詞彙理解量少，對於簡單的規範遵守有困難。
3. 肌肉力量與穩定度低，缺乏生活自理能力。
4. 與一些同學建立關係的方式不佳。
5. 注意力極短暫、缺乏安全意識，需專人一對一在旁協助。
6. 不太願意配合做動作體能上的訓練。

服務需求（特殊教育法施行細則第 18 條第一項第三、五款）

1. 訓練與提升溝通表達能力。
2. 訓練生活詞彙理解能力，建立遵守規範的概念。
3. 加強身體動作協調性與穩定度。
4. 加強手指操作能力與力度，訓練生活自理能力。
5. 改善人際關係，擴充人際互動模式。

支援服務（特殊教育法施行細則第 18 條第一項第五、七款）

1. 安排人力資源（教師助理員、愛心媽媽），以協助其安全照顧與學習訓練。
2. 接受語言、職能、物理等專業團隊服務（每月各一次）；做動作訓練時需佩戴重量帶。
3. 提供上學、放學專車接送的服務。
4. 提供課後輔導。

教育安置（特殊教育法施行細則第 18 條第一項第三、七、八款）

全時間安置於自足式特教班，目前小懿各項基本生活能力均在建立中，能在人力支援下跟隨特教班全體參與學校大型活動（如體育表演會等）。

課程設計（特殊教育法施行細則第 18 條第一項第七、八款）

領域科目	每週節數	教學重點	負責人員
實用語文	4 節	訓練溝通表達與詞彙理解能力 配合活動：各領域及任課教師之每日活動	王○○
實用數學	4 節	加強精細動作操作能力 配合活動： 1. 使用自助餐夾夾物（糖果、彈珠等）、在寬 0.5 公分紙板上拉下及夾上夾子、擠壓有色膠水、撿投錢幣及小珠珠、撕貼圓形貼紙、拇食指握持飲料瓶、掌心握積木拿（放）積木、響板套拇指敲擊、捏印章頭蓋印章、 剝開藥盒並從盒中取出食物（盒口恰只能用拇食指）、按壓有聲玩具、 剪泥條（膠帶紙、吸管）、套拆塑膠杯…… 2. 削鉛筆、握紙捲高舉敲鼓、開關各種瓶蓋、拉開及關上抽屜、運筆描畫、甩玩具……	楊○○
休閒教育	8 節	加強身體動作協調性與穩定度、擴充人際互動模式 配合活動： 1. 半球體杆架、直立格梯、正倒退跑跑步機、戶外體能設施、感統設施（滑板、平衡板等）、椅面上蹲、坐丁字椅丟物、彎腰轉身取物、身體部位肌耐力（腰、肩膀、大腿等） 2. 團體表揚、同學互相逐一稱讚、同學互發增強物、律動與唱遊協同教學、唸故事書……	楊○○
社會適應	3 節	建立遵守規範能力 配合活動：上下課常規訓練、排隊訓練、聽指令送東西、小團體遊戲、校外教學（台北市兒童育樂中心、胡適公園、袖珍博物館、新光三越百貨公司）……	王○○
生活教育	7 節	訓練生活自理能力 配合活動：用餐、洗臉、刷牙、穿脫衣物、清洗餐具、擦拭工作……	王○○

教育目標（特殊教育法施行細則第 18 條第一項第六、九款）

學年與學期教育目標	教學領域	評量方法	評量結果 上學期	評量結果 下學期	教學與評量人員	備註
一、加強身體動作的協調性與穩定度 1. 小懿能自行爬上三層直立橫梯並跨站到間隔 5 公分且稍高之平台上，在老師陪同使用該設施的時間內通過率達 80%（技能）	休閒教育	操作觀察	通過		楊○○	搭配物理治療師的建議活動

學年與學期教育目標	教學領域	評量方法	評量結果 上學期	評量結果 下學期	教學與評量人員	備註
二、提升手指操作的力度與協調性 1. 在老師要求下，小懿會自行雙手操作使用襪夾，連續夾上至少 5 隻襪子，通過率達 80%（技能）	實用數學 休閒	操作	未通過		楊○○	搭配職能治療師的建議活動
2. 在老師要求下，小懿能自行左手持紙，右手握壓式彈力剪刀在 1 公分寬的粗線內剪出 2 公分長的線段，通過率達 80%（技能）	休閒教育	操作	未通過		楊○○	
3. 在學校時間內，小懿會旋轉開及關緊瓶蓋，通過率達 80%（技能）	實用數學	操作	未通過		楊○○	
三、擴充人際互動 1. 在學校時間內，小懿與同學發生衝突次數降至每週三次以下（情意）	休閒教育	觀察	通過		楊○○	
四、建立溝通表達能力 1. 在學校情境中，小懿平均每天主動出現至少 2 次以口語或非口語方式做有意義的溝通表達，到學期末，經兩位老師評估皆一致同意（認知、技能）	各領域 實用語文	觀察	通過		王○○	搭配語言治療師的建議活動
五、增進詞彙理解能力 1. 在學校時間內聽到日常作息指令，小懿能夠明白並完成，正確率達 80%（認知）	各領域 實用語文	觀察	通過		王○○	
六、建立遵守規範的能力 1. 學期末，班級兩位老師皆同意，在學校時間內，老師口語提示下，5 秒鐘內小懿會停止當下不適當動作，通過率達 80%（認知）	各領域 社會適應	操作 觀察	通過		王○○	
七、訓練生活自理能力 1. 在學校時間內，老師使用口語加身體協助下，小懿願意配合且能完成自理工作達 80%（情意、技能）	生活教育	操作	通過		王○○	

簽名欄（特殊教育法施行細則第 18 條第三項）

行政人員		專業人員	
普通班教師		家長或監護人	
特教教師		學生或其他	

生活教育　短期目標與學習評量

科目	生活教育	時數	每週七節	設計者	楊孟珠	班級	特一	教材來源	自編

學年目標	訓練生活自理能力
學期目標	在學校時間內，老師使用口語加身體協助下，小懿願意配合且能完成自理工作（用餐、洗臉、刷牙、穿脫衣物、清洗餐具、擦拭工作）達 80%
特殊教學策略	1.實物操作　2.工作分析　3.直接教學法　4.情境教學　5.協同教學
評量方式	1. 操作　2.觀察

活動名稱	實施學期 ○○上 起	實施學期 ○○上 迄	教學重點	學習記錄與評量（學生姓名：小懿）	備註
用餐	9/1	1/13	用湯匙喝牛奶麥片、中午用湯匙吃飯、喝湯	1. 食用半杯牛奶麥片約滴落 10 滴（10/24）	教師助理員協助
洗臉	9/9	1/13	臉盆裝水、浸濕毛巾、毛巾對折、畫圓擦臉、搓洗毛巾、掛毛巾	1. 口語提示下大致會將毛巾對折（9/23） 2. 會有畫圓擦臉動作（10/24） 3. 會將毛巾掛上椅背，但不整齊（11/5）	毛巾上做記號
刷牙	9/16	1/13	刷模型、刷自己牙齒	1. 會任意刷左邊牙，但不會轉換刷右邊（9/23） 2. 會拿牙刷在嘴裡任意刷牙（11/7）	巨大牙齒模型、鏡子
穿脫衣物	9/23	1/13	前開扣背心、套頭背心、套頭短袖上衣、短褲	1. 會自己穿上開口背心，但不會整理（9/23） 2. 套頭背心、短袖圓領衣：在以口語提醒領袖口位置後能自己穿（11/24） 3. 穿著短褲需動作協助（12/23）	
清洗餐具	10/3	1/13	湯匙、便當、杯子	1. 完整搓洗湯匙需口語提示（11/15） 2. 有搓洗便當底部的動作，但仍需多量的動作協助（12/23） 3. 有搓洗杯子底部的動作，但仍需多量的動作協助（12/23）	
擦拭工作	10/3	1/13	擦桌子、擦椅子、搓洗抹布	1. 擦桌子需老師肢體協助（11/5） 2. 會任意以畫圓方式擦桌椅，達50%面積（1/5） 3. 會將抹布放水龍頭下沖洗、知道要將抹布掛晾（1/5）	桌上貼膠帶視覺提示

期末總檢討	1. 大致能使用湯匙自行吃完便當裡 4/5 的食物。 2. 口語提示下大致會把毛巾對折、將毛巾掛上椅背。 3. 會拿牙刷在嘴裡任意刷牙。 4. 穿脫衣褲、清洗餐具皆須口語或動作提示。 5. 餐後清潔：清洗餐具時較長時間注視清洗物，但要達到清潔仍需協助再加強。 6. 會聽指令到達洗抹布及掛晾抹布的地點，但是擦拭工作仍需老師多量的協助。 7. 自理及相關清或擦拭能力仍需長時間操作與訓練。

　教師簽名：＿＿＿＿＿＿＿　家長簽名：＿＿＿＿＿＿＿　日期：＿＿＿＿＿＿＿

休閒教育　短期目標與學習評量

科目	休閒教育	時數	每週八節	設計者	楊孟珠	班級	特一	教材來源	自編

學年目標	一、加強身體動作的協調性與穩定度 二、提升手指操作的力度與協調性 三、擴充人際互動
學期目標	1. 小懿能自行爬上三層直立橫梯並跨站到間隔 5 公分且稍高之平台上，在老師陪同使用該設施的時間內，通過率達 80% 2. 在老師要求下，小懿能自行左手持紙，右手握壓式彈力剪刀在 1 公分寬的粗線內剪出 2 公分長的線段，通過率達 80% 3. 在學校時間內，小懿會旋轉開及關緊瓶蓋，通過率達 80%（技能） 4. 在學校時間內，小懿與同學發生衝突次數降至每週三次以下
特殊教學策略	1.實物操作　2.直接教學法　3.協同教學
評量方式	1. 操作　2. 觀察

預定進度	實施學期 ○○上 起	迄	教學重點	學習記錄與評量（學生姓名：小懿）	備註
我的學校	9/1	10/8	歌曲「上學去」 故事「亮亮的成長」 美勞：黏貼	1. 會隨歌曲任意舞動身體、敲擊或甩動樂器（10/5） 2. 會聽指令「拍一拍」，將黏貼物拍一拍、餘則須協助（10/5）	
參加競賽	10/9	11/12	歌曲「天黑黑」 故事「亮亮的成長」 美勞：著色	1. 協助滾大籠球（11/8） 2. 表演後會自己拍手，與人握手會點頭並發出「謝謝」的音（11/9） 3. 會將色鉛筆轉到可以畫畫的一端、大有進步（11/9）	11/8 校際保齡球賽
扮家家酒	11/11	12/10	歌曲「世界小小小」 故事「亮亮的成長」 美勞：黏土搓揉	1. 願意坐著參與聽故事（12/10） 2. 表演完後會明確選出想要的增強物（二選一）（12/10） 3. 會明確三選一（1/12）	
歲末聯歡	12/11	1/13	歌曲「聖誕鈴聲」「紅莓果」 故事「亮亮的成長」 美勞：剪刀	1. 會看著人家表演手語、雙手也跟著揮舞（12/23） 2. 下課時會自己去拿書給老師或助理員，接著坐下表示要聽大人唸書（1/13） 3. 美勞操作皆須人協助（1/13）	

預定進度	實施學期 ○上		學生姓名：小懿		備註
	起	迄	教學重點	學習記錄 與評量	
每天不定時固定單項或多項大動作體能訓練項目 1. 攀爬 2. 身體部位肌耐力（腰、肩、大腿） 3. 身體平衡 4. 感覺統合刺激	9/1	1/13	1. 半球體杆架、直立格梯、繩索鑽籠 2. 椅面上蹲、正倒退跑 跑 步 機、蹲—站—蹲—站、手撐地、仰臥起坐 3. 坐丁字椅丟物、彎腰轉身取物 4. 滑板—平衡板、盪鞦韆、扭扭車	1. 師將其一腳跨放進地上數來第 1 格內、另一腳跨放進地上數來第 2 格內、其雙手扶住格梯把、能自己恢復成站立姿勢（10/21） 2. 師一人協助下，能讓小懿站上半球體杆架第 2 層（11/4） 3. 大人口頭引導下能完成跑完一圈操場（12/10） 4. 大人扶住其手、能跟著設定為 4.2 的速度走跑步機（12/13） 5. 能維持彎腰撿拾綠豆 10 顆（1/4） 6. 會左手手撐地（身體俯臥在椅子上）、右手撿拾積木（1/12）	自行設計與搭配物理治療師建議活動
期末總檢討	1. 身體協調性與穩定度進步許多，在老師協助擺放好位置，小懿便能自行爬上 3 層直立橫梯並跨站到平台上。在一個老師協助下，能讓她站上半球體杆架第 2 層。 2. 非常喜歡聽歌並任意快速舞動身體。 3. 能跟著大人邊走或邊跑完成跑一圈操場。在跑步機上，能跟著 4.2 的速度走。 4. 一次彎腰能維持撿投完 10 顆綠豆，約達 20 秒的時間；會單手手撐地，同時另一手撿投積木 5 顆。 5. 聽話能力大有進步，會聽「拍一拍」而做拍打動作（黏貼），會明確三選一選出自己要的增強物。 6. 老師協助擺放好位置，學會能自行使用彈力剪刀任意剪出 5cm 長線段。 7. 使用團體表揚、同學互相逐一稱讚、同學互發增強物、律動與唱遊協同教學、唸故事書等方式以擴展人際互動方式，目前與同學衝突次數已降低至每週 3 次以下。				

教師簽名：_____ 家長簽名：_____ 日期：_____

社會適應　短期目標與學習評量

科目	社會適應	時數	每週三節	設計者	楊孟珠	班級	特一	教材來源	自編

學年目標	建立遵守規範的能力
學期目標	學期末，班級兩位老師皆同意，在學校時間內，老師口語提示下，5 秒鐘內小懿會停止當下不適當動作，通過率達 80%
特殊教學策略	1.實物操作　2. 工作分析　3.直接教學法　4.情境教學
評量方式	1. 操作　2.觀察

教學內容 短期目標	實施學期 ○○上		教學重點	學習記錄與評量　學生姓名：小懿	備註
	起	迄			
遵守上下課規範	9/1	1/13	上下課儀式（起立、敬禮、坐下）、點名喊「有」	1. 第一次能聽指令自己起立（9/26） 2. 能舉手説「我」（10/1） 3. 能聽指令自己起立、坐下（12/12） 4. 能聽指令自己起立、敬禮、坐下（1/12）	由教師助理員示範與身體協助開始，再漸減協助
聽指令將東西交給同學與老師	9/15	1/13	認識班級老師與同學、認識別班老師與同學、拿物給老師、拿物給同學、與人牽手……	1. 會聽指令伸手去牽指定同學的手（10/19） 2. 能聽指令將聯絡簿放置定點（12/12） 3. 能送物給 1 公尺外的教師助理員（1/12）	使用真人照片提示
能參與排隊隨隊伍前進	9/15	1/13	1. 排隊位置、排隊前進、速度控制…… 2. 走直線 5 公尺 3. 走到活動室約 10 公尺 4. 走到生活起居室約 20 公尺	1. 會跟著隊伍走，但易過慢或過快（10/8） 2. 老師口語及動作提示下，大致能跟著隊伍走到約 20 公尺遠的地點（12/12）	使用腳印圖卡配合拉繩、搭肩、踩著線等提示，之後漸減提示致完全退除
參與團體遊戲	10/18	1/13	音樂歌舞、傳球、木頭人……	喜歡參與，但活動過程皆須老師口語及動作協助（1/12）	
參與校外教學	9/29	1/13	台北市兒童育樂中心、胡適公園、袖珍博物館、新光三越百貨公司	1. 能讓老師牽著手一起走（9/29） 2. 在老師視線範圍內安全的活動（11/5） 3. 在校外能聽從指令停止不當行為（12/20）	
期末總檢討	1. 能遵循上下課指令表現出「起立」、「敬禮」、「坐下」等動作。 2. 會聽指令去牽高生的手，與高生的關係也由衝突而轉變成合作。 3. 老師口語及動作提示下，大致能跟著隊伍走到約 20 公尺遠的地點。 4. 二位班級老師皆認為小懿能在口語提示下 5 秒鐘內停止當下不適當動作。				

教師簽名：＿＿＿＿＿＿　家長簽名：＿＿＿＿＿＿　日期：＿＿＿＿＿

實用語文　短期目標與學習評量

科目	實用語文	時數	每週四節	設計者	楊孟珠	班級	特一	教材來源	自編

學年目標	1. 建立溝通表達能力 2. 增進詞彙理解能力
學期目標	1. 在學校情境中，小懿能平均每天主動出現至少 2 次以口語或非口語方式做有意義的溝通表達，到學期末，經兩位老師評估皆一致同意 2. 在學校時間內聽到日常作息指令，小懿能夠明白並完成，正確率達 80%
特殊 教學策略	1.實物操作　2.直接教學法　3.情境教學
評量方式	1. 操作　2. 觀察

教學內容/ 短期目標	實施學期 ○○上		教學重點	學習記錄與評量	備註
	起	迄		學生姓名：小懿	
理解日常作息及相關生活用品語彙	9/1	1/13	上課（坐好、椅子）、下課（書、電視、電腦、CD 播放機、聽歌）、吃飯（便當、湯匙）、刷牙（牙刷、杯子）、洗便當（菜瓜布、洗碗精、洗手台）、午休睡覺（睡覺、桌子）、上廁所（廁所、衛生紙）、放學回家（書包、聯絡簿、再見）、排隊、波卡、小饅頭、喝水、休息	1. 聽到「坐好」會坐下來（10/1） 2. 聽到「吃飯」會去拿便當（10/1） 3. 聽到「尿尿」能走到廁所（11/5） 4. 拿到增強物會說謝謝（11/5） 5. 聽到「回家」會去拿起自己的書包（12/12） 6. 回家時會有手放嘴上動作表示再見（12/12） 7. 聽到「睡覺」指令，會有趴在桌上睡覺動作（12/12） 8. 會站在電視或電腦邊說「我要玩」表示要玩（1/12） 9. 聽到「去洗便當」會走到洗手台（1/12） 10. 聽到「排隊」會站起身要走出去（1/12） 11. 會拿書給大人表示想聽（1/12）	使用實物拍照圖片
學習握筆	9/1	1/13	描畫線條（橫線、直線）範圍內著色	1. 握筆畫線時眼睛都不看桌面（11/1） 2. 描畫或著色仍需動作及口語協助（1/12）	線段兩端有提示圖案

短期目標 教義內容	實施學期 ○上		學生姓名：小懿		
	起	迄	教學重點	學習記錄 與評量	備註
每節不定時固定單項或多項大小動作體能訓練項目	9/1	1/13	1. 仰臥起坐、蹲站、正倒退跑跑步機、手撐地撿物、小牛耕田 2. 夾夾子—投罐—挖黏土	1. 手撐地走教室 2 圈（11/1） 2. 手撐地走 5 圈（11/19） 3. 能手撐地邊走邊撿糖果或積木入罐（1/5） 4. 師協助壓住大腿下，約能做達 10 下仰臥起坐（1/12） 5. 手不扶、慢速倒退走跑步機達 10 分鐘（1/12）	
期末 總檢討	1. 口語詞彙增加，如：謝謝、姊姊、杯杯、圈圈、好棒。 2. 兩位老師一致認為小懿能平均每天主動出現至少 2 次以口語或非口語方式做有意義的溝通表達，如說「謝謝」、動作表示「再見」、「看電視」、「聽故事」等等。 3. 能手撐地走五圈，邊走邊撿地上糖果或積木入罐中。 4. 能手不扶、倒退走跑步機 10 分鐘，速度設定為 1.6。 5. 握筆仍需加強訓練。				

教師簽名：_____　家長簽名：_____　日期：_____

實用數學　領域短期目標與學習評量

科目	實用數學	時數	每週四節	設計者	楊孟珠	班級	特一	教材來源	自編

學期目標	一、提升手指操作的力度與協調性 1. 在老師要求下，小懿會自行雙手操作使用襪夾，連續夾上至少 5 隻襪子，通過率達 80% 2. 在學校時間內，小懿會旋轉開及關緊瓶蓋，通過率達 80%
特殊教學策略	1.實物操作　2.工作分析法　3.直接教學法
評量方式	1. 操作　2. 觀察

短期目標	實施學期 ◯上		教學重點	學習記錄與評量 學生姓名：小懿	備註
	起	迄			
訓練拇食指握力	9/1	1/13	拇食指持飲料瓶、響板套拇食指敲擊、按壓有聲玩具	1. 拇食指握持飲料長期在家中訓練（10/5）	訓練時左右手皆須訓練且戴上自製訓練手套
提升拇食指力度與協調性	9/1	1/13	在寬 0.5 公分紙板上拉下及夾上夾子、剪泥條（膠帶紙、吸管）	1. 會從紙板上拉下夾子（10/5）能夾上（1/12） 2. 開始學習使用握式剪刀剪紙（12/6）	
加強拇食指協調性	9/1	1/13	自助餐夾夾物（糖果、彈珠、小饅頭）、撿投錢幣及小珠珠、撕貼圓形貼紙、捏印章頭蓋印章、剝開藥盒並從盒中取出食物（盒口恰只能用拇食指）、套拆塑膠杯	1. 會二指使用自助餐夾夾住大彈珠 2 秒（10/21） 2. 會從桌面上撿拾起錢幣（右手）、並投入罐口 3 公分寬的罐中（左手持罐）（11/7） 3. 右手會使用自助餐夾夾住大彈珠（直徑2.3公分）入罐連續 10 顆；直徑 1.5 公分彈珠 5 顆（12/5） 4. 左手扶住杯底、右手能拆開疊住之塑膠杯（二杯間距 0.2 公分）（12/5） 5. 會左手撿錢幣入洞口長 3 寬0.3 公分罐內（12/12） 6. 右手 1 分鐘投入 15 個 1 元錢幣（12/12） 7. 左右手皆能剝開小藥盒（1/4） 8. 右手握住 2 個 10 元、能再連續撿投 5 錢幣（1/4） 9. 會從 3 個藥盒中挑出有放食物的盒子（但須先看過）（1/11）	

短期目標	實施學期 ○上		教學重點	學習記錄與評量	備註
	起	迄		學生姓名：小懿	
加強手部與腕部協調性	10/5	1/13	掌心握積木拿（放）積木、削鉛筆、握紙捲高舉敲鼓、拉開及關抽屜、運筆描畫、甩玩具……	1. 會掌心握 4 顆糖再撿拾小饅頭入口（右手）（11/7） 2. 左手學會握 3 顆糖再撿拾葡萄乾入口（11/14） 3. 左右手各握 3 顆大彈珠，再彎腰撿拾巧克力入口（11/25） 4. 協助擺放好位置，能按壓襪夾夾子讓紙張掉落（1/12）	
期末總檢討	1. 手指操作的力度與協調性大有進步，已不再需要使用特製手套，許多訓練活動項目可再加深難度持續訓練；目標擬定過高，建議成為下學年（期）目標。 2. 會因不想做訓練，面對食物會明確說「不要」。表達與溝通能力大有進步。 3. 學會使用自助餐夾夾起直徑 2.3 公分之彈珠並投入罐內，且能連續夾 10 顆不掉落；會夾起直徑 1.5 公分彈珠入罐內能連續夾 5 顆不掉落。 4. 學會右手握住 2 個 10 元，再連續撿拾起錢幣並投入 3×0.3cm 洞口之罐內達 5 個；左手學會撿拾起錢幣並投入罐內。 5. 學會剝開藥盒，並用拇指或食指取出食物（小饅頭或小巧克力豆）。 6. 老師協助擺放好位置，學會能自行使用握式彈力剪刀任意剪出 5cm 長線段。 7. 學會拆開間距 0.2 公分疊住之塑膠杯。				

教師簽名：＿＿＿＿＿＿＿＿　家長簽名：＿＿＿＿＿＿＿＿　日期：＿＿＿＿＿＿＿＿

範例八：小軒的個別化教育計畫（特教班）

一、基本資料

學生姓名	小軒	性　別	男	出生年月日	○○/○○/○○		
校　名	○○國小	年　級	二年級	身障類別	中度智能障礙		
監護人	○芬	與學童關係	母子	身障手冊字號	智○○○○		
聯絡電話	○	通訊地址	台北市萬華區○○街○號○樓				
會議日期	○○/○○/○○	開始日期	○○/○○/○○	檢討日期	○○/○○/○○	擬定者	陳玉鳳
預計期末檢討 IEP 時間	○○年○○月○○日						

二、簡易生長史、教育史、醫療史

　　小軒出生時，母親 31 歲、父親 36 歲，母親於懷孕時胎兒狀況十分不穩定，由醫院施打安胎針才穩定下來，小軒為母親開刀產出。

　　小軒是家中唯一的孩子，無任何手足；父母婚姻狀況良好，母親目前從事擺地攤的工作，父親為銀行的行員，家庭因有債務問題，經濟十分困難。小軒與家人間的相處和諧融洽，非常依賴母親，只要媽媽在身邊就覺得有安全感。

　　小軒出生時即患有先天性心臟病（法洛氏四重症），於兩歲時進行心臟手術，目前情況已穩定，但每年仍需回到醫院進行詳細檢查。另外小軒患有氣喘及過敏現象，因身體狀況不佳，常影響其學習。小軒曾經情緒不穩定大哭，造成臉部發黑，危及生命，因此家長期盼小軒能健康長大，不希望有太大的學習壓力，一切以小軒的健康為最大考量。

　　小軒於兩歲四個月學會走路；四歲開始說話；四歲六個月發現身心異常，並於四歲八個月時在○○醫院做過鑑定，鑑定名為自閉症、智能障礙、發展遲緩，於○○年○月○○日確定為中度智能障礙。於四歲半時在○○發展中心就讀，曾在幼稚園時就讀融合班，但因適應不良而暫停。後來經過台北市鑑定安置到本校就讀特教班。

三、能力現況與評量摘要

1. 認知能力：經教師日常觀察及學前書面資料發現
   (1)小軒辨別能力佳，能不經任何提示，完成分類工作。
   (2)記憶力佳，能將老師曾經告訴過他的話記住。
   (3)注意力較差，無法專注於一件事物超過五分鐘（除了看自己喜歡的動物、昆蟲圖片外），對於自己沒興趣的事物，也缺乏耐心完成。
2. 溝通能力：依教師平時與小軒互動了解
   (1)構音清楚、正確，對於日常生活的需求能以簡單的口語正確表達。
   (2)能理解並完成一個簡單、清楚的指令。
   (3)對於情境或他人的問句有時無法出現正確的回應。
   (4)對於抽象詞彙及複雜句較不理解。
   (5)尚無書寫能力，無法利用書寫方式進行溝通。
3. 行動能力：依平時上課觀察、與母親及治療師訪談發現
   (1)小軒的肢體動作發展良好且在熟悉的情境中有短距離定點來回的能力。
   (2)能獨立行走活動、上下樓梯。
   (3)能完成跑、跳（原地）、蹲、翻滾、跪、坐等動作。
   (4)平衡能力尚可。

（台北市東園國小陳玉鳳老師提供）

(5)體力較差。

4. 人際關係：從平時觀察、與學前老師訪談中了解
(1)小軒會因亂動他人物品，或與同學爭奪同一物品及玩具，而和同學發生不愉快。
(2)對於他人的話題通常不感興趣，常忽略他人的話題。
(3)喜歡交朋友，會想與同儕互動，但方法不佳。

5. 社交能力：從平時觀察與母親訪談了解
(1)小軒一進入新環境會有適應困難的情形發生，例如：不想上學、焦慮等情緒反應。
(2)需要協助時，能主動尋求幫助。
(3)會主動和人打招呼、道再見。
(4)常提出問題詢問別人，有時會不曉得什麼時候該停止發問。
(5)常出現固著行為，例如：聊的話題總圍繞在自己喜歡的主題（昆蟲與海洋生物），問過的問題一直重複詢問他人，或堅持一定要使用有自己名字的桌椅。
(6)觀察力強，能知曉老師或同學的出缺席，還會詢問老師小朋友沒來的原因。
(7)對於規範遵守能力較弱，但經過老師糾正或責備，會知道自己做錯、要乖乖聽話。

6. 情緒管理：依據平時觀察了解
(1)適應期過後，小軒的情緒穩定，能以正確的方式舒緩情緒，在學校時幾乎不曾生氣或情緒激動。
(2)在有效的增強下可配合學習，但有時會以口語方式表達不想繼續完成學習活動。
(3)挫折容忍度較低。

7. 感官功能：經教師日常觀察、學前書面資料、與治療師訪談，以及《生活適應能力檢核手冊》（94年10月施測完畢）中了解
(1)視覺、聽覺、觸覺、嗅覺、味覺等感官功能正常。
(2)在精細動作方面：目前尚無法正確執筆，還未能妥善掌握力道；未能獨立使用筷子吃飯，可進行串珠動作。
(3)粗大動作能力較佳。

8. 健康狀況：由健康記錄與母親訪談了解小軒除患有心臟病，還有容易過敏及氣喘現象，健康情況不佳，容易頭暈、感冒，造成到校時間較晚，影響學習進度。

9. 生活自理：依上課情形、平時觀察、與母親訪談，以及《生活適應能力檢核手冊》（94年10月施測完畢）得知
(1)小軒能自行使用湯匙進食，但咀嚼能力不佳。
(2)午休時，還未能自己舖被子，需老師協助。
(3)可自行完成刷牙動作，但不太確實。
(4)擰毛巾的力道控制仍不足；掛毛巾仍需老師協助。
(5)可獨立至廁所小便，但偶爾會不小心尿濕內褲。
(6)上大號時不肯坐馬桶，都是在家裡包尿布處理。

10. 學業成就：依上課情況與日常評量得知
(1)在實用語文方面，小軒可正確指認課程單元的圖片與實物，經老師教導後，能正確唸出課文，甚至能將課文背出，目前尚無法認讀國字，無法正確執筆，都以三根手指或五根手指抓握，力道也還未能妥善掌握，兩點間連線、直線、橫線、斜線、曲線，須協助才能完成。
(2)在實用數學方面，小軒可辨識紅、綠、黃、黑、藍、白等顏色，可正確指認數字、分辨數量1-20，尚無法描寫數字。
(3)小軒於學習時學習意願不高，專注力亦不夠。

四、優勢

1. 有口語能力，對於需求能以口語表達，遇困難時，也會尋求協助。（溝通能力）
2. 聽理解 100 個日常生活詞彙達 90%。（溝通能力）
3. 記憶力佳。（認知）
4. 辨別與分類能力佳。（認知）
5. 過適應期後，情緒穩定、個性溫和。（情緒管理）
6. 大肢體動作佳。（感官、行動能力）
7. 觀察力強，能知曉環境中的變化。（社交能力）
8. 家庭互動及家人關懷佳。

五、弱勢

1. 身體健康差，且體力不足。（健康狀況）
2. 專注時間不長。（認知）
3. 精細動作不佳。（感官）
4. 人際互動能力較差，雖有意願想與人談話，但經常圍繞著自己感興趣的話題，也較缺乏社交技巧能力。（社交能力）
5. 適應能力差，解決問題及處理狀況能力差。（社交能力）
6. 對於抽象詞彙及複雜句理解能力不佳。（溝通能力）
7. 對於生活自理工作，無法精確完成。（生活自理）
8. 學習意願不強，需老師不斷口頭鼓勵與配合增強制度。（學業成就）
9. 家庭經濟非常困難，家庭支持系統不足。

六、身心障礙狀況對其在普通班上課及生活之影響

1. 小軒認知能力無法接受普通班學業性課程。
2. 因小軒適應能力差，故需安排熟悉大人陪同參與普通班融合課程，需要人力支援。
3. 需向普通班學生說明與宣導。
4. 因身體病弱常請病假，影響學習進度與成就表現。

七、學生因行為問題影響學習者，其行政支援/服務方式

小軒因專注力相當短暫、學習動機薄弱，上課經常不當發問自己有興趣的問題，或重複詢問他人相同問題，造成普通班老師上課困擾。建議加強訓練小軒專注力、社交技巧與遵守規範能力，並請輔導室特教組向普通班學生進行特教宣導。

八、需求與特教服務

1. 健康照顧
   ⑴因小軒健康狀況不佳，故與護士阿姨保持密切聯繫，且教室安排於保健室隔壁。
   ⑵依小軒健康狀況，隨時調整其學習進度及內容。
2. 課程設計
   ⑴安排特教班、資源班與普通班課程。
   ⑵安排課程教導小軒了解生活規矩及遵守規範。
   ⑶安排課程教導小軒社交技巧，學會交朋友的方式與人際互動技巧。
   ⑷於課程中安排多樣化的休閒活動並教導新的技能，提高小軒的生活樂趣。
   ⑸於認知課提供專注力訓練課程，另外安排打擊樂課程訓練小軒專注力。
   ⑹認知課增進小軒指認字詞、書寫、數概念等能力以提高其理解及思考力。
   ⑺將治療師相關建議設計於課程中。
   ⑻邀請校外志工老師免費提供陶藝課程（每月一次），以訓練小軒小肌肉動作。
   ⑼每天用餐完，加強訓練小軒坐馬桶上大號。
   ⑽每天午餐時間與點心時間，訓練小軒咀嚼能力。
   ⑾每天飯後潔牙時間，加強訓練小軒刷牙、擰毛巾與掛毛巾的技能。
   ⑿每天午休時間，訓練小軒自己拿棉被、舖棉被。
   ⒀每天小便時，加強小軒穿脫褲子的能力。
   ⒁提供小軒和普通班學生的互動經驗（融合課程、體育表演會、母親節感恩大會、期末祝福等活動），並請熟悉大人陪同。
   ⒂每月舉辦兒童慶生會，練習與小朋友分享祝福與禮物。
   ⒃每月舉辦一次以上的校外教學，以提升小軒環境適應能力。
   ⒄每月固定安排外出用餐機會，以提升小軒環境適應能力。
   ⒅提供休閒園藝課程，轉移小軒焦點，讓小軒專注的不再只是昆蟲及海洋生物。
   ⒆安排與他校特教班學生互動交流，練習小主人與小客人的角色。
   ⒇每隔週三第三、四堂安排普通班學生到特教班進行烹飪課融合。
   ㉑參加全台北市特教班育樂活動，且安排上台表演機會。
3. 教學策略
   ⑴多利用生活上的情境，加強小軒語文詞彙、聽理解及對話能力。
   ⑵製造各種情境提供小軒與人互動的機會。
   ⑶對於環境或人物的轉換，先給予小軒預告，以減緩小軒情緒反應。
   ⑷利用多媒體教學提升小軒學習動機。
4. 評量方式
   因小軒無法進行紙筆測驗，故評量方式採用具體操作、口頭評量與教師觀察法。
5. 相關專業服務
   ⑴小軒因小肌肉能力不佳，安排職能治療，每學期一次。
   ⑵為提升小軒語言表達能力，安排語言治療，每學期一次。
6. 親職教育
   ⑴提供家長相關特教資訊、親職教育講座訊息、健康報導或醫療資訊。
   ⑵舉辦學校日，提供親師教學機會。
   ⑶於聯絡簿中每天詳加記錄小軒上課狀況及學習情形，若有特殊狀況，利用電話與家長溝通。

7. 其他

　⑴福利申請：因家庭經濟困難，積極幫小軒申請營養午餐補助、交通費補助、校外教學費用補助及
　　校內、外獎助學金。

　⑵安排大學志工、愛心媽媽、退休老師與實習教師等人力支援。

　⑶辦理特教宣導，提供普通班學生殘障體驗活動，且辦理相關特教知能研習。

九、課程設計方案

課程	每週節數	內容
生活教育	每週六節	◎每日中午用餐完畢固定安排時間，讓小軒練習坐馬桶。 ◎每日午餐及點心時間，訓練小軒咀嚼能力。 ◎每天餐後潔牙時間，訓練小軒刷牙及擰毛巾的技能。 ◎每天午休時間，加強小軒自己拿棉被、舖棉被的能力。 ◎每天小便時間，加強小軒穿脫褲子的能力。 ◎安排課程提升小軒居家生活能力。
社會適應	每週二節	◎每月固定安排兩節課外出用餐、每月固定安排一次以上的校外教學活動，以提升小軒環境適應能力。 ◎加強小軒遵守規範的能力。 ◎每週有 2 節課至一年六班上美勞課；2 節課至資源班上社交技巧課；不定時參加學校活動，增進與普通班學生互動經驗，以提升小軒人際互動能力，學會與人互動的技巧。
休閒教育	每週六節	◎以音樂、美勞、體育三領域進行多樣化的休閒活動及運動技能教學。
實用語文	每週四節	◎增進指認字詞、書寫的能力、理解短句或指令及對話能力，提升專注力。
實用數學	每週四節	◎增進日常生活數概念。
職業教育	每週一節	◎結合生活教育，設計垃圾分類與資源回收課程。
各領域		◎製造各種情境提供小軒與人互動的經驗。

十、參與普通班時間及項目

1. 每週固定兩節至普通班上綜合課，進行美勞活動。

2. 依學校行事曆，不定期參與全校性慶祝活動，例如：體育表演會、聖誕聯歡會、兒童節慶祝大會、
　母親節感恩大會、歲末祝福等活動。

十一、教育安置

安置	領有中度智能障礙手冊及重大傷病卡。 全時段安置於自足式啟智班＋二節普通班＋二節資源班。
說明	1. 每週 2 節於普通班上美勞課（每週二第三、四節），增進小軒與普通生互動機會。 2. 每週 2 節資源班課程（星期二第五節、星期四第二節），安排小軒學習社交技巧。 3. 其他時間於特教班接受六大領域課程。

十二、教育目標

學年/學期教育目標	教學領域	評量方法	評量結果		評量人員
			上學期	下學期	
一、培養居家生活技能	生活教育職業教育	操作			范姜老師曾老師
1. 能在口語提示下獨自將資源回收物品丟至各類資源回收筒中，通過率達百分之百（認知、技能）					
2. 在日常生活中可以藉由口語提示，獨自將衣物穿上，通過率達 80%（技能）					
二、充實休閒教育的內容	休閒教育	操作/檔案評量			范姜老師曾老師陳老師
1. 在不需他人指導下能配合大小、快慢、長短等節奏，模仿老師帶動唱的動作，達 90%（認知、技能）					
2. 在不需他人協助下達綜合摺、黏、貼等技能，能完成勞作作品達 80%（技能）					
3. 在不需他人協助下在課堂中能完成體操動作、丟接球、走平衡木與走跑步機，完成率達 80%（技能）					
三、增進日常生活中數概念	各領域實用教學	操作			張老師
1. 能正確數出 40 以下的任何物品數量，正確率達 90%（認知）					
2. 會正確拿出 1、5、10、100 元的錢幣，達 90%（認知）					
四、提升專注力	各領域社會適應	操作			張老師陳老師
1. 課堂中能專心完成老師交付的工作，一次持續至少十分鐘（認知、技能）					
2. 上課的專注力，於學期末評量，五位任課老師中有四位任課老師評估後認為有進步（認知）					
五、提升社交技巧能力	各領域實用語文	操作			范姜老師陳老師王老師
1. 小軒學會與人做朋友的能力，在班級中至少有一位是他的好朋友（技能）					
2. 在小組教學的過程中，願意和小組同儕及任課教師達到上課間的互動，於學期末評量，五位任課老師中有四位任課老師評估後認為有進步（情意）					

優質 IEP：以特教學生需求為本位的設計與目標管理

學年/學期教育目標	教學領域	評量方法	評量結果		評量人員
			上學期	下學期	
六、全面提升溝通能力	各領域實用語文	操作			陳老師張老師
1. 能理解全學期課程活動相關新詞彙 20 個，在期末總評時，正確率達 90%（技能）					
2. 在沒有肢體與語言協助下，能聽懂並完成兩組簡單指令，如「去拿……和……」、「先……再……」，正確率達 80%（認知、技能）					
3. 口語表達語句長度由 2-3 字增加為 3-4 字					
評量結果　　P－通過　　C－繼續　　　E－充實　　　　S－簡化　　　　D－放棄					

CHAPTER 5

IEP 相關資源彙整

　　本章主要是提供教師在完成 **IEP** 的過程時，常需要使用的訪談內容、評量工具、基本資料建立等各種表單。這部分有如傳統的 **IEP** 表單，但是在優質 **IEP**中，則一反過去表格的堆砌，將它列為學生的檔案而不再是 **IEP**。

　　除此，本章亦提供特教教師自我能力檢核表，教師可以逐一檢視，發現較不足之專業能力則可以參加各種研習。至於個案輔導評量檢核表，主要是每位教師針對學生的需求，逐一檢核自己提供的服務是否滿足學生的需要。

▶ 壹、基本資料表單彙整 ◀

　　本篇主要融合國內數十種 **IEP** 設計的概念和學者專家之建議，擬定出個案基本資料之基本格式與補充格式。基本表格適用於所有障礙類別的通用格式，其內容分成：(1)基本資料，(2)家庭狀況，(3)生長史，(4)醫療史，(5)教育史五個部分；在使用完基本表格後，讀者可再依學生障礙類別及個別需求選定適當之補充表格，以對個案之醫療及教育資料有更深入的蒐集與彙整。這份表格通常是接案後，與家長初次見面時，交由家長填寫，然後由教師整理成 **IEP** 內容中之基本資料含生長史、醫療史與教育史。

一、個案基本資料：基本表格

學生姓名		性別		出生	年　月　日	身分證字號	
住　址	縣　　市鎮　村　鄰　　路　段　弄　號　樓之 市　　鄉區　里　　　　　　街　巷						
父	（　）存（　）歿	教育程度		職業		出生地		年齡	
母	（　）存（　）歿								
電話	（H）：　　　　　　　　　　　　（O）： 行動：						
鑑輔會鑑定類別：　　　　鑑定文號：　　　　　　鑑定日期：　年　月　日							
身心障礙手冊：□無　　□有（續填）字號： 手冊記載類別：　　　　　　　障礙程度：							

身心障礙手冊影本正面	身心障礙手冊影本背面

二、家庭狀況

1. 排行：_____；兄_____人，姊_____人，弟_____人，妹_____人

2. 父母關係：☐同住 ☐分居 ☐離婚 ☐其他_____

3. 家長管教態度：_____

4. 經濟狀況：☐富裕 ☐小康 ☐普通 ☐清寒

5. 主要照顧者：☐父親 ☐母親 ☐祖父 ☐祖母 ☐其他_____

6. 做功課的場所：☐有自己的書桌 ☐和兄弟姊妹共用書桌
   ☐其他_____

7. 誰指導做功課：☐父 ☐母 ☐兄姊 ☐親戚 ☐家庭教師 ☐補習班 ☐無人指導
   ☐其他_____

8. 居住環境：☐住宅區 ☐商業區 ☐工業區 ☐混合區 ☐其他_____

9. 家中主要使用語言：☐國語 ☐台語 ☐客語 ☐英語 ☐其他_____

10. 與他人主要溝通的方式：☐口語 ☐手語 ☐筆談 ☐溝通板 ☐讀唇
    ☐其他_____

11. 家中成員是否有其他特殊個案：☐無 ☐有（說明：_____）

12. 家庭需求：☐教育輔導諮詢 ☐親職教育相關資訊 ☐相關福利、補助及輔具資訊
    ☐其他_____

13. 家長的期望：_____
    _____

三、生長史（包含：妊娠史、生產史、嬰幼兒史）

<table>
<tr>
<td rowspan="1">妊娠史</td>
<td>
□無特殊問題
□情緒不穩　□嚴重嘔吐　□染色體異常　□服用藥物（藥名：　　　）
□X 光照射　□妊娠中毒　□前置胎盤　　□後期出血　□疾病感染（病名：　　　）
□其他（請說明：　　　）
</td>
</tr>
<tr>
<td>生產史</td>
<td>
1. 體重：□2500 公克以下　□2500-4000 公克　□4001 公克以上
2. 出生時父親年齡＿＿歲，母親年齡＿＿歲，
3. 出生時：□順產　□難產　□早產＿＿天　□晚產＿＿天　□其他生產異常
4. 出生方式：□自然分娩　□產鉗夾出　□真空吸引　□剖腹　□其他＿＿＿＿＿＿
5. 出生時嬰兒健康狀況：□良好　□不良（情況：＿＿＿＿＿＿＿＿）
6. 其他＿＿＿＿＿＿＿＿＿＿＿＿＿＿＿＿＿＿＿＿＿＿
</td>
</tr>
<tr>
<td>嬰幼兒史</td>
<td>
1. 動作發展（如：坐、爬、站、走）：□正常　□異常（說明：＿＿＿＿＿＿）
2. 語言發展（如：喃語、單字、語詞、句子）：□正常　□異常（說明：＿＿＿＿）
3. 生活自理（如：大、小便……等）：□正常　□異常（說明：＿＿＿＿＿）
4. 一足歲前的生活情形：□非常安靜　□安靜　□中等　□不安靜　□非常不安靜
5. 與同年齡、同性別的孩子相比較：
　　□正常
　　□異常（□注意力短暫　□情緒不穩　□動作協調不好　□人際互動不佳
　　　　　　□認知發展落後　□語言發展遲緩　□其他＿＿＿＿＿　）
</td>
</tr>
</table>

四、醫療史（包含：特殊病歷與用藥記錄、伴隨障礙、生理特殊情況、緊急處理）

（一）特殊病歷與用藥記錄	病歷	是否曾罹患重大疾病 □無 □有_____ 病名：_____　主要醫院：_____　主治醫師：_____醫師
	服藥	目前是否有在定期服藥 □無 □有_____ 藥名／每日劑量：_____　副作用：_____ 開始服用日期：____年____月
	醫師叮嚀	□無 □有_____

（二）伴隨障礙	是否有經醫療或教育系統所鑑定之障礙（可複選）： □無 □智能障礙　　□身體病弱　　□聽覺障礙　　□視覺障礙 □語言障礙　　□肢體障礙　　□嚴重情緒障礙　□自閉症　　□唇顎裂 □染色體異常　□學習障礙　　□其他_____

（三）生理特殊情況	1. 氣喘：　　□無　□有 2. 癲癇：　　□無　□有 3. 皮膚過敏：□無　□有 4. 食物過敏：□無　□有，請列舉_____。 5. 藥物過敏：□無　□有，請列舉_____。 6. 其他特殊生理狀況：□無 　　　　　　　　□有，發燒時會_____。 　　　　　　　　　　緊張時會_____。 　　　　　　　　　　其　　他_____。

（四）緊急處理	家長／監護人 ☎	指定醫師或醫院	□無 □有：_____醫院 醫生姓名：_____
	導　師 ☎		
	導　師 ☎		

五、教育史

＊早療階段

1. 接受早療服務（**3** 歲之前）？　□否　□是

機構：＿＿＿＿＿＿＿＿　服務項目：＿＿＿＿＿＿＿　起迄時間：＿＿＿＿＿＿＿

機構：＿＿＿＿＿＿＿＿　服務項目：＿＿＿＿＿＿＿　起迄時間：＿＿＿＿＿＿＿

2. 接受學前教育（**3** 至 **6** 歲）？　□否　□是

普通幼稚園＿＿＿＿＿＿　畢業班導師：＿＿＿＿＿＿　聯絡方式：＿＿＿＿＿＿＿

學前特教班＿＿＿＿＿＿　畢業班導師：＿＿＿＿＿＿　聯絡方式：＿＿＿＿＿＿＿

＊國小階段

1. 學校名稱：＿＿＿＿＿國小　□普通班＋諮詢服務　□資源班　□特教班

　　　　　　　　　　　　　　　□特殊教育學校　　　□在家教育

　　　　　　　　　　　　　　　□其他＿＿＿＿＿＿＿＿＿＿＿＿＿＿

2. 是否接受專業服務？　□否　□是

機構：＿＿＿＿＿＿＿＿　服務項目：＿＿＿＿＿＿＿　起迄時間：＿＿＿＿＿＿＿

機構：＿＿＿＿＿＿＿＿　服務項目：＿＿＿＿＿＿＿　起迄時間：＿＿＿＿＿＿＿

＊國中階段

1. 學校名稱：＿＿＿＿＿國中　□普通班＋諮詢服務　□資源班　□特教班

　　　　　　　　　　　　　　　□特殊教育學校　　　□在家教育

　　　　　　　　　　　　　　　□其他＿＿＿＿＿＿＿＿＿＿＿＿＿＿

▶ 貳、個案基本資料：補充表單 ◀

（改編自台北市高中職特殊教育輔導團提供之 IEP）

一、智能障礙類

智力障礙等級	☐ 輕度	《魏氏兒童智力量表》智商 **69-55**，標準差範圍在**-2.01～ -3.00**。
	☐ 中度	《魏氏兒童智力量表》智商 **54-40**，標準差範圍在**-3.01～-4.00**。
	☐ 重度	《魏氏兒童智力量表》智商 **39-25**，標準差範圍在**-4.01～-5.00**。
	☐ 極重度	《魏氏兒童智力量表》智商 **24** 以下，標準差範圍在**-5.01** 以下。
學習行為缺陷等級	☐ 輕度	能學到小學六年級程度的學業知能，無法學習普通中學的科目。
	☐ 中度	如予特殊教育，可學到小學四年級程度的常用學業知能。
	☐ 重度	能說或學習溝通，能訓練基本的衛生習慣，無法學習常用的學業技能，但能從有系統的習慣訓練中獲益。
	☐ 極重度	表現某些動作上的發展，較難從生活自理的訓練中學習，需要完全的照顧。
特殊狀況敘述：		
證明文件：		

優質 IEP：以特教學生需求為本位的設計與目標管理

二、視覺障礙類

<table>
<tr><td rowspan="3">身障手冊等級</td><td>☐ 輕度</td><td>☐ 優眼 0.1（含）～0.2（含）</td><td>☐ 優眼自動視野平均缺損大於 25dB（不含）</td><td>☐ 單眼全盲且另眼 0.2（含）～0.4（不含）</td></tr>
<tr><td>☐ 中度</td><td>☐ 優眼 0.01（含）～0.1（不含）</td><td>☐ 優眼自動視野平均缺損大於 40dB（不含）</td><td>☐ 單眼全盲且另眼在 0.2 以下（不含）</td></tr>
<tr><td>☐ 重度</td><td colspan="3">☐ 優眼在 0.01（不含）以下</td></tr>
<tr><td>障礙類型</td><td colspan="4">☐ 弱視　☐ 全盲</td></tr>
<tr><td rowspan="2">視覺能力</td><td>☐ 左眼</td><td>矯正視力____</td><td>視野_____度</td><td>光覺：☐ 有　☐ 無</td></tr>
<tr><td>☐ 右眼</td><td>矯正視力____</td><td>視野_____度</td><td>光覺：☐ 有　☐ 無</td></tr>
<tr><td>障礙原因</td><td colspan="4">☐ 屈光異常　☐ 角膜疾患　☐ 網膜疾患　　☐ 視神經疾患　☐ 外傷性眼疾　☐ 異外
☐ 白化症　　☐ 眼球震顫　☐ 先天性白內障　☐ 其他_____</td></tr>
<tr><td>閱讀方式</td><td colspan="4">☐ 使用放大輔具　☐ 點字　☐ 有聲圖書　☐ 其他_____</td></tr>
<tr><td>行動輔具</td><td colspan="4">☐ 無　☐ 手杖　☐ 導盲犬　☐ 人　☐ 其他_____</td></tr>
<tr><td>證明文件</td><td colspan="4"></td></tr>
</table>

三、聽覺障礙類

身障手冊等級	☐未達列等標準（**26～54** 分貝） ☐輕度（**55～69** 分貝） ☐中度（**70～89** 分貝） ☐重度（**90 ＋**分貝）
發現／致障年齡	＿＿＿＿＿歲
障礙部位	☐左耳　☐右耳　☐兩耳
聽力損失	☐左耳（裸耳 / 矯正　　／　　分貝） ☐右耳（裸耳 / 矯正　　／　　分貝）
障礙類型	☐傳導性聽障　☐感音性聽障　☐混合性聽障　☐其他＿＿＿＿＿＿＿
障礙原因	☐外傷　☐中耳炎　☐腦膜炎　☐遺傳　☐腮腺炎　☐德國麻疹 ☐其他＿＿＿＿＿＿＿＿＿
溝通方式	☐口語　☐手語　☐筆談　☐讀唇　☐肢體語言 ☐綜合溝通法　　☐其他＿＿＿＿＿＿
助聽輔具	☐無法配用　☐無需配用　☐需配用　☐需重配 ☐已配用——開始配戴年齡：＿＿＿＿歲
	機型：＿＿＿＿＿＿＿＿＿配戴狀況：＿＿＿＿＿＿＿＿＿ 配製日期：＿＿年＿＿月
	人工電子耳裝置日期：＿＿＿＿＿＿＿＿＿＿ 適應狀況：
證明文件	

四、語言障礙類

<table>
<tr><td rowspan="3">身心障礙手冊等級</td><td>□輕度</td><td>語言理解、語言表達、說話清晰度、說話流暢性或發聲有明顯困難，且妨礙交談者</td></tr>
<tr><td>□中度</td><td>語言理解、語言表達、說話清晰度、說話流暢性或發聲有嚴重困難，導致與人溝通有顯著困難者</td></tr>
<tr><td>□重度</td><td>1. 無法用語言或聲音與人溝通者
2. 喉部經手術全部摘除，發聲機能全廢者</td></tr>
<tr><td rowspan="4">障礙類型</td><td>□構音異常</td><td>說話之語音有
□省略 □替代 □添加 □歪曲 □聲調錯誤
□含糊不清的現象</td></tr>
<tr><td>□聲音異常</td><td>□音質異常 □音調異常 □音量異常 □共鳴異常</td></tr>
<tr><td>□語暢異常</td><td>說話之節律有明顯且不自主之
□重複 □延長 □中斷 □首語難發 □急促不清的現象</td></tr>
<tr><td>□語言發展遲緩</td><td>□語形 □語意 □語法 □語用之發展，在語言理解或語言表達方面，較同年齡者有明顯偏差或遲緩現象</td></tr>
<tr><td colspan="2">障礙問題描述：</td><td></td></tr>
<tr><td colspan="2">證明文件：</td><td></td></tr>
</table>

五、肢體障礙類

<table>
<tr><td>障礙部位</td><td>□上肢：□左手 □右手 □雙手
□下肢：□左腳 □右腳 □雙腳
□四肢 □軀幹</td></tr>
<tr><td>特殊病型</td><td>□小兒麻痺 □腦性麻痺 □骨關節疾病 □肌萎縮（無力）
□先天性畸型 □腦外傷 □脊髓損傷 □脊椎裂
□截肢 □腦血管病變 □其他_____</td></tr>
<tr><td>醫療狀況</td><td>□已復健治療 □尚需復健治療 □無須復健治療
□須專業評估 □其他_____</td></tr>
<tr><td>移位動作</td><td>□能自行走動 □靠輔助器具 □須使用輪椅
□完全無法行動 □其他_____</td></tr>
<tr><td>生活自理</td><td>□完全獨立 □靠輔具可獨立 □部分依賴別人
□完全依賴別人 □其他_____</td></tr>
<tr><td>輔具使用</td><td>□不需要
□需要
　□義肢 □支架 □輪椅 □其他_____</td></tr>
<tr><td>證明文件</td><td></td></tr>
</table>

六、身體病弱

障礙類型	☐心臟循環系統　☐肝臟功能　☐吞嚥機能 ☐短腸症　☐呼吸器官　☐腎臟功能　☐膀胱功能 ☐造血機能　☐永久性人工肛門　☐其他＿＿＿＿＿
醫療狀況	☐已復健治療　☐尚需復健治療　☐無須復健治療 ☐須專業評估　☐其他＿＿＿＿＿＿
移位動作	☐能自行走動　　☐靠輔助器具　☐須使用輪椅 ☐完全無法行動　☐其他＿＿＿＿＿＿
生活自理	☐完全獨立　　　☐靠輔具可獨立　☐部分依賴別人 ☐完全依賴別人　☐其他＿＿＿＿＿＿
輔具使用	☐不需要　☐義肢　☐支架　☐輪椅　☐其他＿＿＿＿＿＿
證明文件	

七、嚴重情緒障礙

障礙症狀	症狀描述
☐精神性疾患	
☐情感性疾患	
☐畏懼性疾患	
☐焦慮性疾患	
☐注意力缺陷過動症	
☐其他持續性之情緒行為問題	
適應困難項目	項目內容描述
☐學業	
☐社會	
☐人際	
☐生活	
證明文件	

八、學習障礙

障礙類型（可複選）	☐注意力　　　☐記憶　　　☐聽覺理解　☐口語表達 ☐識字能力　　☐寫字能力　☐閱讀理解　☐書寫表達 ☐知覺動作協調　☐數學運算　☐其他＿＿＿＿
證明文件	

九、自閉症

功能	□ 高功能	①智力不低於負二個標準差 ②溝通能力——會主動說短句 ③社會性行為——以主動但怪異型為主
	□ 中功能	①智力介於負二～三個標準差之間 ②溝通能力——會主動說或仿說單字 ③社會性行為——以被動型為主
	□ 低功能	①智力低於負三個標準差以下 ②溝通能力——會仿說單字或無口語能力 ③社會性行為——以孤獨型為主
社會性行為	□ 主動但怪異型	□經常與大人有自發性的社會性接近，較少與其他孩子有自發性的社會性接近。 □互動可能包括反覆的、特異的行為；不停的發問重複話語。 □互動可能是溝通的、非溝通的；延遲的或立即的鸚鵡式語言。 □很差或缺乏輪流的技能；對聽者需求的覺知很差，對語言複雜度或類型無法修正，在改變話題時有困難。 □對重複的互動內容較感興趣。 □對他人的反應有相當的覺知（尤其是特殊的反應）。 □較被動型社會性接受為少。
	□ 被動型	□有限的自發性社會性接近。 □接受其他人的接近。 □在其他孩子引導下能有被動的互動。 □從社會性接觸中少有樂趣，但少有拒絕行為。 □可能有口語或非口語（含手勢、動作、面部表情等）之溝通互動。 □立即性鸚鵡式語言多於延遲性鸚鵡式語言。 □具有不同程度的認知障礙。
	□ 孤獨型	□大部分時候都是孤獨且對周邊環境漠不關心。 □與大人的任何互動都是以動作為主。 □對社會性接觸極少顯示興趣。 □鮮少和他人有口語或非口語（含手勢、動作、面部表情等）之溝通互動。 □鮮少參與活動或有共同的注意。 □缺乏視線接觸、不喜注視。 □經常表現反覆、刻板的行為。 □對環境的變化沒有特殊反應（如身體試探）。 □具有中、重度的認知障礙。
證明文件		

▶ 參、全人評量資源彙整 ◀

一、測驗工具彙編

評量能力	可參考的評量工具名稱	
認　知	※簡易個別智力量表 ※綜合心理能力測驗 ※綜合性非語文智力測驗 ※中華畫人測驗 ◎魏氏幼兒智力量表修訂版（WPDSI-R）中文版 ◎瑞文氏彩色圖形推理測驗	◎瑞文氏圖形推理測驗 ◎瑞文氏高級圖形推理測驗 ◎魏氏兒童智力量表第三版（WISC-III）中文版 #視覺障礙學生圖形認知發展測驗 #兒童認知功能綜合測驗 ★工作記憶測驗
溝　通	※國小兒童書寫語文能力診斷測驗 ※國語正音檢核表——再版 ※國小注音符號能力診斷測驗 ※中文年級認字量表 ※修訂中文口吃嚴重度評估工具——兒童版（SSI-3） ◎兒童口語表達能力測驗	#兒童口語理解測驗 #中文閱讀理解測驗 #聽覺能力測驗 #國小學童書寫語言測驗 ★閱讀理解困難篩選測驗 ＊修訂西北語句構成測驗 ＊句型理解能力測驗
行　動	※兒童感覺發展檢核表 ※零歲至六歲兒童發展篩檢量表 ＊嬰幼兒綜合發展測驗	◆幼兒發展線上檢測 ◆寶寶發展里程檢核
人際關係	※青少年社會行為評量表（ASBS） ※行為與情緒評量表（BERS） ※行為困擾量表——第三版 ※國小學生活動量評量表 ※幼稚園兒童活動量評量表 ※國小學童生活適應量表 ※文蘭適應行為量表（中文編譯版之教室版）VABS	※社會適應表現檢核表 ※國民中小學社交技巧行為特徵檢核表 #問題行為篩選量表 #學生行為評量表 #中華適應行為量表 ＊自閉症兒童發展測驗 ＊性格及行為量表
情　緒	※情緒障礙量表（SAED） ※行為與情緒評量表（BERS） ※行為困擾量表——第三版 ※幼稚園兒童活動量評量表	※基本人格量表（BPI） ※國小兒童自我概念量表 ＊性格及行為量表 ＊自閉症兒童發展測驗
感　官	※簡明知覺—動作測驗（QNST） ※拜瑞－布坦尼卡之視覺－動作統整發展測驗（VMI） ※兒童感覺統合功能評量表 #嬰幼兒綜合發展測驗 #聽覺能力測驗	★聲韻覺識測驗 ★零歲至六歲兒童發展篩檢量表 ★漢字視知覺測驗 ＊自閉症兒童發展測驗 ◆幼兒發展線上檢測 ◆寶寶發展里程檢核
生活自理	※國小學童生活適應量表 ※文蘭適應行為量表（中文編譯版之教室版）VABS	#中華適應行為量表 #學生適應調查表

評量能力	可參考的評量工具名稱	
學　業	※國民小學低年級數學診斷測驗 ※基本讀寫字綜合測驗 ※國小低年級數學科篩選測驗 ※國民中小學學習行為特徵檢核表	※國小兒童書寫語文能力診斷測驗 # 國民小學數學成就測驗 # 國民小學數學標準參照成就測驗 ★國民小學數學能力發展測驗 ★基礎數學概念評量

二、相關網站

　　欲進一步了解測驗的內容，可以自行參閱以下的網站。目前許多師大、師院及教育大學的特教中心皆會提供測驗工具的借閱與使用，教師們可以就近選擇特教中心借閱使用。

1. 測驗工具名稱前面標示為※者，可於心理出版社網頁 **http://www.psy.com.tw/** 點選「測驗館」即可搜尋到其內容簡介。

2. 測驗工具名稱前面標示為◎者，可於中國行為科學社網頁 **http://www.mytest. com.tw/**點選「測驗簡介」即可搜尋到其內容簡介。

3. 測驗工具名稱前面標示為 # 者，可於國立台灣師大特教中心 **http://www.ntnu. edu.tw/spc/**點選「出版評量」即可進入搜尋到其內容簡介。

4. 測驗工具名稱前面標示為★者，可於有愛無礙教師網**http://teachers.daleweb.org/**點選「鑑定工具」即可搜尋到其內容簡介。

5. 測驗工具名稱前面標示為＊者，可於全國特殊教育資訊網 **http://www.spc.ntnu. edu.tw/**點選「評量工具介紹」即可搜尋到其內容簡介。

6. 測驗工具名稱前面標示為◆者，為單一測驗的介紹，請自行連結至相關網頁參閱。

檢查一下

　　學生的健康狀況包括：身體健康、出缺席、特殊疾病、生理缺陷等，雖然無法藉由標準化的測驗工具進行測量與評估，但我們可以經由學生的醫療記錄、普通班的出缺席狀況，及與家庭重要他人的訪談等，來獲得學生健康狀況的相關資料。

▶ 肆、身心障礙學生非正式評量檢核表彙整 ◀

〔改編自台北市立教育大學特教中心（1999）台北市國小個別化教育計畫〕

一、生態環境評估調查表

學生姓名：_____　　填表日期：___年___月___日　　填表者：_____

社區資源	使用頻率	交　　通	說　　明
☐郵局 ☐銀行	☐經常使用 ☐偶爾使用 ☐不使用	☐自行往返 　☐步行☐騎單車 　☐公車 ☐家人接送	
☐便利商店 ☐超商／超市	☐經常使用 ☐偶爾使用 ☐不使用	☐自行往返 　☐步行☐騎單車 　☐公車 ☐家人接送	
☐傳統市場	☐經常使用 ☐偶爾使用 ☐不使用	☐自行往返 　☐步行☐騎單車 　☐公車 ☐家人接送	
☐速食店	☐經常使用 ☐偶爾使用 ☐不使用	☐自行往返 　☐步行☐騎單車 　☐公車 ☐家人接送	
☐早餐店／ 　小吃店	☐經常使用 ☐偶爾使用 ☐不使用	☐自行往返 　☐步行☐騎單車 　☐公車 ☐家人接送	
☐公園	☐經常使用 ☐偶爾使用 ☐不使用	☐自行往返 　☐步行☐騎單車 　☐公車 ☐家人接送	
☐學校	☐經常使用 ☐偶爾使用 ☐不使用	☐自行往返 　☐步行☐騎單車 　☐公車 ☐家人接送	
☐圖書館	☐經常使用 ☐偶爾使用 ☐不使用	☐自行往返 　☐步行☐騎單車 　☐公車 ☐家人接送	
☐醫院	☐經常使用 ☐偶爾使用 ☐不使用	☐自行往返 　☐步行☐騎單車 　☐公車 ☐家人接送	

家庭情境	家庭資源	說　　明
□客廳	□電視機　□熱水瓶 □電話　　□冷氣 □電風扇　□報紙 □影音設備 □其他_____	
□廚房	□流理台　□抽油煙機 □瓦斯　　□電烤箱 □冰箱　　□烘碗機 □瓦斯爐　□微波爐 □其他_____	
□個人房間	□彈簧床　□鬧鐘 □檯燈　　□衣櫃 □書桌　　□玩具 □其他_____	
□浴室廁所	沐浴方式： □香皂　　□沐浴乳 水龍頭種類： □旋轉　　□把手 馬桶種類： □蹲式　　□坐式 □其他_____	
□庭院	□盆栽種類： □家畜種類： □交通工具：	

二、社區生活技能調查表

編號	活　動	獨力完成		協助完成		無法完成				教學優先順序	備註
		良好	尚可	口語	動作	不會	不肯	照顧者代勞	無		
1 上、下學											
1-1	家長接送上、下學										
1-2	坐交通車上、下學										
1-3	走路上、下學										
1-4	坐公車上、下學										
2 使用社區設施機構											
2-1	去公園玩										
2-2	去圖書館										
2-3	使用郵局										
2-4	使用公用電話										
2-5	使用公廁										
2-6	去理髮店（美容院）										
3 和社區人士相處											
3-1	和鄰居相處										
3-2	和社區服務人士相處										
4 從事室內休閒活動											
4-1	參觀展覽　★										
4-2	看電影　★										
4-3	聽音樂會（看戲劇）★										
4-4	看比賽　★										
4-5	逛書店　★										
4-6	逛百貨公司　★										
5 從事戶外休閒活動											
5-1	去遊樂場玩　★										
5-2	郊遊、野餐　★										
5-3	爬山　★										
5-4	釣魚　★										
5-5	烤肉　★										
5-6	放風箏　★										

★表示和協助者一起進行的活動

編號	活　　動	獨力完成		協助完成		無法完成				教學優先順序	備註
		良好	尚可	口語	動作	不會	不肯	照顧者代勞	無		
6 購物											
6-1	使用自動販賣機										
6-2	在超級市場購物										
6-3	在便利商店購物										
7 在外用餐											
7-1	在路邊攤用餐										
7-2	在小吃店用餐										
7-3	在自助餐店用餐										
7-4	在速食店用餐										
7-5	在中式餐廳用餐 ★										
7-6	在西式餐廳用餐 ★										
8 使用大眾運輸工具											
8-1	搭乘公車										
8-2	搭乘捷運 ★										
8-3	搭乘火車 ★										
8-4	搭乘計程車 ★										
8-5	搭乘飛機 ★										
8-6	搭船 ★										
9 和親友往來											
9-1	到鄰居家玩										
9-2	到親友家做客 ★										
9-3	參加聚會 ★										
9-4	參加喜慶婚禮 ★										
9-5	參加喪禮 ★										
9-6	探病 ★										
10 看醫生											
10-1	看內科 ★										
10-2	看耳鼻喉科 ★										
10-3	看眼科 ★										
10-4	看外科 ★										
10-5	看牙科 ★										

＊教學優先順序代號：以 **1. 2. 3. 4. 5.** ……表示

填表者：＿＿＿＿＿＿＿＿＿　　　　　　　　年　　月　　日

三、家庭生活技能調查表

編號	活　動	獨力完成		協助完成		無法完成				教學優先順序	備註
		良好	尚可	口語	動作	不會	不肯	照顧者代勞	無		
1 一般作息											
1-1	起床										
1-2	上小號（男）										含脫褲之技能
1-3	上小號（女）										
1-4	上大號										含擦拭
1-5	刷牙										
1-6	洗臉										
1-7	更衣										
1-8	整理儀容										
1-9	整理床舖										
1-10	用餐										含早、中、晚餐
1-11	餐後整理										
1-12	穿脫鞋襪										左右正確
1-13	準備上學										
1-14	放學回家										
1-15	洗手										
1-16	喝水										
1-17	洗澡										
1-18	洗頭										用洗髮精
1-19	做作業										
1-20	就寢										
2 居家休閒											
2-1	聽音樂										
2-2	看電視										
2-3	唱歌										
2-4	打電腦										
2-5	玩玩具										
2-6	玩紙上遊戲										
2-7	玩紙牌遊戲										

★表示和協助者一起進行的活動

IEP：以特教學生需求為本位的設計與目標管理

編號	活　動	獨力完成		協助完成		無法完成				教學優先順序	備註
		良好	尚可	口語	動作	不會	不肯	照顧者代勞	無		
2-8	玩棋類遊戲										
2-9	畫畫										
2-10	看書										
2-11	養寵物　　　★										
2-12	照顧花木										
3 居家應對											
3-1	和長輩相處　★										
3-2	和手足相處										
3-3	知道家的基本資料										
3-4	應門										
3-5	接待客人　　★										
3-6	接電話										
3-7	打電話										
4 居家清潔											
4-1	吸地板										
4-2	掃地										
4-3	拖地										
4-4	擦桌椅										
4-5	洗碗筷										
4-6	處理垃圾										
4-7	收拾物品										
4-8	防止蚊蟲										
5 處理食物											
5-1	烤吐司（烤麵包機）										
5-2	煮開水（電磁爐）										
5-3	泡牛奶										
5-4	煎蛋（鐵板燒）										
5-5	煮調理包（電磁爐）										
5-6	煮水餃										
5-7	加熱食物（微波爐）										
5-8	保存食物（冰箱）										
5-9	煮白飯（電鍋）										

編號	活　　動	獨力完成		協助完成		無法完成				教學優先順序	備註
		良好	尚可	口語	動作	不會	不肯	照顧者代勞	無		
5-10	挑撿蔬果										
5-11	清洗蔬果										
5-12	切蔬果										
5-13	打果汁										
6 處理衣物											
6-1	摺衣物										
6-2	晾衣物										
6-3	收拾衣物										
6-4	修補衣物										
6-5	清洗衣物（洗衣機）										
7 維護健康											
7-1	修剪指甲										
7-2	處理月事										
7-3	身體微恙										
7-4	使用藥物										
7-5	擤鼻涕										
8 其他											
8-1	節約用水、用電										
8-2	使用空調										
8-3	出門看天氣										
8-4	偶發事件										

＊教學優先順序代號：以 **1. 2. 3. 4. 5.** ……表示

填表者：＿＿＿＿＿＿＿＿　　　　　　　　　　　　年　　　月　　　日

四、學校生活技能調查表

編號	活 動	獨力完成		協助完成		無法完成				教學優先順序	備註
		良好	尚可	口語	動作	不會	不肯	照顧者代勞	無		
1 上、下學											
1-1	進教室										
1-2	放置學用品										
1-3	當值日生										
1-4	參加升旗										
1-5	吃便當										
1-6	午休										
1-7	收拾書包										
1-8	放學										
2 上課											
2-1	看課表										
2-2	準備上課										
2-3	遵守上課常規										
2-4	到普通班上課										
3 下課											
3-1	上廁所（男）										
3-2	上廁所（女）										
3-3	喝水										
3-4	去合作社										
3-5	在教室玩										
3-6	到室外玩										
3-7	做課間操										
4 學校應對											
4-1	和師長相處										
4-2	和同學相處										
4-3	知道學校、班級資料										
4-4	參加班會 ★										
4-5	擔任班會主席 ★										

★表示和協助者一起進行的活動

編號	活　動	獨力完成		協助完成		無法完成				教學優先順序	備註
		良好	尚可	口語	動作	不會	不肯	照顧者代勞	無		
5 做體能活動											
5-1	拍球										
5-2	傳接球										
5-3	運球										
5-4	射籃										
5-5	玩躲避球										
5-6	玩排球										
5-7	打羽毛球										
5-8	賽跑										
5-9	跳繩										
5-10	跳高										
5-11	跳遠										
5-12	拔河										
5-13	玩呼拉圈										
5-14	游泳　　　　　★										
5-15	溜冰										
5-16	騎腳踏車										
5-17	墊上活動										
5-18	使用其他體能訓練器材										
5-19	使用操場遊樂器具										
6 做唱遊活動											
6-1	唱歌										
6-2	跳舞										
6-3	敲打樂器										
6-4	玩團體遊戲										
7 做美勞活動											
7-1	使用一般文具										
7-2	畫畫										
7-3	剪貼										
7-4	塑陶										
7-5	做其他美勞活動										

編號	活　　動	獨力完成		協助完成		無法完成				教學優先順序	備註
		良好	尚可	口語	動作	不會	不肯	照顧者代勞	無		
8 使用學校各處室											
8-1	使用特教中心										
8-2	使用健康中心										
8-3	使用其他班級										
8-4	使用圖書館										
8-5	使用電腦教室										
8-6	使用輔導室										
8-7	使用訓導室										
8-8	使用校長室、教務處										
8-9	使用總務處										
8-10	使用警衛室										
9 做教室清潔活動											
9-1	擦桌椅										
9-2	擦窗戶										
9-3	收拾物品										
9-4	處理垃圾										
9-5	拖地										
9-6	掃地										
10 參加校內（際）活動											
10-1	參加同樂會　　★										
10-2	參加運動會　　★										
10-3	參加園遊會　　★										
10-4	參加自強活動　★										

＊教學優先順序代號：以 **1. 2. 3. 4. 5.** ……表示

填表者：_____　　　　　　　　　　　　年　　月　　日

伍、台北市國民中小學身心障礙資源班專任教師能力自我檢核表

一、專業態度

〔台北市政府教育局國民中小學特殊教育輔導團編（2001）〕

檢 核 內 容	同意	部分同意	不同意
1. 我認為任何障礙程度的孩子都有接受教育的權利。	☐	☐	☐
2. 我深信每個孩子都有成長與發展的潛能。	☐	☐	☐
3. 我能體認並尊重孩子的個別差異。	☐	☐	☐
4. 我深信身心障礙者的「障礙」是來自於教育、社會、環境、心理等因素，而特殊教育的功能就是要突破這些障礙。	☐	☐	☐
5. 不論孩子的障礙情形如何，我都能欣賞他的特質、接納他的不足並樂於和他接觸。	☐	☐	☐
6. 我常把教育工作視為自我成長的挑戰。	☐	☐	☐
7. 我深信特教工作的成就感，大多來自於學生的成長與教師的自我實現。	☐	☐	☐
8. 我具有關懷他人的特質，並能主動與人接觸。	☐	☐	☐
9. 我對與學生有關的事物觀察敏銳，並能迅速做出正確反應。	☐	☐	☐
10. 我樂於與人合作和分享教學經驗。	☐	☐	☐
11. 我認為特殊教育的績效，應該評估是否照顧到學生的需求，並非只看學生學業的表現。	☐	☐	☐
12. 對於【專業態度】，我的看法是：			

二、專業能力

	檢 核 內 容	多數具備	部分具備	亟需努力
			（請填寫各障礙類別的代號，可複選）	
（一）鑑定與評量	1. 我熟悉特教學生的鑑定流程。 ①智能障礙　⑤肢體障礙　⑨多重障礙 ②視覺障礙　⑥身體病弱　⑩自閉症 ③聽覺障礙　⑦嚴重情緒障礙　⑪發展遲緩 ④語言障礙　⑧學習障礙　⑫其他顯著障礙	☐	☐	☐
	2. 我會選用合適的評量工具，也會採用多元化（標準化、非標準化測驗工具）的評量方式評量學生。 ①智能障礙　⑤肢體障礙　⑨多重障礙 ②視覺障礙　⑥身體病弱　⑩自閉症 ③聽覺障礙　⑦嚴重情緒障礙　⑪發展遲緩 ④語言障礙　⑧學習障礙　⑫其他顯著障礙	☐	☐	☐

檢 核 內 容	多數 具備	部分 具備	亟需 努力
3. 我會參考鑑定、評量及醫療等相關資料，彙整成學生的評量報告。 ①智能障礙　⑤肢體障礙　⑨多重障礙 ②視覺障礙　⑥身體病弱　⑩自閉症 ③聽覺障礙　⑦嚴重情緒障礙　⑪發展遲緩 ④語言障礙　⑧學習障礙　⑫其他顯著障礙	（請填寫各障礙類別的代號，可複選。）		
4. 我會整合學生的評量報告，提出最合宜的教育輔導方案。 ①智能障礙　⑤肢體障礙　⑨多重障礙 ②視覺障礙　⑥身體病弱　⑩自閉症 ③聽覺障礙　⑦嚴重情緒障礙　⑪發展遲緩 ④語言障礙　⑧學習障礙　⑫其他顯著障礙			
5. 我會經過審慎評估後，才轉介學生到適當的醫療院所，做進一步的診斷與鑑定。	☐	☐	☐

6. 對於【鑑定與評量】，我最想研習的課程是：

	檢 核 內 容	多數 具備	部分 具備	亟需 努力
（二）支援服務	**1.** 我能依據學生的特教需求，提供無障礙的物理環境（輔具、器材、設備等）。	☐	☐	☐
	2. 我能依據學生的特教需求，提供無障礙的社會、心理環境。	☐	☐	☐
	3. 我能與普通班教師共同研商、教學，以協助學生適應班級中的學習活動。	☐	☐	☐
	4. 我能參與普通班的班級經營，協同班級教師處理學生的行為問題。	☐	☐	☐
	5. 我能與普通班教師研商多元化、彈性化的評量方式。	☐	☐	☐
	6. 我能為家長及教師提供有關特教的諮詢服務。	☐	☐	☐
	7. 我能規劃與協辦特教宣導活動，使一般教師、家長及學生能認識、接納及協助特教學生。	☐	☐	☐
	8. 我能為學生升學或就業提供完整的轉銜及追蹤服務。	☐	☐	☐
	9. 我主動留意各項福利措施與政策，並協助家長申請。	☐	☐	☐
	10. 我能依據學生需求，適時召開個案研討會，與有關人員共同解決問題。	☐	☐	☐
	11. 我能主動參加學校課程研究小組，並配合九年一貫課程的實施，推展特殊教育。	☐	☐	☐

	檢 核 內 容	多數 具備	部分 具備	亟需 努力
（三）資源教學	**1.** 我能依據學生需求，規劃適當且適量的學業性或功能性課程（例如：科目及時數安排、安置方式、降級、調整班級、授課方式等）。	☐	☐	☐
	2. 我能提供多樣化的教材、教具，並加以調整、改編，以適合學生的需要。	☐	☐	☐
	3. 我能為學生布置合適的學習環境，提升學生的學習興趣及動機。	☐	☐	☐
	4. 我能配合學生的優弱勢能力，提供合宜的學習策略，並適時修改教學方法。	☐	☐	☐
	5. 我能採用多元化的評量方式，評量學生的學習成效，並且主動檢視自己的教學績效。	☐	☐	☐
（四）溝通協調	**1.** 我能與學生正向互動，並營造良好的師生關係。	☐	☐	☐
	2. 我能與家長做有效的溝通，建立互信關係並達成輔導學生的共識。	☐	☐	☐
	3. 我能與普通班教師交流特教理念，協助他們接納特教學生及提供良好的學習環境。	☐	☐	☐
	4. 我能與特教教師互相關懷、同心協力，並在特教專業上共同成長。	☐	☐	☐
	5. 我能與特教相關專業人員相互尊重、充分溝通，共同合作協助學生。	☐	☐	☐
	6. 我能與行政人員溝通協調，協助他們了解學生的特教需求，以獲得充分的支援。	☐	☐	☐
（五）資源整合	**1.** 我能充分運用校內各項設備、物資、活動場所等資源。	☐	☐	☐
	2. 我能整合並運用校內人力資源（含教職員工、學生、家長等）。	☐	☐	☐
	3. 我能開發並運用社會人力、物資及活動場所等資源（如學術單位、社會團體、醫療院所、社教機構等）。	☐	☐	☐
	4. 我能充分運用特教相關單位及專業團隊的資源（如特教資源中心、特教輔導團、個管中心、巡迴輔導，職能、物理、語言治療師等）。	☐	☐	☐
	5. 我經常利用閱讀或上網方式，蒐集特教資訊，並加以運用。	☐	☐	☐
（六）資料管理	**1.** 我能建立完整的學生個案資料。	☐	☐	☐
	2. 我能在學生異動時主動移轉學生資料。	☐	☐	☐
	3. 我能運用特教法規、函文、圖書、設備等資源。	☐	☐	☐
	4. 我能建置特教網頁並隨時更新內容。	☐	☐	☐

服務學校：＿＿＿＿＿＿　教師姓名：＿＿＿＿＿＿　填表日期：＿＿年＿＿月＿＿日

 優質 IEP：以特教學生需求為本位的設計與目標管理

▶ 陸、台北市國民小學身心障礙學生個案輔導評量檢核表 ◀

編製者：台北市政府教育局（2007）

敬愛的特教老師：

感謝您對特教工作的努力和奉獻，為了解特教實務，提升服務品質，本局特延聘相關專家學者編擬本檢核表，請您就目前任教之學生中，任選一位學生就其特教服務現況填寫。填寫結果除提供「個案輔導評量」複評工作之參考外，並作為本局未來推動特教工作及辦理特教教師專業知能研習之參考。

謝謝您的支持與配合！

台北市政府教育局

中華民國九十六年一月

【檢核表說明】

本檢核表共分為兩部分：

壹、基本資料

貳、檢核項目

　　一、轉銜與評量

　　二、特教需求評估

　　三、課程與教學

　　四、行政支援與相關服務

　　五、個別化教育計畫執行與評估

　　六、特色與其他

　　七、困難與建議

【填寫說明】

　　一、「基本資料」部分，請填寫學生之基本資料及個案輔導相關人員。

　　二、「檢核項目」請個管教師依個案目前接受特教服務現況彙整填寫。

　　　　1. 請根據學生是否需要該項服務或該項資料，勾選「需要」或「不需要」。

　　　　2. 請根據學生是否有該項服務或該項資料，勾選「有」或「無」。

　　　　3. 如有其他說明事項，請填寫於「其他」欄內。

　　　　4.「特色與其他」、「困難與建議」請依實際狀況填寫。

224

壹、基本資料

學生姓名：＿＿＿＿＿＿　性別：＿＿＿＿　年級：＿＿＿＿　障別：＿＿＿＿

安置型態：＿＿＿＿班

個案輔導人員：＿＿＿＿＿＿＿＿＿＿＿＿＿＿＿＿＿＿＿

個管教師：＿＿＿＿＿＿＿＿＿　其他特教教師：＿＿＿＿＿＿＿＿＿＿

普通班導師：＿＿＿＿＿＿＿＿　其他普通教師：＿＿＿＿＿＿＿＿＿

行政人員：＿＿＿＿＿＿＿＿＿＿＿＿＿＿＿＿＿＿＿＿＿＿＿＿＿

相關專業人員：＿＿＿＿＿＿＿＿＿＿＿＿＿＿＿＿＿＿＿＿＿＿＿

貳、檢核項目

項目與內容		細目	個管教師彙整填寫				評委意見
			需要	不需要	有	無	
一、轉銜與評量	(一)能彙整、分析運用各項校內校外個案轉銜、評估及鑑定資料	1. 轉介表					
		2. 鑑定安置資料					
		3. 相關測驗原始資料					
		4. 專業評估資料					
		5. 觀察、訪談記錄					
		6. 轉銜資料表					
		7. 醫療診斷證明					
		8. 試卷作業					
		9. 其他：					
	(二)能依學生之障礙類別施予適當的教育評量	1. 智力評量					
		2. 語言評量					
		3. 適應行為評量					
		4. 知覺動作評量					
		5. 性向評量					
		6. 情緒與行為評量					
		7. 發展評量					
		8. 人格評量					
		9. 成就評量					
		10. 其他：					
	(三)安置疑有不當時，適時重新召開鑑定安置轉銜輔導會議						

項目與內容		細目	個管教師彙整填寫				評委意見
			需要	不需要	有	無	
二、特教需求評估	(一)能根據各項診斷評量資料,具體分析學生之特殊需求	**1.** 健康狀況					
		2. 感官功能					
		3. 生活自理					
		4. 溝通能力					
		5. 行動能力					
		6. 人際關係					
		7. 認知能力					
		8. 情緒管理					
		9. 學業能力					
		10. 學習態度					
		11. 其他:					
	(二)能根據各項診斷評量資料,具體分析學生之能力現況	**1.** 優勢能力					
		2. 弱勢能力					
		3. 其他:					
	(三)能根據教學回饋重新評估學生特殊需求	**1.** 平時考或段考成績					
		2. 作品或作業表現					
		3. 行為表現或反應方式					
		4. 其他:					
三、課程與教學	(一)與個別化教育計畫(以下簡稱 **IEP**)結合	**1.** 課程設計與 **IEP** 結合					
		2. 教學活動與 **IEP** 結合					
		3. 教學評量與 **IEP** 結合					
	(二)課程設計由相關人員統整規劃	**1.** 個管教師					
		2. 其他特教教師					
		3. 普通班級任教師					
		4. 各領域間之任課教師					
		5. 單領域內之任課教師					
		6. 行政人員					
		7. 相關專業人員					
		8. 其他:					

項目與內容		細目	個管教師彙整填寫				評委意見
			需要	不需要	有	無	
㈢編選課程、教材		**1.** 九年一貫課程領域 ①語文					
		②數學					
		③社會					
		④健康與體育					
		⑤藝術與人文					
		⑥自然與生活科技					
		⑦綜合活動					
		2. 特殊學校（班）課程領域 ①實用語文					
		②實用數學					
		③生活教育					
		④社會適應					
		⑤休閒教育					
		⑥職業教育					
		3. 其他：					
㈣調整課程內容		**1.** 簡化					
		2. 減量					
		3. 分解					
		4. 替代					
		5. 加深					
		6. 加廣					
		7. 其他：					
㈤製作及運用教具		**1.** 實物					
		2. 模型					
		3. 觸摸式教具圖片					
		4. 多媒體教材教具					
		5. 相關書籍					
		6. 圖、字卡					
		7. 其他：					

項目與內容	細目	個管教師彙整填寫				評委意見
		需要	不需要	有	無	
(六)運用教學策略	**1.** 直接教學					
	2. 編序教學					
	3. 結構教學					
	4. 後設認知					
	5. 心智理論					
	6. 心智圖像					
	7. 情境教學					
	8. 社會性故事					
	9. 工作分析教學					
	10. 生活經驗統整教學					
	11. 其他：					
(七)增進參與普通班學習之策略	**1.** 同儕教學					
	2. 合作學習					
	3. 合作教學					
	4. 合作諮詢					
	5. 多媒體教學					
	6. 使用科技輔具					
	7. 其他：					
(八)教導學習策略	**1.** 識字策略					
	2. 理解策略					
	3. 閱讀策略					
	4. 書寫策略					
	5. 組織策略					
	6. 專注力策略					
	7. 記憶策略					
	8. 情緒管理策略					
	9. 其他：					

項目與內容		細目	個管教師彙整填寫				評委意見
			需要	不需要	有	無	
四、行政支援與相關服務	(九)將相關專業人員之建議融入教學中	**1.** 職能治療師					
		2. 語言治療師					
		3. 物理治療師					
		4. 社工師					
		5. 聽力師					
		6. 定向行動訓練師					
		7. 心理師					
		8. 醫師					
		9. 其他：					
	(十)實施適性多元教學評量	**1.** 操作					
		2. 觀察					
		3. 口頭					
		4. 紙筆					
		5. 其他：					
	(一)調整物理環境	**1.** 教室位置					
		2. 座位、桌椅					
		3. 盥洗室					
		4. 通道出入口					
		5. 斜坡道及扶手					
		6. 電梯					
		7. 光線色彩					
		8. 其他：					
	(二)提供輔具	**1.** 助聽器					
		2. 盲用電腦					
		3. 點字書籍					
		4. 輪椅					
		5. 助行器					
		6. 擺位椅					
		7. 站立架					
		8. 溝通輔具					
		9. 其他：					

項目與內容	細目	個管教師彙整填寫				評委意見
		需要	不需要	有	無	
㈢調整社會、心理環境	1. 班級氣氛					
	2. 同儕關係					
	3. 師生關係					
	4. 親師關係					
	5. 學習動機					
	6. 特教宣導					
	7. 其他：					
㈣提供學習服務	1. 代抄筆記					
	2. 點譯平時、定期之試卷、補充教材					
	3. 報讀					
	4. 導生提醒					
	5. 手語翻譯					
	6. 字幕提示板					
	7. 錄音					
	8. 其他：					
㈤調整評量方式	1. 運用輔具					
	2. 調整考題					
	3. 作答方式					
	4. 作答情境					
	5. 作答時間					
	6. 其他：					
㈥增進參與普通班生活適應之輔導方式	1. 個別輔導					
	2. 小團體輔導					
	3. 入班觀察					
	4. 入班輔導					
	5. 其他：					

項目與內容	細目	個管教師彙整填寫				評委意見
		需要	不需要	有	無	
㈦安排相關專業服務	1. 職能治療					
	2. 語言治療					
	3. 物理治療					
	4. 社工服務					
	5. 聽能訓練					
	6. 定向行動訓練					
	7. 心理治療					
	8. 醫療諮詢					
	9. 其他：					
㈧提供轉銜服務	1. 升學輔導					
	2. 生涯輔導					
	3. 轉銜會議					
	4. 職業性向評量					
	5. 技藝訓練					
	6. 其他：					
㈨提供其他服務	1. 生活協助					
	2. 家庭支援					
	3. 教師成長活動					
	4. 家長成長活動					
	5. 交通服務					
	6. 福利申請					
	7. 督導管理疾病用藥					
	8. 其他：					
㈩提供行為介入方案	1. 介入前行為概述					
	2. 預期行為目標					
	3. 提供介入策略					
	4. 參與方案人員					
	5. 其他：					

項目與內容		細目	個管教師彙整填寫				評委意見
			需要	不需要	有	無	
	(出)運用人力資源	1. 教育行政人員					
		2. 學校教師					
		3. 家長					
		4. 志工					
		5. 同儕					
		6. 特教輔導團					
		7. 情緒行為專業支援團					
		8. 巡迴輔導教師					
		9. 支援教師、教師助理					
		10. 其他：					
	(圭)運用其他資源	1. 社福資源					
		2. 社區資源					
		3. 學術資源					
		4. 醫療資源					
		5. 其他：					
五、IEP 執行與評估	(一)由特殊教育教師擔任個案管理工作						
	(二)依據特殊教育法施行細則第 18 條內容擬定 IEP						
	(三)開學後一個月內擬定 IEP						
	(四)每學期至少檢討一次 IEP						
	(五)根據 IEP 會議結果，修正特教服務						
	(六)家長參與 IEP 會議						
	(七)相關人員參與 IEP 會議	1. 個管教師					
		2. 普通班導師					
		3. 普通班各科任教師					
		4. 其他特教教師					
		5. 行政人員					
		6. 相關專業人員					
		7. 學生本人					
		8. 其他：					

項目與內容	細目	個管教師彙整填寫				評委意見
		需要	不需要	有	無	
㈧相關人員共同執行 **IEP**	**1.** 個管教師					
	2. 普通班導師					
	3. 普通班各科任教師					
	4. 其他特教教師					
	5. 行政人員					
	6. 相關專業人員					
	7. 學生本人					
	8. 其他：					
㈨曾接受特教服務	特殊學校_____年_____個月 特教班_____年_____個月 資源班_____年_____個月 巡迴輔導_____年_____個月 機構_____年_____個月 其他_____年_____個月					
㈩目前每週接受特教服務內容及分配節數內容	________，_____節 ________，_____節 ________，_____節 ________，_____節 ________，_____節 ________，_____節 ________，_____節					
(十一)目前接受特教服務時數	□適當　□過多，原因： 　　　　□過少，原因：					
(十二)目前接受特教服務場所	□普通班 □普通班＆資源班 □普通班＆特教班 □特教班 □資源班＆特教班 □普通班＆資源班＆特教班					

六、特色與其他	
七、困難與建議	

個管教師核章：＿＿＿＿ 特教組長核章：＿＿＿＿ 主任核章：＿＿＿＿ 校長核章：＿＿＿＿

CHAPTER 6

學校融合教育相關資源

　　融合教育是目前特殊教育的潮流，但是在融合的過程中，身心障礙兒童常遭遇許多的困難。一方面在於兒童本身適應力及學習能力的問題，一方面則來自於普通教育之師生們對於身心障礙兒童了解與接納情形不足。本章主要是提供如何調整普通教育之經營方式以提升身障學生的適應性。此外，也提供各類勵志性書目、有趣的繪本、感人的影片，及校內特教宣導活動舉例介紹，最後提供三個實際範例供參考。

▶ 壹、特教相關的書籍影帶 ◀

、身心障礙勵志性書目

㈠肢體障礙

書名	作者/譯者	出版日期	出版單位
輪椅上的公主──追回幸福的旅程	江偉君/著	2005 年 5 月	二魚
逆風野草──我的生命出路：一位腦性麻痺症患者的奮鬥歷程	張裕鑫/著	2005 年 5 月	人本自然
輪椅異國婚姻之心路歷程	吳真儀/著	2005 年 3 月	秀威資訊
堅持，就會看見希望	余秀芷/著	2004 年 9 月	商周
缺指蝴蝶	楊美華/口述 駱昆鴻/執筆	2004 年 5 月	春天
勁妹起步「跑」	吳真儀/著	2004 年 1 月	聯經
天上掉下來的禮物	劉銘/著	2004 年 1 月	大塊
絕不妥協（*Nothing is impossible: Reflections on a new life*）	克里斯多夫・李維（Christopher Reeve）/著 周俐玲/譯	2003 年 11 月	匡邦
紅色水印	黃文成/著	2003 年 11 月	桂冠圖書
九死一生──高銘和聖母峰歷險記	高銘和/著	2003 年 5 月	秀威資訊
醫步醫腳印	畢柳鶯/著	2003 年 5 月	聯經
醒來後的淚光：李克翰、曹燕婷的反方向人生	李克翰、曹燕婷/著	2003 年 5 月	大田
木棉的顏色	何經泰/攝影 中華民國工作傷害受害人協會/策劃	2003 年 4 月	大塊文化
有你真好	館林千賀子/著 獨賣新聞中部社會部/編 林芳兒/譯	2003 年 4 月	尖端
再忍一下，夢想就要成真	成田真由美/著 廖梅珠/譯	2003 年 2 月	圓神
輪轉人生──劉銘勇於挑戰的生命故事	劉銘/著	2002 年 5 月	圓神
生命之吻──輪椅上的新娘	鈴木瞳/著 藍嘉楹/譯	2002 年 5 月	尖端
因為有你──天使就在我身邊	劉麗紅/著	2002 年 5 月	培根文化
庄腳囝仔出頭天──十個在逆境成長的故事	中華兒童暨家庭扶助基金會/著	2002 年 5 月	平安文化

書名	作者/譯者	出版日期	出版單位
活出自信——分享祁六新十二則生命寫真	宋芳綺/著	2002 年 4 月	天下文化
木棉花開了：工傷者的生命之窗	顧玉玲/主編	2002 年 4 月	中華民國工作傷害受害人協會
地球少年的一天	日本共同通信社/著	2002 年 4 月	台灣先智
攀越自己的高峰：生命的故事	李玉屏/著	2002 年 3 月	聯經
真愛奇蹟——她是我母親，我是她女兒（*Miracles Happen*）	布魯克‧艾利森（Brooke Ellison）、琴恩‧艾利森（Jean Ellison）/著 黃佳瑜/譯	2002 年 7 月	大塊文化
愛的接力賽	梁弘志/編著	2002 年 1 月	圓神
絕地重生（*From the Ground Up*）	柯若望（John Coutis）/著 葉舒白/譯	2002 年 2 月	實踐家
還有百分之二十：堅強的理由	余秀芷/著	2001 年 12 月	福地
漫畫蓮娜瑪莉亞——蓮娜無臂單腳奮鬥奇蹟精彩漫畫版	菅谷淳夫/著 Irene 黃/譯 劉芳助/譯	2001 年 11 月	傳神愛網資訊
一無所缺的人生——蓮娜瑪莉亞寫真	蓮娜瑪莉亞‧克林佛/著 王家瑜/譯	2001 年 11 月	傳神愛網資訊
我也可以是學習英雄	王政彥/著	2001 年 9 月	遠流
我是謝坤山	謝坤山/著	2001 年 8 月	實踐家
復建一身的照護錦囊：克服身體活動障礙的十四道妙計	陳信穎/編	2001 年 6 月	台視文化
工人博士——江燦騰的奮進人生	曹銘宗/著	2001 年 4 月	天下文化
用腳飛翔的女孩——無臂單腳的奮鬥奇蹟	蓮娜瑪莉亞‧克林佛/著 劉芳助/譯	2001 年 3 日	傳神愛網資訊
活著真好——輪椅巨人祁六新	宋芳綺/著	2001 年 3 月	天下文化
衝破命運的藩籬——黃偉彥對生命的執著與奮鬥	林勝偉/著	2001 年 3 日	楷博
乙武報告	乙武洋匡/著 劉子倩/譯	2000 年 10 月	圓神
閃亮的生命	蔡文甫/著	1992 年 9 月	九歌

書名	作者/譯者	出版日期	出版單位
擁抱，生命中的每一分鐘	楊恩典/口述 胡幼鳳/撰寫	2000 年 9 月	百巨國際文化
在輪椅上打招呼	田泰子/著 許秋鑾/譯	2000 年 3 月	日之昇文化
用手走路的人	李惠綿/著	2000 年 2 月	亞細亞
67.5 公分的天空	林煜智/口述 林嫦玫/整理	1999 年 12 月	水晶
折翼的天使不停飛──台東基督教醫院的故事	齊萱/著	1999 年 11 月	奧林
五體不滿足	乙武洋匡/著 劉子倩/譯	1999 年 9 月	圓神
汪洋中的一條船	鄭豐喜/著	1999 年 5 月	主人翁
愛的路上你和我──二十位超越障礙朋友的生命	劉銘等/著	1999 年 2 月	聯經
依然是我（*Still Me*）	克里斯多夫‧李維（Christopher Reeve）/著 陳雅雲/譯	1999 年 1 月	天下文化
沒有翅膀的我們，也想飛	伊甸社會福利基金會/著	1998 年 8 月	平安文化
心靈的顏色	黃美廉/著	1998 年 8 月	商周
看見太陽	黃乃輝/口述 吳榮斌/整理	1999 年 6 月	文經社
家家都有藝術家──親子 EQ 與美學	黃美廉/著	1998 年 5 月	心理
不要地雷，只要花㈠ （*A Plea from Sunny—Not Mines, But Flowers*）	柳瀨房子、葉祥明/著 遠流親子館/譯	1998 年 4 月	遠流
不要地雷，只要花㈡ （*Sunny Heads for Cambodia—Not Mines, But Flowers 2*）	柳瀨房子、葉祥明/著 遠流親子館/譯	1998 年 4 月	遠流
畫翼天使楊恩典	曾寬/著	1997 年 11 月	派色文化
大苦苓的神蹟──六龜育幼院的故事	邵正宏/主編	1997 年 10 月	宇宙光
傳愛到檳城	邵正宏/主編	1997 年 10 月	宇宙光
延平‧布農‧山地情	邵正宏/主編	1997 年 10 月	宇宙光
歹路少年變畫家──李君偉的故事	邵正宏/主編	1997 年 6 月	宇宙光
埔里阿公阿媽	邵正宏/主編	1999 年 6 月	宇宙光
知風草之歌	楊蔚齡/著	1997 年 4 月	九歌
太陽天使──黃乃輝	黃乃輝/口述 林少雯/整理	1997 年 4 月	文經社
畫家畫話──黃美廉的彩筆世界	黃美廉/著	1997 年 1 月	宇宙光

㈡心智障礙

書名	作者/譯者	出版日期	出版單位
向前走吧！我的女兒	岩元甦子‧照雄/著 葉韋利/譯	2006 年 1 月	台灣東販
跟著妹妹搭巴士	瑞秋‧賽蒙/著 黃道琳/譯 趙琪/譯	2004 年 11 月	女書
唐氏症兒 0 歲教育	七田真/著	2004 年 10 月	新潮社
唐氏症孩子的故事	日本唐氏症協會/編著 趙琪/譯	2003 年 6 月	新苗
亮在地上的星星——恩迪的故事	張邵伯利/著	2002 年 9 月	知本家
喜憨兒：NPO 台灣經驗	蘇國禎/著	2002 年 8 月	喜憨兒社會福利基金會
等她二三秒——茵茵的故事	劉碧玲/著	2002 年 7 月	二魚
舟舟告訴你，不夠聰明沒關係	胡厚培、亞靜/著	2002 年 7 月	達觀
媽媽與吸管——德蘭啟智中心的真愛與奇蹟	陳芸英/著	2001 年 11 月	九歌
你是我兄弟——唐氏兒的繪畫天地	心圃/文 林冠廷/圖	2000 年 6 月	國立台東大學美勞教育系
獻給阿爾吉儂的花束	丹尼爾‧凱斯/著 周月玲/譯	1995 年 5 月	小知堂文化
靜靜的生活	大江健三郎/著 張秀琪/譯	1999 年 8 月	時報
我的女兒予力：一個唐氏症家庭的生活紀實	晁成婷/著	1997 年 5 月	張老師文化
野蠻的婚禮	Yann Queffelec/著 陸婉芬/譯	1996 年 9 月	皇冠
女阿甘正傳	周芬伶/著	1996 年 6 月	健行

(三)視覺障礙

書名	作者/譯者	出版日期	出版單位
看見希望的入口	張文彥/著	2005 年 11 月	商周
生命的眼睛	李秉宏/著	2005 年 3 月	聯合文學
Takky：為什麼不能永遠在一起	呂嘉惠/著	2005 年 2 月	時廣生活美學館
美麗新視界	陳芸英/著	2004 年 8 月	寶瓶文化
導盲犬一個半：阿忠與 Turk 的故事	李政忠/著	2004 年 1 月	日之昇文化
讓我做你的眼睛：國瑞與導盲犬 Ohara 的故事	陳芸英/著 李明陽/攝影	2004 年 11 月	人人文化
盲人打棒球	陳芸英/著	2003 年 9 月	時報
導盲犬之歌：四十四則動人的天使詩篇	全日本導盲犬使用者協會/著 高蕙怡/譯	2003 年 6 月	尖端
用心，走在世界頂峰——看世界級盲人登山家艾氏的故事（*Touch the top of the world*）	Erik Weihenmayer /著 林俊育/譯	2003 年 3 月	遠流
看見生命的光	鍾宛貞/著	2002 年 10 月	晨星
超級禮物（*The ultimate gift*）	吉姆・史都瓦（Jim Stovall）/著	2002 年 8 月	基督教中國主日學協會出版社
盲目（*Ensaio sobre a cegueira*）	喬賽・薩拉馬戈（Jose Saramago）/著 彭玲嫻/譯	2002 年 8 月	時報
假如給我三天光明	海倫・凱勒/著	2002 年 8 月	風信子
野葡萄記	梅遜/著	2002 年 7 月	爾雅
我看見音符的顏色——盲眼歌手蕭煌奇的故事	蕭煌奇/口述 劉永毅/撰文	2002 年 7 月	平安文化
再見了，可魯：導盲犬可魯的故事	石黑謙吾/著 秋元良平/攝影 林芳兒/譯	2002 年 4 月	台灣角川書店
恩典之手（*Privileged hands: Scientific*）	希拉特・佛爾邁（Geerat J. Vermeij）/著 莊安祺/譯	2002 年 1 月	時報
學習永不嫌遲——盲人碩士柯明期的生命故事	邱麗文/著	2002 年 1 月	圓神

書名	作者/譯者	出版日期	出版單位
用心看世界——視障聲樂家的故事	朱萬花/著	2002 年 1 月	文經社
永不放棄的海倫凱勒	海倫凱勒/著	2001 年 11 月	大田
大稻埕一三五巷——從胭脂巷到攝影棚的人生	陸沙舟/著	2001 年 9 月	圓神
Ohara 的導盲日記：遇見百分百的導盲犬	張國瑞/著	2001 年 8 月	日之昇文化
今天的風，是什麼顏色？	辻井逸子/著 雍雍/譯	2001 年 7 月	喜鵲
眼戲——失去視力，獲得見識的故事 （*Twilight : Losing sight, gaining insight*）	亨利・格倫沃（Henry Grunwald）/著 于而彥、楊淑智/譯	2001 年 6 月	心靈工坊文化
在黑暗中擁抱希望	井上美由紀/著 林芳兒/譯	2001 年 5 月	圓神
雅蘭朵的眼眸：愛的導盲犬物語	郡司奈奈惠/著 高淑珍/譯	2001 年 4 月	日之昇文化
白袍・白杖：百年來第一位盲人醫師的奮鬥歷程（*White coat, white cane*）	David Hartman & Bernard Asbell/著 林俊育/譯	2001 年 3 月	遠流
新世紀之聲——安德烈・波伽利 （*Andrea Bocelli: A celebration*）	Antonia Felix/著 林俊育/譯	2001 年 3 月	遠流
陳五福傳	曹永洋/著	2001 年 1 月	前衛
盲人心靈的祕密花園（*On sight and insight: A journey into the world of blindness*）	侯約翰（John M. Hull）/著 曾秀鈴/譯	2000 年 11 月	晨星
海倫凱勒——盲聾人士的精神領袖（*Hellen Keller*）	謝新吾、吳興勇/編著	2000 年 6 月	婦女與生活社
貝魯娜的尾巴	郡司奈奈惠/著 高淑珍/譯	2000 年 1 月	日之昇文化
盲人的星球（*Planet of the blind*）	Stephen Kuusisto/著 劉燈/譯	1999 年 10 月	大塊文化
重見光明（*Second sight*）	羅勃 V. 海恩/著 蔡岱安/譯	1999 年 7 月	拍得麗文教基金會

書名	作者/譯者	出版日期	出版單位
黑暗中的光（*Light in my darkness*）	海倫凱勒（Helen Keller）/著 蔡岱安/譯	1998 年 8 月（二版）	雅歌
迎接視茫茫世界（*Blindness: What it is, what it does and how to live with it*）	Rev. Thomas J. Carrol/著 王育瑜/譯	1998 年 8 月	雅歌
超越雙重黑夜（*Beyond the double night*）	凱恩 D. 湯普生（Ken D. Thompson）/著 林俊育/譯	1998 年 4 月	雅歌
我看不見，但我跑到終點——張文彥的故事	邵正宏/主編	1997 年 6 月	宇宙光
讓音樂燃亮生命	林俊育/譯著	1997 年 5 月	雅歌
盲者之旅——鄭龍水傳奇	鄭龍水/口述 瞿海良、曹麗娟/文	1996 年 11 月	學鼎
窗外有情天：一個視障者走出黑暗的真實人生記錄（*More than meets the eye*）	瓊恩・布洛克、德瑞克・吉爾（Joan Brock & Derek L. Gill）/著 廖月娟/譯	1996 年 3 月	台灣先智
山徑之旅（*Blind courage*）	比爾・艾文、大衛・麥卡斯藍/著 李成嶽/譯	2002 年 8 月	智庫文化
光在隧道那一端（*Light at the tunnel end*）	Leonard A. Robinson/著 林俊育/譯	1996 年 1 月	雅歌

㈣自閉症

書名	作者/譯者	出版日期	出版單位
與海豚交談的男孩	呂政達/著	2005 年 9 月	九歌
亞斯柏格症─寫給父母及專業人士的實用指南	Tony Attwood/著 何善欣/譯	2005 年 7 月	久周
星星小王子	雪莉‧佛羅倫斯博士、瑪琳‧加薩尼嘉/著 張美惠/譯	2005 年 7 月	久周
深夜小狗神秘習題（*The curious incident of the dog in the nighttime*）	馬克‧海登（Mark Haddon）/著 琳靜華/譯	2005 年 1 月	大塊
我兒惠尼	雪莉‧佛羅倫斯博士、瑪琳‧加薩尼嘉/著 張美惠/譯	2005 年 1 月	張老師
生命如何轉彎──自閉兒陳暘與家人的奮鬥故事	陳炎輝、張麗玲/著	2004 年 5 月	正中書局
自閉症兒童社會情緒技能訓練	楊蕢芬、黃慈愛、王美惠/著	2003 年 6 月	心理
天才自閉兒──上帝的寶石	宋芳綺、謝瑷竹/著	2002 年 11 月	天下文化
大手牽小手──我和我的自閉兒小宜	袁宗芝/著	2002 年 9 月	張老師文化
點燃生命的火光	謝秀麗/著	2002 年 3 月	晶冠
生命的缺口	板橋國小師生/著	2001 年 3 月	板橋國小文教基金會
我家有個自閉兒	臧汝芬/著	2001 年 4 月	婦幼家庭
自閉症的真相（*Austism: The facts*）	Simon Baron-Cohen、Patrick Bolton/著 劉美蓉/譯	2000 年 12 月	心理
與自閉症共舞：陪孩子面對障礙	濱田壽美男（Sumio Hama-da）/著 丁小艾/譯	2000 年 5 月	成陽

書名	作者/譯者	出版日期	出版單位
鋼琴怪傑顧爾德——天才的狂喜與悲劇（*The ecstasy and tragedy of genius*）	顧爾德/著 吳家恆/譯	1999 年 11 月	先覺
香水（*Das Parfum*）（新譯本）	徐四金（Suskind Patrick）/著 洪翠娥/譯	2006 年 2 月	皇冠
星星的孩子——一個畜牧科學博士的自閉症告白（*Emergence, labeled autistic*）	天寶・葛蘭汀（Temple Grandin & Margaret Scariano）等/著 應小端/譯	1999 年 6 月	天下文化
火星上的人類學家（*An excerpt from an anthropologist on Mars: Seven paradoxical tales*）	奧利佛・薩克斯（Oliver Sacks）/著 趙永芬/譯	1996 年 8 月	天下文化
雨中起舞（*The sound of a miracle*）	Annabel Stehli/著 陳景亭/譯	1995 年 2 月	宇宙光

㈤**多重障礙**

書名	作者/譯者	出版日期	出版單位
學習之心	花敬凱/著	2005 年 3 月	藍鯨
貓頭鷹的勇敢飛行	吳瑞璧/著	2005 年 3 月	健行
奇蹟的海豚療法：一位母親的心路歷程（*Jeden Tag ein kleines wunder: Das Geschenk der Delphine*）	喬絲坦·庫內特（Kirsten Kuhnert）/著 丁娜/譯	2003 年 6 月	宜高文化
生命，因愛而改變	克里斯多夫·本古赫/著 朱倖慧/譯	2002 年 12 月	匡邦
獨角獸，你教我怎麼飛	謝奇宏/著 朱珊慧/譯	2001 年 11 月	天下文化
天使在我家	張蓮娣、葉素玉/著	2001 年 9 月	宇宙光

㈥**身體病弱**

書名	作者/譯者	出版日期	出版單位
一公升的眼淚——亞也的日記	木藤亞也/著 明珠/譯	2006 年 4 月	高寶
生命的障礙——〈一公升的眼淚〉母親潮香的手記	木藤潮香/著 明珠/譯	2006 年 4 月	高寶
照顧過敏兒特效食譜	小倉英郎、小倉由紀子/著	2005 年 9 月	尖端
長期居家照護指南	王秋雯/著	2005 年 9 月	二魚文化
照顧服務員護理指引	簡姿娟等/著	2005 年 8 月	華杏
從乳牙到假牙——三十二顆牙終生養護工程	楊湘/著	2005 年 7 月	二魚文化
照顧服務員實用工作指南（一版）	林王美園/著	2005 年 3 月	華杏
最新癲癇病人手冊	關尚勇/編著	2001 年 11 月	藝軒
7H 病房——李桑手札㈠	李桑/著	2001 年 9 月	幼獅文化
親人照護救命全體驗	劉碧蓮/著	2003 年 8 月	文經社

㈦其他

書名	作者/譯者	出版日期	出版單位
遇見天使在人間	游巧琳/著	2005 年 12 月	秀威資訊
生命在唱歌：這些身心障礙藝術家的心路歷程	財團法人台北富邦銀行公益慈善基金會/著	2005 年 10 月	相映文化
簡單的幸福	連家祿/著	2005 年 10 月	海鴿
半顆腦袋就夠了	安東尼奧‧巴特羅/著	2005 年 4 月	商周
用心就能改變	荻原光/著	2005 年 2 月	新手父母
愛讓我看見陽光	鍾婉貞/著	2005 年 2 月	健行
勇者的畫像	財團法人台北富邦銀行公益慈善基金會/著	2004 年 12 月	相映文化
藍約翰	藍約翰/口述 宋芳綺/撰寫	2004 年 12 月	立緒
霍金——前妻回憶錄（上、下）	珍霍金/著	2004 年 11 月	天下文化
失能、障礙、殘障——身心障礙者社會工作的省思	M. Oliver、B. Sapey/著 葉琇姍、陳汝君譯	2004 年 10 月	心理
海不需要淚水	灰谷健次郎/著	2001 年 6 月	新雨
懷念那鑼聲	吳碧芳/著	2004 年 6 月	小知堂
休閒教育訓練手冊	Veda Beck-Ford、Roy I. Brown/著	2003 年 12 月	幼獅文化
愛，使生命發光	宋芳綺/著	2003 年 3 月	遠流
我想有個家	李逸塵/著	2004 年 12 月	監察院
風兒吹我心	丘修三/著	2002 年 7 月	國語日報
因為有你——天使就在我身邊	劉麗紅/著	2002 年 5 月	培根
活著，比什麼都重要	張茂隆/著	2001 年 3 月	商周
解讀孩子的天空	賴雪貞/著	2000 年 7 月	新潮社
傾聽孩子的聲音	賴雪貞/著	1999 年 11 月	新潮社
每個人一串鑰匙	丘秀芷/著	1999 年 7 月	九歌
在生命的渡口與你相遇	杏林子/著	2007 年 1 月	九歌
一本媽媽難念的經	賴雪貞/著	1998 年 11 月	新潮社

二、兒童繪本　　　　　　　　　　（台北市西松國小特教團隊提供）

(一)主題繪本

1. 情緒處理

面對生氣、憤怒的情緒

⑴我變成一隻噴火龍了（和英）

⑵生氣的亞瑟（三之三文化）

⑶生氣湯（上誼）

⑷啊！煩惱（格林）

⑸菲菲生氣了──非常、非常的生氣（三之三文化）

⑹派弟是個大披薩（台灣麥克）

⑺家有生氣小恐龍（大穎文化）

面對恐懼、害怕的情緒

⑴雷公糕（遠流）

⑵魔奇魔奇樹（和英）

⑶床底下的怪物（上誼）

⑷潔西卡和大野狼（遠流）

⑸討厭黑暗的席奶奶（遠流）

⑹我好擔心（三之三文化）

⑺擔心的葳葳（附 CD）（彩虹兒童）

2. 人際關係

與同儕的相處和互動

⑴我有友情要出租（國語日報）

⑵這是我的（上誼）

⑶嘉嘉（和英）

⑷平克和薛伊（遠流）

⑸沒有你，我怎麼辦？（生命潛能）

⑹我最討厭你了（遠流）

⑺你是我的朋友嗎？（台灣麥克）

⑻統統是我的（台灣麥克）

⑼艾比的新朋友（台灣麥克）

⑽到底誰贏了（上人文化）

⑾你是我的朋友嗎？（台灣麥克）

⑿企鵝和猴子（台灣麥克）

⒀大手握小手（格林）

⒁最珍貴的寶貝（格林）

⒂瑪德琳（遠流）

⒃我喜歡你（遠流）

⒄為什麼？（鹿橋文化）

⒅和事佬彩虹魚（台灣麥克）

⒆超人氣微笑（台灣麥克）

⒇飢餓狙狳之國（台灣麥克）

(21)我是老大（米奇巴克）

(22)都是你的錯！（大穎文化）

與家中成員的相處和互動

⑴大姐姐和小妹妹（遠流）

⑵小菲菲和新弟弟（和英）

⑶班班的地盤（遠流）

⑷最特別的東西（台灣麥克）

⑸小小大姐姐（上誼）

⑹奧立佛是個娘娘腔（三之三文化）

⑺威廉的洋娃娃（遠流）

⑻森林大熊（格林）

⑼世界為誰存在（和英）

⑽蠟筆盒的故事（遠流）

⑾土撥鼠的禮物（和英）

⑿愛花的牛（遠流）

⒀田鼠阿佛（上誼）

⒁美術課（三之三文化）

⒂阿力和發條老鼠（上誼）

⒃大箱子（青林國際）

⒄你很特別（道聲）

⒅我就是我（風車）

⒆如果我好大好大（緋綠社）

3. 自我概念

⑴你很特別（道聲）

⑵奧立佛是個娘娘腔（三之三文化）

⑶威廉的洋娃娃（遠流）

⑷美術課（三之三文化）

⑸蠟筆盒的故事（遠流）

⑹我就是我（三暉）

⑺田鼠阿佛（上誼）

⑻世界為誰存在（和英）

⑼土撥鼠的禮物（和英）

⑽ 大箱子（青林國際）

⑾一隻想當獅子的貓（智茂）

⑿但願我是蝴蝶（和英）

⒀愛花的牛（遠流）

⒁森林大熊（格林）

⒂阿力和發條老鼠（上誼）

⒃查克笨（小魯）

⒄小獅子討厭（漢彥）

⒅小狼哥（智茂）

⒆誰是大明星（艾閣萌）

⒇短耳兔（天下雜誌）

4. 啟發想像力與創造力

包含遊戲和活動的繪本

⑴我家的怪物真可愛（格林）

⑵假裝是魚（信誼）

⑶戴帽子的貓（遠流）

⑷毛兒的大提琴（台英）

⑸小莫那上山（台英）

⑹恐龍王國歷險記（上誼）

⑺神秘的生日禮物（上誼）

⑻我自己玩（信誼）

⑼我們玩什麼（華一）

可以進行故事接龍或故事改編的繪本

⑴在一個晴朗的日子裡（遠流）

⑵喂！下車（遠流）

⑶永遠吃不飽的貓（遠流）

⑷門鈴又響了（遠流）

⑸好餓的毛毛蟲（上誼）

⑹好安靜的蟋蟀（上誼）

⑺你喜歡（上誼）

⑻當我想睡的時候（台灣麥克）

⑼三隻小豬的真實故事（三之三文化）

激發想像力與創造力

⑴天使和小孩（華一）

⑵鯨魚（三之三文化）

⑶你來當國王（華一）

⑷你不能帶氣球進大都會博物館（台灣麥克）

⑸小丑找新家（台灣麥克）

5. 問題解決

⑴白鴿少年（格林）

⑵公主的月亮（和英）

⑶卡夫卡變蟲記（格林）

⑷阿文的小毯子（三之三文化）

⑸聰明的小烏龜（三之三文化）

⑹眼鏡公主（信誼）

⑺魔法音符（格林）

⑻慌張先生（信誼）

6. 特教宣導

⑴我的妹妹聽不見（遠流）

⑵好好愛阿迪（和英）

⑶我的姐姐不一樣（遠流）

⑷瑞奇的煩惱（艾閣萌）

⑸超級哥哥（國語日報）

⑹跟著爺爺看（遠流）

⑺台灣星鼓王（羅慧夫顱顏基金會）

㈡繪本套書

1. 我會愛精選繪本（共十三冊）──《最好的朋友》、《很新很新的我》、《我不想長大》、《潔西卡和大野狼》、《大姐姐和小妹妹》、《我的妹妹聽不見》、《跟著爺爺看》、《威廉的洋娃娃》、《我的媽媽真麻煩》、《我的姊姊不一樣》、《想念外公》、《紙袋公主》、《叔公忘記了》/遠流/2005

2. 我的感覺系列套書（七冊）──《我想念你》、《我好難過》、《我好害怕》、《我好生氣》、《我嫉妒……》、《喜歡我自己》、《我會關心別人》/康娜莉雅·史貝蔓著/天下雜誌/2006

3. 兒童情緒管理系列──《我好生氣》、《我好沮喪》、《我好得意》、《我好害怕》、《我好興奮》、《我好氣憤》/Elizabeth Crary 著/心理/2003

4. 兒童問題解決系列──《我想要》、《我的名字不是笨蛋》、《我想加入》、《媽媽，請不要走》、《我等不及了》、《我迷路了》/Elizabeth Crary 著/心理/2002

5. 兒童自己做決定系列（一套三本）──《心怡的醃黃瓜》、《小威好煩的妹妹》、《芳芳的帽子》/Elizabeth Crary 著/心理/2003

6. 情緒教育動起來（套書）──《三隻小豬的真實故事》、《是誰嗯嗯在我的頭上？》、《第五個》、《菲菲生氣了》、《我好擔心》、《公主四點會來》、《是蝸牛開始的！》、《沒有人喜歡我》、《勇敢的莎莎》、《記憶的項鍊》、《江布朗和夜半貓》、《笨小豬》/三之三/2004

7. 大手牽小手系列套書（共三十七冊）──《在森林裡》、《瑪德琳》、《和我玩好嗎？》、《黑兔和白兔》、《我最討厭你了》、《哈利海邊歷險記》、《哈利的花毛衣》、《好髒的哈利》、《森林大會》、《三隻山羊嘎啦嘎啦》、《小房子》、《100 萬隻貓》、《獾的禮物》、《風喜歡和我玩》、《穿過隧道》、《我的衣裳》、《永遠吃不飽的貓》、《自己的顏色》、《像我平常那樣》、《門鈴又響了》、《我的祕密朋友阿德》、《在一個晴朗的日子裡》、《兔子先生，幫幫忙好嗎？》、《請不要忘記那些孩子》、《蠟筆盒的故事》、《喂！下車》、《黎明》、《風到哪裡去了》、《我要牛奶！》、《莎莉，離水遠一點》、《手套》、《班班的地盤》、《約瑟夫的院子》、《雲上的小孩》、《六個男人》、《媽媽爸爸不住一起了》、《愛花的牛》/DonFreeman 等/遠流/2003

三、漫畫書

1. 與光同行 1-10（漫畫）/戶部敬子著/臺灣東販（持續出版中）

四、視聽影片

(一)系列影集

片名	出版者	簡介
給我你的手 VHS VCD	公共電視	本系列共分為 4 集： 以關懷兒童為主旨，探討有關原住民、腦性麻痺、受虐兒、聽障兒童的教育，及相關身心問題，目的在喚醒大眾對兒童問題的重視，並進一步嘗試解決。
請幫我說話 VHS VCD	公共電視	本系列共分為 13 集，係針對語言溝通障礙者，包括智能障礙、腦性麻痺、聽障兒童、口吃、構音異常、失語症、吞嚥障礙、高危險群新生兒之治療與教育，對不同障礙類別進行分析治療之報導，以及國內外最新的發明、復健方法、提供語言溝通障礙者及家長適切的幫助。
比別人更多 VHS VCD	公共電視	本系列共分為 26 集，介紹各種類型的身心障礙者奮鬥歷程，包括生活、心聲及社會福利政策等，以記錄方式拍攝身心障礙者的生活寫照以及在社會中的傑出成就。
向命運挑戰 VHS VCD	公共電視	本系列共分為 6 集，以鼓勵身心障礙者參與運動，建立健康正確的障礙運動概念，以增進生活領域、建立自信，迎向命運挑戰。
聽聽看手語教學特教篇 VHS VCD	公共電視	本系列共分為 6 集，是以聽障朋友日常生活所需為主題，包含家庭、學校、公眾場合等，兼具知識性、教育性和服務性，並透過字幕方式傳達手與教學內容。
陽光與小草 VHS VCD	公共電視	本系列共分為 26 集，目的是喚醒對新生兒的疾病與醫療保健常識，因此在節目中有系統的介紹兒童常見的疾病，幫助觀眾了解兒童疾病的成因與特徵，並提供照顧兒童的相關知識。
星星的秘密 VHS VCD	公共電視	本系列共分為 52 集，介紹罹患罕見疾病的兒童，以深度記錄報導的拍攝方式，記錄罕見疾病病童與家庭，包括軟骨發育不全症、發展遲緩、透納氏症、地中海型貧血、黏多醣症等。
打開身心靈門窗 VHS VCD	公共電視	本系列共分為 4 集，介紹包括強迫症、注意力缺陷及過動症、創後失調症、自閉症等，有關國外的醫學進展、新藥研發、另類療法、醫療倫理的提升，增進觀眾對這些病症的知能。
兒童學習障礙 VHS VCD	公共電視	本系列共分為 2 集，介紹學習障礙兒童的學習問題，以及黃金療育時機，對學習障礙所被貼上「懶惰」、「愚笨」的標籤加以澄清。
我和我的普通朋友 VHS VCD	公共電視	本系列共分為 8 集，敘述爸爸和智障兒、小學生和自閉症同學、寄養家庭的保母和重度障礙兒童之間的真實故事，呈現身心障礙兒童和一般人的互動歷程。
絕地花園 VHS VCD	公共電視	本系列共分為 8 集，探討罕見病友的「基本」密碼，敘述他們的生命故事。

⑵特教相關電影

類別	相關影片
聽　　障	1996春風化雨、海倫凱勒、悲憐上帝的孩子、走出寂靜、無聲之愛、無聲的吶喊、愛的奇蹟
智　　障	學校（又名老師）、他不笨他是我爸爸、愛情DIY、阿甘正傳、乖男孩、戀戀情深、愛的真諦、再見乖男孩、安琪兒認識唐氏症、寬寬劇場超級腦袋瓜、愛的真諦
自閉症	雨人、終極密碼、他傻瓜誰聰明、馬拉松小子、 與光同行、星星的秘密～自閉兒的美麗花園、滄海赤子心、親親寶貝、星星的小孩、請幫我說話──自閉症 、自然去愛自閉症──認識自閉症、玻璃門後的世界漢娜的故事、揭開天才之秘
學　　障	秘密情事（閱讀障礙）、小孩不笨、真愛奇蹟（肢障與學障）、班級中的學障兒童──誰把我的聰明藏起來了
資　　優	心靈捕手、我的天才寶貝、天生小棋王、無情荒地有琴天
情　　障	美麗境界、心駭邊緣、鋼琴師（精神病）、一個頭兩個大（多重人格）、女生向前走、致命吸引力（人格違常）、艾美的世界摯愛（緘默症）、美夢成真（憂慮症）、非關男孩、鐵腕校長、伴我情深、凡夫俗子、愛在心裏口難開、大地的女兒、大腦迷思、精神分裂、憂鬱症（DISCOVERY）、跨越極限的愛──精神疾病障礙者的重生（公共電視）
病弱關懷	悄悄告訴她、伴你一生、天使的約定、再生之旅、 心靈點滴、鐵肺人生、潛水鐘與蝴蝶、一路有你、秘密花園、期望她長大、羅倫佐的油、不要傷害我小孩、意外的人生
愛的力量	殘愛（肌萎症）、阿宏的天空（肌萎症）、蝴蝶小姐、讓愛傳出去、德蕾莎修女、蜜蜜甜心派、人間有情天
視　　障	真情難捨、黑暗中追夢、天堂的顏色（融合教育）、五歲的願望、月亮的小孩、美麗新視界、妙聽聞、女人香、星願、真情難捨、黑暗之光、盲女心聲、海倫凱勒傳、伴我向前行
肢體障礙	我的左腳、滴血蘭花（CP）、永不低頭、用腳飛揚的女孩、象人、意外的人生、輪椅新娘、跛腳王、黃乃輝的故事、面具、美麗人生、水舞、七月四日誕生、口足畫家陳美惠──康軒文教機構、畫翼天使：楊恩典──公視【十年赤子情】
顏面傷殘	李麗君、小陽光的天空
注意力缺陷過動症	勇往直前、注意力失調與過動兒、認識過動兒
輔導影片	
親師互動	老師你好
生涯發展	舞動人生（舞蹈）、邁向顛峰（長跑）、熱帶魚、十月的天空
改變的力量	扭轉未來、生命可以NG？、天算不如人算、愛蜜莉的異想世界 三十姑娘一朵花、辣媽辣妹、小姐好辣

輔導影片	
家暴	綠巨人浩克、潮浪王子、老大靠邊站、老師上課了壞孩子
問題行為	危險遊戲、赤子本色、十五歲半、放牛班的春天
死亡教育	美夢成真、老師上課了天剛破曉時、地久天長
文化不利 低社經	魯冰花、天使的孩子、乞丐博士、天堂的孩子
親子關係	魔法阿媽、有你真好、蝴蝶、返家十萬里

參考資料：PTT 實習教師版，作者：feellike、石牌國中林芝紅

改變人生的 108 部影片，作者：華雲，中經社

開心成長必看的 30 部電影，作者：陳建榮，牧村出版社

新興國中影片目錄

讓愛飛揚——看電影學生命

（台北市新興國中劉娟芳老師提供）

▶ 貳、融合教育校園配合活動 ◀

融合教育　範例一　　　　　　　　　　　　　　　（台北市芳和國民中學提供）

台北市國民中學融合教育

※ 融合教育的落實

一、物理環境：建構無障礙的校園環境

二、心理環境：形塑真誠關懷的人文氣氛，提供成功經驗的展演舞台

三、課程與教學：量身個別適性的教學課程

四、支援系統：整合全方位的人力資源

一、物理環境

1. 逐年編列預算，改善學校無障礙環境。

2. 足夠的活動空間與專用教室供學生使用。

3. 特教班及學輔中心教室位置適當。

4. 能專款專用，採購學生所需之器材。

5. 提供交通車及輔具申請。

6. 提供輔具。

二、心理環境

(一)觸動人心的特教宣導活動

1. 是全面的：紮實地每年級都做不同的宣導。

2. 是多元的：特教知能研習、入班宣導、宣導海報、體驗活動、影片欣賞、有獎徵答、家長讀書會、藝文比賽、特教專刊等。

3. 是合作的：會融入學校的課程中、會結合班週會或各處室活動一起辦理。

4. 是感動人心的：活動過程中一定都會有引導，及設計體驗單和回饋表。

(二)提供特教學生成功經驗的展演舞台

1. 朝會表演：才藝及法律常識等表演。

優質 IEP：以特教學生需求為本位的設計與目標管理

2. 校慶活動：與普通班的大隊接力、啦啦隊、烘焙的義賣、作品的成果展等。

3. 社團活動：參加籃球校隊、太鼓隊等。

4. 校外比賽：假日運動會、市民運動會、特奧會、烘焙比賽等。

三、課程與教學

1. 特教班的融合課程

2. 普通班的融合課程

＊事前排課的協調

＊量身訂做的 IEP 會議

＊依學生需求安排課程

＊提供特殊的考試服務

＊多元能力課程

＊值得分享的課程

四、支援系統

1. 落實召開特教推行委員會，推動特教相關業務。

2. 於校務、行政或導師會報，宣導普特老師合作方式、特殊學生的特質及校內的轉介機制。

3. 召開小六升國一及國三轉銜會議，提早為新環境準備。

4. 因應學生個別問題，召開個案會議或危機處理會議。

＊申請臨時教師助理員

＊善用家長支援教學與組內活動

＊善用義工媽媽協助交通車導護

＊訓練小義工協助班上特殊學生

＊善用相關專業支援

—物理、職能與語言治療師

—巡迴團隊（嚴重情緒專業、身障巡迴教師）

—醫療諮詢（東區資源中心）

—社工個管

＊其他校外支援

—特奧會、理髮師、牙醫

融合教育　範例二

台北市國民小學融合教育——以○○國民小學為例

- 學生：小語
- 障礙類別：多重障礙
- 年級：國小二年級
- 經鑑安輔委員會安置於國小普通班接受身心障礙資源班特殊教育服務

PS：身心障礙資源班稱為「可愛家」，意旨有特殊教育服務需求的學生，就像可愛的天使一般，在我們的教室中，如同一個溫馨的家庭，與教師、同學共同歡笑、成長。

1. 家長參觀校園

- 小語母親於幼稚園大班下學期，到○○國小參觀，作為教育安置的參考。
- 家長希望讓孩子與普通班孩子共同學習，能安置於普通班。
- 協助家長到校參觀，了解普通班與可愛家上課情況。
- 家長與可愛家教師晤談，作為第一次的彼此了解。
- 家長與學校行政人員晤談，告知需要提供之協助。
- 家長初步了解校園環境及無障礙設施概況，提供需改善之處。

2. 教室安排

- 因小語為腦性麻痺學生，入學後其教室安排及動線需先行考量。
- 教務處提前規劃新學年度教室安排。
- 保留一樓教室為肢體障礙或多重障礙學生使用。
- 規劃可愛家教室與無障礙廁所及小語教室位置，經考量後，安排教室位置。

3. 轉銜確認

- 經鑑安輔會確認小語安置本校後，隨即安排第一次轉銜會議，及早溝通協調以增進孩子學習需求。
- 與家長聯繫安排第一次轉銜會議時間。
- 與小語幼稚園教師聯繫，安排第一次轉銜會議時間。
- 與可愛家教師初步討論，了解小語轉銜資料。

4. 第一次轉銜會議

邀請小語家長、學前幼教老師、學校行政人員與可愛家四位教師召開轉銜會議。
- 了解其生理、健康衛生、營養、身體機能、感官功能概況、輔具需求。
- 了解在家主要照顧者及家庭生活狀況。
- 了解上學、放學動線及接送方式。
- 了解在幼稚園學習概況及特殊需求
- 了解在幼稚園的社會人際關係

可愛家教師將獲得資料整理後，作為說明個案概況準備。

5. 召開特殊教育推行委員會

- 可愛家教師向特推會說明小語即將入學應有的準備。
- 決定接受安置班級減生人數與級任科任應有的準備。

6. 個案說明會

邀請新學年度將擔任一年級級任教師，說明幼小轉銜與學生概況。使未來可能擔任小語的級任教師事先了解概況並為認輔個案作準備。
- 說明小語優勢、弱勢能力。
- 家長可提供之協助之處。
- 行政可提供之協助之處。
- 可愛家教師提供之協助之處。

7. 認輔會議

- 本校期望身心障礙學生的安置能以教師專業及教師意願進行個案認輔，使學生能獲得良好安置概況。
- 教師針對個人往年接觸過的特殊兒童概況進行思考。
- 對學生能力的掌握及評估。
- 有特教專業背景教師尤佳。
- 小語於認輔會議時，由曾擔任資源班及資優班經驗，有特教四十學分之教師認輔。

8. 編班會議

- 將認輔會議資料送交註冊組。
- 於編班會議時由特教組向編班會議委員說明認輔概況。
- 註冊組於新生編班時，向參觀之家長說明認輔原則及認輔教師、學生搭配。
- 完成常態編班之公平原則及認輔之美意。

9. 親師座談會

- 新生入學第一天進行新生家長說明會，於會場宣導班上有特殊兒童之教育協助，宣導與之相處之道。
- 新生入學第一週進行親師座談會，導師於普通班進行班級宣導，告知其他家長小語概況及給予協助為何，並邀家長成為志工。
- 另由小語家長與可愛家教師進行 IEP 初擬，針對普通班、資源班學習概況進行規劃。

10. 期初 IEP 會議

由可愛家教師、導師、家長、科任教師進行 IEP 計畫擬定。尋求職能治療師、物理治療師之專業協助，融入 IEP 計畫中。

- 設定短期、中期、長期學習目標。
- 普通班課程與資源班課程與教學的搭配協調。
- 增強、輔導策略的設定。
- 評量方式的設定與標準。

11. IEP 檢討會議

- 於期中進行個案會議暨 IEP 檢討會議。
- 針對學生體育、綜合活動、英語課上課情形檢討其學習目標設定。
- 討論評量方式及期末各科分數的評量方式。
- 除量化分數的評量外，各科教師以質性評量方式，為小語撰打學習概況說明。
- 討論可愛家評量方式、標準。
- 討論相關考試的特殊需求及協助。

．延長考試時間、調整考試深度、內容。

12. 學習動線規劃

．透過與家長、教師溝通了解後，針對有待改進之處進行改善。
．增設樓梯間及相關出入口扶手設施。
．活動中心入口及動線規劃及協助。
．專科教室、圖書室動線安排。
．至操場活動動線安排。

13. 無障礙廁所設置

．校方原有之無障礙廁所，因馬桶高度設計為高年級學生、大人所使用，不敷小語高度需求。
．特於小語入學前暑假，進行改善，於無障礙廁所內設有兩種高度之馬桶，以方便小語使用。
．另設置緊急狀況通知按鈕，與行政單位、警衛室做聯繫。

14. 無障礙環境規劃

．配合教育局調查各校無障礙設施概況，邀請小語家長、陽明大學教授進行校園無障礙環境設施評估。
．針對應改善之各樓梯扶手、進入活動中心輪椅坡道、教室把手設施進行預算規劃。
．逐年完成各項改善工程。
．無障礙環境設施網頁也完成建立，榮獲 A 等網頁。

15. 輔具需求

．於第一次轉銜會議時，了解其輔具需求，並於學期中針對學習需求，陸續向西區特教中心申請借用輔具。
．助行器：學生移行及學習步行使用。
．特殊課桌椅：較大桌面及可固定學生肢體之椅子。
．輪椅：由家長及助理員協助移動及參與活動使用。
．鍵盤洞洞板：學生用鍵盤打字可避免碰觸其他按鈕使用。

16. 小語歡迎會

- 小語導師為富資源班教學經驗之教師，對於融合教育之概念能融會使用。
- 於開學第二天，安排小語歡迎會，使該班學生能在第一類接觸有良好之經驗。
- 可愛家教師並入班給予導師協助。
- 共同說明如何與小語相處及需要協助。
- 另說明小語之優點。
- 該活動相當成功的營造班級氣氛，使小語往後在學習、同儕互動上有了良好的起點。

17. 座位安排

- 導師與家長溝通後，安排小語座位靠近教師辦公桌，第二排的位置。
- 在上課時間導師能就近了解小語狀況並適時給予協助。
- 另有教師助理員位置在小語旁邊，給予學習上的協助及上課時飲食、如廁協助。
- 第二排的座位使小語能聽清楚上課教師的口語並給予回答、互動的機會。

18. 增強方式

- 小語對食物的增強喜好不高。
- 在參與活動或回答後給予口頭鼓勵及同儕鼓勵對其有高度強化增強效果。
- 受到鼓勵時，小語會高興的拍手，笑得很開心。
- 同儕、教師也因其開心的態度而更喜愛他。
- 各科教師及可愛家教師共同使用該增強策略，使小語能有所依循。

19. 親師合作

- 小語母親對其教育非常重視，除在學校時間外，也於課後帶小語至相關醫療單位進行訓練、學習。
- 家長樂於將本身所知向導師、可愛家教師提出建議。
- 共同討論適合小語之學習內容。
- 於返家後家長也配合教師指示給予指導。
- 家長主動協助特教宣導的活動。

20. 同儕協助

- 導師安排不同的同學為小組後，與小語於上課時間進行互動、遊戲。
- 低年級的學生非常可愛，能主動與小語聊天，幫小語裝水壺的水，準備下一堂課的課本。
- 小幫手也負責通知可愛家教師，小語在教室情緒不穩定的情況。

21. 學習目標設定

- 適應學生現階段能力設定其短程目標。
- 配合家長及教師期望設定中、長程目標。
- 該生在語文學習上有興趣及優勢傾向，在數學學習上較弱勢。
- 教師及家長決定先以其優勢——語文做為一年級學習的重點
- 一年級期初設定以口語、書寫為其主要表達方式。

22. 評量方式調整

- 經一學期的學習、觀察後，發現小語在握筆上確實有其困難，與家長溝通是否降低其握筆書寫情況。
- 可愛家教師開始讓小語以電腦打字的方式替代書寫。
- 聽寫測驗改以電腦打字後，小語更能表現出其學習優勢。
- 於 IEP 檢討會時，與各科教師說明、討論評量方式的調整，如改為指認、配對、口語認讀等方式替代紙筆測驗。
- 經過調整後，小語在學習上更有信心，也更加深自己學習的興趣。

23. 可愛家聯絡簿

- 除了普通班有聯絡簿作為導師與家長的互動管道外，可愛家教師與家長也另有一本聯絡簿，作為小語每日學習的記錄。
- 另此聯絡簿讓家長與可愛家教室進行深層的對談，期能對小語的學習更有幫助。
- 家長也常利用送孩子到校後到可愛家與教師溝通，保持持續的互動。

24. 鍵盤打字替代書寫

- 小語在學習上最大的改變與進步就是接觸了鍵盤打字。
- 雖然速度不似一般學生快速，但小語在經過指導後，能自行找出需要的注音符號，並以單手按按鈕輸入。另也能了解需要找出正確的字後再輸入。
- 現在的小語，已經能將聽到的句子以鍵盤打字方式輸入，出現在螢幕上的一字一句，都是她努力學習得來的。
- 或許未來有一天，你有機會看到她的文章，甚至是詩句喔！

25. 入班宣導

- 導師於開學辦理小語歡迎會。
- 親師座談會由導師及可愛家老師共同向其他家長說明小語概況。
- 可愛家教師入班向同學說明小語優弱勢，並告知同學如何協助小語。
- 家長將小語在家中學習、活動的照片整理後，讓小朋友了解小語在家的生活。

26. 普通班教師特教知能研習

- 特教組與可愛家教師討論後，於期末特推會向委員說明將於下學期辦理有關「腦性麻痺」的相關研習，期使全校教師能更了解有關腦性麻痺的身心理特質及如何給予協助。
- 於小語一年級下學期時辦理普通班教師特教知能研習，講題為「腦性麻痺兒童的肌肉張力與處遇」。
- 該次研習讓全校教師更深入了解腦性麻痺的類型及小語的概況，做為未來可能擔任小語教師時的準備。

27. 推銷優勢活動

- 導師、家長與可愛家教師共同規劃「推銷優勢活動」。
- 將小語一年來的學習製作成一個照片合輯，讓該班同學知道小語在這一年來的成長。
- 同學更加了解小語的學習優勢及其努力的學習態度。
  PS：小語在一升二的暑假，學會了騎腳踏車（經特殊改造），同學知道時，都驚呼太厲害了，自己都還沒有學會呢！

28. 生命教育創新教學

- 導師於十一月份負責「生命教育創新教學」教學觀摩，獲得參觀的台北市教師高度肯定。
- 導師透過另一位也是腦性麻痺的大姊姊的影片，讓孩子了解除了小語外，生活周遭已有許多需要我們關懷的人。
- 體驗活動：讓其他孩子穿上護膝，模擬沒有腳時，在地上以膝蓋移動的情況。

29. 相關經費申請

- 特教組協助申請「身心障礙學生無法自行上下學交通補助費」。
- 因小語表現優良，經與教師討論、特推會通過後，為小語申請「身心障礙學生助學金」，作為小語認真學習的鼓勵。

30. 教師助理員申請

- 於一年級時即向特教科申請教師助理員，協助小語移行、如廁、用餐。
- 申請之助理員本身於幼稚園時即與小語有所接觸，能迅速了解小語概況並給予適切的協助。
- 可愛家教師、導師定期與助理員溝通，彼此交換小語學習概況並給予協助方針。

31. 專業團隊申請

- 申請職能治療師，每個月一次幫助小語在職能治療需求上的協助。可愛家教師及家長也共同向治療師請教相關指導方式。
- 申請物理治療師，於期初評估小語的輔具需求及調整，另提供在教室、移行輔具使用的指導及方式。
- 申請語言治療師，評估小語的口語狀況並提供口語訓練的方針。

32. 運動會、校慶參與

- 由教務處、特教組與體育老師、其他行政單位協調，如何使小語參與運動會、校慶活動。
- 一年級的小語，參與了運動會的出場、趣味競賽，在家長的陪同下，小語留下

了歡樂的回憶。

- 校慶的班級表演活動，小語也上台演出，充滿笑容的她，在助理員協助下，也是最亮眼的巨星。

融合教育　範例三　　　　　　　　　　（台北市泉源國小特教組魏嘉宏老師提供）

特教宣導活動統整架構圖

主要活動——九年一貫領域：語文、資訊、綜合、健康與體育、生命教育

◆ 特教宣導：設置特教宣導專欄、影帶欣賞、口頭宣導、海報製作、身障者演講

◆ 課外閱讀：書籍、國語日報（星期日）、網路閱讀

◆ 體驗活動：單手操作、保齡球賽

◆ 學藝活動：低年級著色活動、中年級畫卡片寫書籤、中高年級寫作活動

◆ 機構參訪：參訪「陽明教養院」、「振興復健醫學中心」

◆ 愛心服務：擔任小志工

◆ 心得分享：短文分享、口頭分享

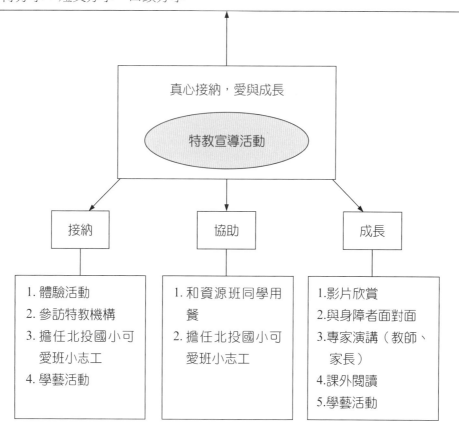

特教小天使榮譽護照（低年級）

小朋友大家好，

　　你曾經看過身心有障礙的朋友嗎？你知道該如何實際去幫助他們嗎？學校今年舉辦特教小天使的活動，希望藉由這個活動的舉行，同學們能夠知道身心障礙朋友的特性、接納他們的不同，進而去針對他們的需求給予最有效的協助。

　　以下共有四大項的活動，每個主活動又分為 2-3 個活動不等，小朋友只要完成每個小活動就可以請負責的老師們簽名或蓋章。如果你完成了所有的活動，代表你已經完成特教小天使的訓練課程，學校將頒發一張「特教小天使榮譽獎狀」作為鼓勵喔！

　　所有的活動將從現在開始到這學期結束，希望小朋友們能夠爭取這項榮譽。

課外讀物閱讀及心得分享	閱讀特教相關課外讀物並且做記錄	閱讀國語日報（星期一特教專欄）		心得分享（能說出要如何幫助）
學藝活動	著色活動	製作一張送給身心障礙朋友的小卡片		
親身體驗	實際幫助身心障礙的小朋友（校內）	實際幫助身心障礙的小朋友（校內）		
闖關活動	嘴上功夫	相輔相成	有口難言	
備註：				

特教小天使榮譽護照（中年級）

小朋友大家好，

　　你曾經看過身心有障礙的朋友嗎？你知道該如何實際去幫助他們嗎？學校今年舉辦特教小天使的活動，希望藉由這個活動的舉行，同學們能夠知道身心障礙朋友的特性、接納他們的不同，進而去針對他們的需求給予最有效的協助。

　　以下共有四大項的活動，每個主活動又分為 2-3 個活動不等，小朋友只要完成每個小活動就可以請負責的老師們簽名或蓋章。如果你完成了所有的活動，代表你已經完成特教小天使的訓練課程，學校將頒發一張「特教小天使榮譽獎狀」作為鼓勵喔！

　　所有的活動將從現在開始到這學期結束，希望小朋友們能夠爭取這項榮譽。

生活體驗活動	兩人三腳	暫時不說話	
課外讀物閱讀及心得分享	閱讀特教相關課外讀物並且做記錄	閱讀國語日報（星期一特教專欄）	心得分享
學藝活動	寫作活動（寫一篇和特教有關的作文）	製作一張送給身心障礙朋友的小卡片	
親身體驗	實際幫助身心障礙的小朋友（校內）	實際幫助身心障礙的小朋友（校內）	實際幫助身心障礙的小朋友（校內）
闖關活動	嘴上功夫	相輔相成	有口難言
備註：			

特教小天使榮譽護照（高年級）

小朋友大家好，

　　你曾經看過身心有障礙的朋友嗎？你知道該如何實際去幫助他們嗎？學校今年舉辦特教小天使的活動，希望藉由這個活動的舉行，同學們能夠知道身心障礙朋友的特性、接納他們的不同，進而去針對他們的需求給予最有效的協助。

　　以下共有四大項的活動，每個主活動又分為 2-3 個活動不等，小朋友只要完成每個小活動就可以請負責的老師們簽名或蓋章。如果你完成了所有的活動，代表你已經完成特教小天使的訓練課程，學校將頒發一張「特教小天使榮譽獎狀」作為鼓勵喔！

　　所有的活動將從現在開始到這學期結束，希望小朋友們能夠爭取這項榮譽。

生活體驗活動	兩人三腳	暫時不說話	「盲」得不得了
課外讀物閱讀及心得分享	閱讀特教相關課外讀物並且做記錄	閱讀國語日報（星期一特教專欄）	心得分享
學藝活動	寫作活動（寫一篇和特教有關的作文）	製作海報（可以全班做一張）	
親身體驗	參觀聖安娜之家（10/17）	參觀陽明教養院（11/06）	實際幫助身心障礙的小朋友
闖關活動	嘴上功夫	相輔相成	有口難言
備註：			

特教小天使　　榮譽狀

_____小朋友恭喜你完成特教小天使的活動

現在的你是人人所稱羨的「特教小天使」

希望你能將你滿滿的愛心散播給有需要的

小朋友

　　　　　　　○○國小校長

中　華　民　國　　　　年　　　月　　　日

生命教育影片觀後心得分享單

一、今天早上在禮堂觀看一部影片，片名是【＿＿＿＿＿＿＿＿＿＿＿＿＿＿】；
　　這是描述【＿＿＿＿】的故事。劇中人物從小＿＿＿＿＿＿＿＿＿＿＿＿
　　＿＿＿＿＿＿＿＿＿＿＿＿＿＿＿＿＿＿＿＿＿＿＿＿＿＿＿＿＿＿＿＿

二、在這部影片中，主角雖然＿＿＿＿＿＿＿＿＿＿卻＿＿＿＿＿＿＿＿＿＿
　　＿＿＿＿＿＿＿＿＿＿＿＿＿＿＿＿＿＿＿＿＿＿＿＿＿＿＿＿＿＿＿＿

三、在影片中最讓我印象深刻的一幕是＿＿＿＿＿＿＿＿＿＿＿＿＿＿＿＿＿
　　＿＿＿＿＿＿＿＿＿＿＿＿＿＿＿＿＿＿＿＿＿＿＿＿＿＿＿＿＿＿＿＿
　　最讓我感動的一句話是＿＿＿＿＿＿＿＿＿＿＿＿＿＿＿＿＿＿＿＿＿＿
　　＿＿＿＿＿＿＿＿＿＿＿＿＿＿＿＿＿＿＿＿＿＿＿＿＿＿＿＿＿＿＿＿

四、她尊重生命、看重自己的態度，讓我深深覺得＿＿＿＿＿＿＿＿＿＿＿＿
　　＿＿＿＿＿＿＿＿＿＿＿＿＿＿＿＿＿＿＿＿＿＿＿＿＿＿＿＿＿＿＿＿
　　我在想，如果今天我是劇中的主角，＿＿＿＿＿＿＿＿＿＿＿＿＿＿＿＿
　　＿＿＿＿＿＿＿＿＿＿＿＿＿＿＿＿＿＿＿＿＿＿＿＿＿＿＿＿＿＿＿＿

五、看完影片之後，我好想對主角說：「＿＿＿＿＿＿＿＿＿＿＿＿＿＿＿＿
　　＿＿＿＿＿＿＿＿＿＿＿＿＿＿＿＿＿＿＿＿＿＿＿＿＿＿＿＿＿＿＿＿

六、生命是一連串長期而持續的累積。今天我能夠健健康康、平平安安的過生活，我
　　真的要感謝＿＿＿＿＿＿＿＿＿＿＿＿＿＿＿＿＿＿＿＿＿＿＿＿＿＿＿
　　＿＿＿＿＿＿＿＿＿＿＿＿＿＿＿＿＿＿＿＿＿＿＿＿＿＿＿＿＿＿＿＿
　　而對於生命我也將更懂得珍惜並且善待自己。

　　　　　　　　　　　　　　　　　我是樂於分享的：【　　　　　】

特教活動回饋單

分享者：＿＿＿＿＿＿ 年級：＿＿＿

小朋友，前一陣子體驗了許多有關特教的活動，你從中感受了多少？請試著和大家一起分享吧！

【活動一】「盲」得不得了

活動內容：兩兩一組，一人扮演視障者，另一人扮演協助者。每組活動時間兩節課。

我的感想是～

【活動二】暫時不說話

活動內容：一整天的上課時間試著不說話，必要時戴上口罩以防止不小心說出話來。

我的感想是～

【活動三】嘴上功夫

活動內容：嘴上含著彩色筆前進到目的地，並且在所準備的圖畫紙上寫出成語。

我的感想是～

【活動四】相輔相成

活動內容：兩兩一組，一人扮演視障者並且背另一個人，被背的人以口語引導視障者前進，突破 3 個障礙物。

我的感想是～

【活動五】有口難言

活動內容：一個人扮演讀唇語的聽障者，將句子讀給隊友「看」，請隊友猜出來。

我的感想是～

【活動六】參訪特教機構

活動內容：隨同學校的老師們到特教機構參觀。【聖安娜之家或是陽明教養院】

我的感想是～

請家長簽名：

回饋單

如果班上有特殊的小朋友，我該怎麼幫助他？
（用寫的、用畫的都可以）

在這一節課中，
你看到了什麼？

你學到什麼？

你印象最深的一句話或是一段影片？

我是最懂得回饋的 _____

校外人士蒞校演講心得分享單

1. 今天是中華民國_____年_____月_____日，

   學校邀請_____到校演講，

   講題是：_____。

   他（她）是一位_____的人。

2. 在他（她）的演講內容中最令我印象深刻的一句話是：

   「   」，

   這句話讓我有_____的感覺。

3. 演講結束之後我的感想是：（用畫的或用寫的都可以）

4. 回家之後我和家裡的_____分享這次的演講，而他（她）給我的回饋是：

   _____

   _____

   我是快樂分享者：　　　年　　　班【　　　　　】

   家長簽名：_____

CHAPTER 7

學校特殊教育經營與管理

本章提供台北市九十四～九十九年特教發展的方向——即所謂的「特教白皮書」，讓每位教師知道自己工作及專業的走向，以為預備未來做努力。同時也提供非常實用的特教經營與管理的表單，內容分為兩大項：特教行政表單及特教輔導表單。由學生的聯絡、測驗、學生的輔導、訪談記錄、成績的管理、到經費的使用等等應有盡有，為各類特教教師，提供一套簡單易行的執行與管理表單。

▶ 壹、台北市身心障礙教育白皮書第二版 ◀

〔資料來源：台北市政府教育局（**2005**）〕

工作重點及規劃期程

願　　景	實施策略	工作重點	94年	95年	96年	97年	98年	99年
一、卓越的特教行政組織	加強特殊教育專責單位功能	督導各校特教推行委員會、特教業務的運作	˅	˅	˅	˅	˅	˅
		強化鑑輔會、諮詢委員會功能，提供本市特殊教育政策之研議、規劃工作之諮詢、申訴事宜	˅	˅	˅	˅	˅	˅
		配合社政、勞政、醫療系統，定期辦理身心障礙學生通報，依實際需求規劃特教班及教育資源分配	˅	˅	˅	˅	˅	˅
		整合各特教資源中心功能	˅	˅	˅	˅	˅	˅
	發揮輔導團隊服務功能	研議成立學前特殊教育輔導小組		˅	˅			
		各教育階段特教輔導小組提供本市學校、教師、家長及學生，有關教學輔導、巡迴輔導、諮詢等服務，以支援各校需求	˅	˅	˅	˅	˅	˅
二、專業的鑑定安置與就學輔導	設置鑑定工作研究小組	成立學前身心障礙幼兒鑑定工作研究小組	˅					
		成立國中小學障、情障學生鑑定工作研究小組	˅					
		成立高中職身心障礙學生鑑定工作研究小組		˅				
	建立鑑定人員分級制	研訂鑑定人員分級制度			˅			
		確立鑑定人員相關權責			˅			
	強調以學生需求為中心，落實融合教育，提供適性安置	研修相關專業團隊鑑定流程	˅	˅	˅	˅	˅	˅
		充實及協助研發各障礙類別鑑定工具	˅	˅	˅	˅	˅	˅
		落實彈性的教育安置	˅	˅	˅	˅	˅	˅
		每年各校定期評估學生教育安置適切性	˅	˅	˅	˅	˅	˅
三、多元的支援系統	落實身心障礙學生教訓輔合一實施方案	建立學校身心障礙學生輔導網絡，研訂輔導工作手冊	˅	˅				
		落實身心障礙學生認輔制度，強化個案管理教師輔導學生的職責	˅	˅	˅	˅	˅	˅
		辦理專業輔導研習活動，強化教師教學與輔導整合能力	˅	˅	˅	˅	˅	˅
		結合社區輔導資源	˅	˅	˅	˅		
	營造積極接納的無障礙校園環境	持續改善校園無障礙環境	˅	˅	˅	˅	˅	˅
		編印宣導資料	˅	˅	˅	˅	˅	
		擬定推動校園接納關懷身心障礙學生計畫	˅					

願景	實施策略	工作重點	94年	95年	96年	97年	98年	99年
	推動校園特教團隊運作模式	辦理資源班、特教班巡迴服務	∨	∨	∨	∨	∨	∨
		辦理特教班、資源班教師成長與交流	∨	∨	∨	∨	∨	∨
		辦理校園特教團隊運作績優學校觀摩	∨	∨	∨	∨	∨	∨
		補助學校經費聘請醫師、心理師等專業人員到校輔導	∨	∨	∨	∨	∨	∨
	整合與運用校內外支援系統	提供學校各支援系統服務資訊	∨	∨	∨	∨	∨	∨
		鼓勵學校連結及運用各項資源	∨	∨	∨	∨	∨	∨
		建置特教教師資源交流網頁，以分享教育資源及教學成果	∨	∨	∨	∨	∨	∨
		落實身心障礙學生情緒及行為問題專業支援團隊工作	∨	∨	∨	∨	∨	∨
		結合社政、勞政、醫療相關單位，提供相關資源資訊	∨	∨	∨	∨	∨	∨
	培訓並督導各障礙類別巡迴輔導人員及相關專業團隊人員	聘請專家學者定期指導	∨	∨	∨	∨	∨	∨
		辦理巡迴輔導人員及相關專業團隊人員的專業成長	∨	∨	∨	∨	∨	∨
		定期評估服務成效	∨	∨	∨	∨	∨	∨
	成立及培訓特殊教育的志工團隊	鼓勵各校成立特教志工團隊，招募學生或校外人士擔任志工	∨	∨	∨	∨	∨	∨
		辦理志工特教知能研習	∨	∨	∨	∨	∨	∨
	補助與督導私立高中職辦理特殊教育	補助私立高中職資源教室輔導經費	∨	∨	∨	∨	∨	∨
		補助私立高中職辦理特教知能研習	∨	∨	∨	∨	∨	∨
		加強私立高中職之巡迴輔導	∨	∨	∨	∨	∨	∨
四、優質的特教人員	加強辦理行政人員特教知能研習	加強辦理行政人員（教育行政、校長、主任、組長等）修習特教學分及研習	∨	∨	∨	∨	∨	∨
	加強普通班教師特教知能	進用修畢三個特教學分或五十四小時特教知能研習的一般學科教師	∨	∨	∨	∨	∨	∨
		提供現職一般學科教師特教知能研習	∨	∨	∨	∨	∨	∨
	加強辦理特教教師知能研習	培養特教教師具備輔導各類身心障礙學生之專業知能	∨	∨	∨	∨	∨	∨
		鼓勵特教教師進修學科知能	∨	∨	∨	∨	∨	∨
		組織特教教師分區成長團隊	∨	∨	∨	∨	∨	∨
		加強特教教師教學實驗與研究能力	∨	∨	∨	∨	∨	∨
		辦理各階段各類身心障礙學生鑑定人員初階、進階研習培訓	∨	∨	∨	∨	∨	∨

願　　景	實施策略	工作重點	94年	95年	96年	97年	98年	99年
	提升特教教師運用整合資源知能	推廣特教教師專業能力自我檢核		✓	✓			
		加強特教教師與普通班教師合作、協同教學之知能	✓	✓	✓	✓	✓	✓
		舉辦資源整合與運用研習		✓	✓	✓	✓	✓
	建立特教教學輔導教師制度	辦理新進教師職前特殊教育知能研習，提供新進教師的特教教學及輔導技巧	✓	✓	✓	✓	✓	✓
		委請特殊教育輔導小組協助新進教師具備教學及輔導技巧	✓	✓	✓	✓	✓	✓
		鼓勵各校、各分區建立特教教學輔導教師制度		✓	✓	✓	✓	✓
五、適性的課程與教學	落實特殊教育課程與普通教育課程之整合與運用	辦理特殊教育課程與九年一貫課程整合與運用研習	✓	✓	✓	✓	✓	✓
		分區辦理各教育階段特殊教育課程設計研習	✓	✓	✓	✓	✓	✓
		加強宣導請各校將特教課程融入社區及學校本位課程設計	✓	✓	✓	✓	✓	✓
		於校長會議中宣導請各校將特教教師納入課程發展會委員	✓	✓	✓	✓	✓	✓
	加強推廣身心障礙學生適應體育活動	規劃身心障礙學生適應體育課程之研究與發展	✓	✓	✓	✓	✓	✓
		鼓勵各校加強辦理身心障礙學生適應體育活動	✓	✓	✓	✓	✓	✓
		補助各級學校改善特殊體育教學環境設備、充實器材及設備	✓	✓	✓	✓	✓	✓
		加強特殊體育教學之師資培訓及進修	✓	✓	✓	✓	✓	✓
		加強特殊體育教學之支援與輔導工作	✓	✓	✓	✓	✓	✓
	加強身心障礙學生的多元化評量	加強宣導各學校應依身心障礙學生需求實施多元化評量	✓	✓	✓	✓	✓	✓
		各校落實執行身心障礙學生多元化評量	✓	✓	✓	✓	✓	✓
	建立特教教材、教法、教具分享交流機制	各特殊教育資源中心視需要建立教材、教法、教具分享平台	✓	✓	✓	✓	✓	✓
		蒐集彙整特殊教育教材、教法、教具	✓	✓	✓	✓	✓	✓
六、精緻的轉銜服務與生涯輔導	實施職業陶冶與訓練	加強各教育階段職業陶冶	✓	✓	✓	✓	✓	✓
		實施學生性向及職業能力評估	✓	✓	✓	✓	✓	✓
		落實高職學生職業實作課程	✓	✓	✓	✓	✓	✓
		辦理職場參觀及體驗活動	✓	✓	✓	✓	✓	✓
		開拓社區實作職點	✓	✓	✓	✓	✓	✓
		鼓勵學生參加技能檢定及競賽	✓	✓	✓	✓	✓	✓

願　景	實施策略	工作重點	94年	95年	96年	97年	98年	99年
	加強推動生涯輔導	輔導各校辦理生涯輔導研習活動	∨	∨	∨	∨	∨	∨
		編製生涯輔導手冊暨光碟	∨	∨	∨	∨	∨	∨
		建立生涯輔導資訊資源網	∨	∨	∨	∨	∨	∨
		加強督導學校積極輔導學生開創生涯進路	∨	∨	∨	∨	∨	∨
	落實轉銜服務工作	落實學生轉銜通報工作	∨	∨	∨	∨	∨	∨
		辦理各教育階段課程與教學轉銜研討會	∨	∨	∨	∨	∨	∨
		各校辦理轉銜輔導會議，以提供整體化之服務	∨	∨	∨	∨	∨	∨
		各校辦理親師座談會	∨	∨	∨	∨	∨	∨
		運用生涯輔導資源資料庫，提供學生生涯規劃之參考	∨	∨	∨	∨	∨	∨
		配合勞工局、社會局提供學生升學、就業、職訓、養護、醫療等轉銜服務	∨	∨	∨	∨	∨	∨
		各校轉銜追蹤學生至少六個月	∨	∨	∨	∨	∨	∨
七、完善的支持性家庭服務	配合相關單位推動支持性家庭服務計畫	推廣台北市身心障礙學生社工個案管理工作	∨	∨	∨	∨	∨	∨
		各級學校落實提供學生的家庭包括資訊、諮詢、輔導等支援服務	∨	∨	∨	∨	∨	∨
	以學校或社區為本位的親職教育	學校編印特殊教育親職宣導資料	∨	∨	∨	∨	∨	∨
		結合民間辦理特教活動	∨	∨	∨	∨	∨	∨
		學校結合社區資源辦理親師座談及親職講座	∨	∨	∨	∨	∨	∨
	推動身心障礙者終身學習	高級中等進修學校依學生需求提供特教服務	∨	∨	∨	∨	∨	∨
		特殊教育學校辦理休閒、藝文、技藝、生活等課程	∨	∨	∨	∨	∨	∨
		社區大學辦理多元課程	∨	∨	∨	∨	∨	∨
八、創新的特殊教育評鑑與輔導	將校園特教團隊運作情形列入校務評鑑	將屬於行政運作及支援部分整合為「校園特教團隊運作」向度，納入校務評鑑	∨	∨	∨	∨	∨	∨
	實施個案輔導評量	規劃本市特殊教育個案輔導評量計畫與評量項目	∨	∨				
		編製本市特殊教育個案輔導評量手冊	∨	∨				
		定期實施個案輔導評量	∨	∨	∨	∨	∨	∨
		獎勵績優及追蹤輔導待改進學校	∨	∨	∨	∨	∨	∨

▶ 貳、特教行政表單 ◀

○ 特殊學生轉介表

○ 測驗通知書

○ 教育安置通知書

○ 資源班家長座談會通知書

○ 特教班家長同意書（範例一）

○ 家長接受特教服務同意書
　（範例二）

○ 教師同意書（範例一）

○ 導師及任課教師通知書（範例二）

○ 特殊教育教師現況一覽表

○ 特教學生一覽表

○ 資源班開課一覽表

○ 資源班個別學生課表

○ 特殊教育資源班總課表

○ 資源班分組名單（範例一）

○ 資源班各科分組名單（範例二）

○ 特教組【年度經費】編列／執行概況
　一覽表

○ 特教組工作日誌（範例一）

○ 特教組工作日誌（範例二）

○ 資源班工作日誌（範例三）

○ 特教組會議記錄

○ 資源班段考成績通知

○ 資源班學生回歸原班通知書

○ 學生通知單

○ 缺席通知單

○ 資源班與普通班教師聯繫單

○ 資源班學生出缺席記錄表

特殊學生轉介表

班級	座號	姓名	疑似身障類別	晤談內容	轉介決議						轉介者／單位
					無需轉介	暫緩轉介			可予轉介		
						繼續蒐集轉介資料	提供任課教師相關資料	建議家長採取相關措施			

（前台北市立中山女中許秀英老師提供）

測驗通知書

家長：

　　貴子弟　　　　　　　　經本校鑑定小組之初步篩選之後，認為需要再做進一步的測驗與診斷，確認貴子弟的潛能與基本能力，做為適當教育服務的依據。測驗將由專業之老師實施；並為保障貴子弟隱私權，結果除當做老師教學的參考之外，不會對外公布。敬請惠允合作。

　　此致
貴家長

○○○○特教組敬上

中華民國　　　年　　　月　　　日

測驗同意書

□同意

　　　　子弟　　　　　　　　接受下列之測驗

1.

2.

3.

□不同意

家長簽章：

中華民國　　　年　　　月　　　日

（台北市東區特教資源中心蔡明蒼主任提供）

教育安置通知書

　　貴子弟　　　　　將自　　月　　日起在資源班進行輔導及教學。在此期間，我們將觀察他的學習情形，決定是否繼續接受資源班輔導。下列事項請您協助配合，使您的孩子在資源班的學習更有效率。

　　一、資源班輔導及教學為一免費的服務。

　　二、每一位入班學生會有一本資源班聯絡簿，請您抽空查閱並簽名，以了解孩子的學習情形。

　　三、除了孩子在資源班的輔導外，其他有關孩子在校的情形，都非常歡迎您與我們溝通連繫。

　　電話：○○○○特教組資源班

　　此致
貴家長

　　　　　　　　　　　　　　　　　　　　　　　　　　資源班敬上

回　　條

□同意

　　　　子弟　　　　　於資源班接受輔導及教學

□不同意

　　　　　　　　　　　　學生姓名：

　　　　　　　　　　　　學生家長：　　　　　　簽章

　　　　　　　　　　　　中華民國　　　年　　月　　日

（台北市東區特教資源中心蔡明蒼主任提供）

資源班家長座談會通知書

家長：

　　貴子弟　　　　　　　經由本校鑑定小組鑑定後，建議部分時間接受資源班補救教學的教育服務。此次召開座談會之目的，即是希望您了解孩子的學習現況，以及資源班的補救教學計畫，彼此交換意見。也希望經由您的配合與支持，使孩子有更好的學習成效。

時間：　　　月　　　日星期　　　　午　　　點
地點：○○○○會議室
電話：○○○○特教組資源班
　　　　　　　（請在　　月　　　日前將回條擲回特教組，謝謝）

回　　條

本人

　　□將準時參加家長座談會。

　　□因事不克參加。請以電話或書面資料再聯絡。

備　註：

　　　　　　　　　　　　　　　　學生姓名：
　　　　　　　　　　　　　　　　學生家長：　　　　　　　　簽章
　　　　　　　　　　　　　　　　中華民國　　　年　　　月　　　日

（台北市東區特教資源中心蔡明蒼主任提供）

特教班家長同意書（範例一）

　　本人同意子弟　　　　　　於　　年　　學期開始參加〇〇國〇特教班，以接受更適當的教學與輔導，並隨時與特教班教師保持聯繫，共同合作改善其學習狀況。

　　　　此致
　　〇〇國民〇學

　　　　　　　　　　　　　　　　學生家長：　　　　　　　　簽章
　　　　　　　　　　　　　　　　中華民國　　　年　　月　　日

　　　　　　　　　　　　　（台北市東區特教資源中心蔡明蒼主任提供）

家長接受特教服務同意書（範例二）

　　本人已清楚了解貴校特殊教育為子女　　　　　　　所提供「個別化教育計畫」的服務內容，茲同意參加特殊教育服務，並願意隨時與特教教師保持密切聯繫，以充分發揮子女的潛能。

　　　　此致
　　　　　學校　　特殊教育推行委員會

　　　　　　　　　　　　　　　　學生家長：　　　　　　　　簽章
　　　　　　　　　　　　　　　　中華民國　　　年　　月　　日

　　　　　　　　　　　　　（前台北市立中山女中許秀英老師提供）

教師同意書（範例一）

　　茲同意＿＿＿＿年＿＿＿＿班學生＿＿＿＿＿＿＿＿調整＿＿＿＿＿＿科課程（教學時數減少＿＿節），以接受資源班特殊教育服務，該科成績評量將採個別化彈性處理，評量方式為＿＿＿＿＿＿＿＿＿＿，並將隨時與資源班教師保持聯繫，共同協助學生有良好的學校適應。

　　　　　　　　　　　　　　　　導　　師：

　　　　　　　　　　　　　　　　任課教師：

　　中　華　民　國　　　　　年　　　　　月　　　　　日

（前台北市立中山女中許秀英老師提供）

導師及任課教師通知書（範例二）

○○老師

　　您好！下列名單為您任教的班級參加資源班輔導的學生名單。這些學生在您的課程時間將會在資源班上課，敬請見諒並惠允合作。有任何疑問也請您隨時與資源班聯絡。謝謝！

　　　　　　　　　　　　　　　　　　　　資源班敬上（分機○○）

科目：

班級	座號	姓名	班級	座號	姓名

（台北市東區特教資源中心蔡明蒼主任提供）

特殊教育教師現況一覽表

類別	職稱	姓名	性別	年齡	畢業校別／科系	任教年資（特教）	任教類別／時數			任教性質		合格證書	
							普通班	資源班	特教班	專任	兼任	是	否
特殊教育課程													
相關專業課程													

（前台北市立中山女中許秀英老師提供）

特教學生一覽表

編號	年級班級座號	學生姓名	教育場所	性別	出生年月日	身份證字號證明編號	特殊教育類別	身障手冊重大傷病	類別等級	家長姓名／聯絡電話
			普							
			資		通訊處					
			特							
			普							
			資		通訊處					
			特							
			普							
			資		通訊處					
			特							
			普							
			資		通訊處					
			特							
			普							
			資		通訊處					
			特							
			普							
			資		通訊處					
			特							
			普							
			資		通訊處					
			特							
			普							
			資		通訊處					
			特							

（前台北市立中山女中許秀英老師提供）

資源班開課一覽表

類別	組別	週節數／學期總節數	任課教師／專／兼	課程設計		成績評量				學生名單
				外加	抽離	日常考查		定期考查		
						普	資	普	資	
特殊教育課程										
	合　　計									
相關專業課程										
	合　　計									

（前台北市立中山女中許秀英老師提供）

資源班個別學生課表

___年___班___號　　　　　學生姓名：_____

普通班課表						資源課程課表					
節次	週一	週二	週三	週四	週五	節次	週一	週二	週三	週四	週五
7:20-						7:20-					
1						1					
2						2					
3						3					
4						4					
12:30-						12:30-					
5						5					
6						6					
7						7					
8						8					
9						9					

（前台北市立中山女中許秀英老師提供）

特殊教育資源班總課表

節次	星期一	星期二	星期三	星期四	星期五	備註
早自習 07:20 至 08:10						
1						
2						
3						
4						
午休 12:30 至 13:20						
5						
6						
7						
8						

（前台北市立中山女中許秀英老師提供）

資源班分組名單（範例一）

科目：　　　　　實施方式：　　　　　總時數：

A 組 教師：		B 組 教師：		C 組 教師：		D 組 教師：		E 組 教師：		F 組 教師：		G 組 教師：	
班級	學生姓名	班級	學生姓名	班級	學生姓名	班級	學生姓名	班級	學生姓名	班級	學生姓名	班級	學生姓名

（台北市東區特教資源中心蔡明蒼主任提供）

資源班各科分組名單（範例二）

科目													
組別													
時數													
老師													
實施方式													
學 生 名 單	班級	學生	班級	學生	班級	學生	班級	學生	班級	學生	班級	學生	班級	學生

（台北市東區特教資源中心蔡明蒼主任提供）

特教組【年度經費】編列／執行概況一覽表

年度	起迄日期	設備費		業務費	鐘點費	其他	備註
		編列					
		執行					
		編列					
		執行					
		編列					
		執行					
		編列					
		執行					
		編列					
		執行					
		編列					
		執行					
		編列					
		執行					

特教組工作日誌（範例一）

月／日 星期	工作紀要				備註
	行政	鑑定	教學	諮詢	
09/25 （一）					
09/26 （二）					
09/27 （三）					
09/28 （四）					
09/29 （五）					
09/30 （六）					
校長		主任		特教組長	

特教組工作日誌（範例二）

中華民國　　　年　　　月　　　日星期

特教班	資源班	重要紀事	輔導學生		校長
			班級		
			姓名		主任
			內容摘要		組長
			輔導者		

資源班工作日誌（範例三）

中華民國　　　年　　　月　　　日星期

工　作　摘　要	缺席學生		輔導學生		校長
	班級		班級		
	姓名		姓名		主任
	備註		內容摘要		資源教師
			輔導者		

（台北市東區特教資源中心蔡明蒼主任提供）

特教組會議記錄

第　　頁之

會議名稱：	
時間：　年　月　日（上、下）午　點　分	地點：
主席：	記錄：
出席人員簽名：	
列席人員簽名：	
會議內容：	

（台北市東區特教資源中心蔡明蒼主任提供）

資源班段考成績通知

貴家長：

　　以下為　貴子弟＿＿＿＿＿＿第＿＿次資源班段考各科成績，提供您做參考。請您在閱畢後，填妥回條，交由　貴子弟交回。如有任何問題與建議，歡迎隨時與我們聯絡。謝謝您的合作！

資源班敬上

姓名：＿＿＿＿＿＿＿　　班級：＿＿＿＿＿　　座號：＿＿＿＿

科目	組別	段考成績	全組平均	資源班老師的話
國文				
英文				
數學				
理化				

特教組長　　　　　　　　　　　資源班老師

回　　條

茲收到＿＿＿年＿＿＿班＿＿＿號學生＿＿＿＿＿＿＿＿

第＿＿＿次資源班段考成績單一份。

　　　　　　　　　　　　　家長簽章：　　　　　　　＿＿＿月＿＿＿日

家長的話

（台北市東區特教資源中心蔡明蒼主任提供）

資源班學生回歸原班通知書

老師，您好：

　　貴班學生　　　　　　在進入資源班之後，因符合下列原因，經過資源班之評鑑後，認為該科應回原班上課。故於　　月　　日開始，該科不再接受資源班的輔導，改定期的追蹤輔導。特此通知。

科目	原因	備註
	□學習進步 □學習沒有進步 □入班意願低落	
	□學習進步 □學習沒有進步 □入班意願低落	
	□學習進步 □學習沒有進步 □入班意願低落	

特教組敬上

中華民國　　　年　　　月　　　日

（台北市東區特教資源中心蔡明蒼主任提供）

學生通知單

___年___月___日　特教組

班　別	___年___班___號	事由
學生姓名		□測驗與評量
集合時間	___年___月___日	□鑑定
集合地點	資源教室、特教班	□教學
通知者		□其他

（前台北市立中山女中許秀英老師提供）

缺席通知單

_____老師：

貴班學生_____於　　／　　（　）第　　　節缺席，未到資源班上課，不知

原因為何。請老師了解並告知，謝謝。

資源班（分機○○）

（台北市東區特教資源中心蔡明蒼主任提供）

資源班與普通班教師聯繫單

班級	學生姓名	事　　　　由

此致

　　老師

　　　　　　　　　　　　　　　　　　資源班敬上

　　　　　　　　　　　　　　　　　　年　　月　　日

（台北市東區特教資源中心蔡明蒼主任提供）

資源班學生出缺席記錄表

月　　日　至　　月　　日

日期	第〇節	科目	班級	座號	姓名	缺席	遲到	任課教師

（台北市東區特教資源中心蔡明蒼主任提供）

▶ 參、特教輔導表單 ◀

○ 學生每週聯絡簿（範例一）
○ 學生每週聯絡簿（範例二）
○ 學生每日聯絡簿（範例三）
○ 學生每日檢核表
○ 資源班學業成績記錄表
○ 資源班諮詢輔導記錄參考表
　（範例一）
○ 特殊教育諮詢記錄表（範例二）
○ 資源班學生輔導記錄（範例三）
○ 資源班學生輔導記錄（範例四）

○ 學生輔導記錄表（範例五）
○ 個案會議記錄表
○ 特殊教育學生家庭訪視表
○ 特殊教育親師交流記錄表
○ 教室行為觀察表
○ 榮譽事實記錄表
○ 特殊學生追蹤輔導表
○ 個別化教育計畫會議記錄
○ 學生期末學習問卷

學生每週聯絡簿（範例一）

＿＿＿學年度＿＿＿學期　第＿＿＿週（＿＿月＿＿日～＿＿月＿＿日）

日期	學習態度	學習內容	學習評量摘要	聯絡事項	簽名
月 日 (一)	準時上課 ☺☺☹ 帶齊用品 ☺☺☹ 認真學習 ☺☺☹ 態度有禮 ☺☺☹	➤國語（＿＿上下　第＿＿課） □生字□語詞□課文□習作□評量□聽寫（　　　分） □（　　　　　　　） ➤數學（＿＿上下　第＿＿單元） ➤其他			老師 家長
月 日 (二)	準時上課 ☺☺☹ 帶齊用品 ☺☺☹ 認真學習 ☺☺☹ 態度有禮 ☺☺☹	➤國語（＿＿上下　第＿＿課） □生字□語詞□課文□習作□評量□聽寫（　　　分） □（　　　　　　　） ➤數學（＿＿上下　第＿＿單元） ➤其他			老師 家長
月 日 (三)	準時上課 ☺☺☹ 帶齊用品 ☺☺☹ 認真學習 ☺☺☹ 態度有禮 ☺☺☹	➤國語（＿＿上下　第＿＿課） □生字□語詞□課文□習作□評量□聽寫（　　　分） □（　　　　　　　） ➤數學（＿＿上下　第＿＿單元） ➤其他			老師 家長
月 日 (四)	準時上課 ☺☺☹ 帶齊用品 ☺☺☹ 認真學習 ☺☺☹ 態度有禮 ☺☺☹	➤國語（＿＿上下　第＿＿課） □生字□語詞□課文□習作□評量□聽寫（　　　分） □（　　　　　　　） ➤數學（＿＿上下　第＿＿單元） ➤其他			老師 家長
月 日 (五)	準時上課 ☺☺☹ 帶齊用品 ☺☺☹ 認真學習 ☺☺☹ 態度有禮 ☺☺☹	➤國語（＿＿上下　第＿＿課） □生字□語詞□課文□習作□評量□聽寫（　　　分） □（　　　　　　　） ➤數學（＿＿上下　第＿＿單元） ➤其他			老師 家長
交流園地	級任老師				
	家　　長				
	資源教師				

（台北市東區特教資源中心蔡明蒼主任提供）

學生每週聯絡簿（範例二）

日期	月　　　日				
教學內容	國：第(　　)課 □課文 □語詞 □造句□習作□評量(　)□聽寫(　) 識字：□常用字(　　)□(　　) 數：(　　　　)單位 □課本 □習作　　□評量(　　　) 生活：□單元(　　　　) □社交(　) □遊戲技巧(　) □心算 □閱讀 □電腦				
聯絡事項					
家長簽章					
學生自我評量	守時	運動	禮貌	聯絡本	其他
	國課本	數課本	筆、擦	做家事	

日期	月　　　日				
教學內容	國：第(　　)課 □課文 □語詞 □造句□習作□評量(　)□聽寫(　) 識字：□常用字(　　)□(　　) 數：(　　　　)單位 □課本 □習作　　□評量(　　　) 生活：□單元(　　　　) □社交(　) □遊戲技巧(　) □心算 □閱讀 □電腦				
聯絡事項					
家長簽章					
學生自我評量	守時	運動	禮貌	聯絡本	其他
	國課本	數課本	筆、擦	做家事	

日期	月　　　日				
教學內容	國：第(　　)課 □課文 □語詞 □造句□習作□評量(　)□聽寫(　) 識字：□常用字(　　)□(　　) 數：(　　　　)單位 □課本 □習作　　□評量(　　　) 生活：□單元(　　　　) □社交(　) □遊戲技巧(　) □心算 □閱讀 □電腦				
聯絡事項					
家長簽章					
學生自我評量	守時	運動	禮貌	聯絡本	其他
	國課本	數課本	筆、擦	做家事	

日期	月　　　日				
教學內容	國：第(　　)課 □課文 □語詞 □造句□習作□評量(　)□聽寫(　) 識字：□常用字(　　)□(　　) 數：(　　　　)單位 □課本 □習作　　□評量(　　　) 生活：□單元(　　　　) □社交(　) □遊戲技巧(　) □心算 □閱讀 □電腦				
聯絡事項					
家長簽章					
學生自我評量	守時	運動	禮貌	聯絡本	其他
	國課本	數課本	筆、擦	做家事	

日期	月　　　日				
教學內容	國：第(　　)課 □課文 □語詞 □造句□習作□評量(　)□聽寫(　) 識字：□常用字(　　)□(　　) 數：(　　　　)單位 □課本 □習作　　□評量(　　　) 生活：□單元(　　　　) □社交(　) □遊戲技巧(　) □心算 □閱讀 □電腦				
聯絡事項					
家長簽章					
學生自我評量	守時	運動	禮貌	聯絡本	其他
	國課本	數課本	筆、擦	做家事	

聯絡事項	
資源教師	級任老師
簽　　名	

（陳雨靈老師提供）

優質 IEP：以特教學生需求為本位的設計與目標管理

學生每日聯絡簿（範例三）

今天學科課程與進度：【 　　　　　　　　　　　　】

課堂整體表現：☆☆☆☆☆

班上作業繳交情況：□無作業　□全部繳交齊全　□缺交：＿＿＿＿＿

在家表現：○○○○○

具體事實：

1. 完成作業──□下午 8：00 以前完成　□下午 8：00 以後　　時　　分
   完成。

2. 幫忙做家事──□掃／拖地　□收／摺衣服　□收／擺碗筷　□倒垃圾
   　　　　　　　□整理房間

3. 其他：【 　　　　　　　　　　　　　　　　　　】。

今日作業：

聯絡事項：

導師意見：

家長專區：

（台北市泉源國小特教組魏嘉宏老師提供）

學生每日檢核表

姓名：_____　日期：　　／　　／

一、讚美別人

　　今天在學校的生活好嗎？有沒有讚美班上的同學？把你對他（她）的讚美寫下來吧！

例：我想對　王小明　說：你今天　跑步好快喔！

★　我想對_____說：你今天_____。

二、今天的表現

今天的學習結束了，不知道你的心情和表現如何？趕快想想吧……

★今天我的心情是_____【快樂 ☺ 或難過 ☹】

★我最喜歡今天哪一個科目？【□國語　□數學　□自然　□音樂　□體育
　□美勞　□社會　□電腦　□其他　　　　　　　　　　　　　　　】

今天有沒有做到下面的事情呢？有做到的打○，沒有的打×

★（　　）我今天有認真聽講。

★（　　）我今天沒有缺交作業。

★（　　）我今天和同學相處得很愉快。

★（　　）我今天有說好話。

★（　　）我今天沒有罵同學。

★（　　）我今天有讚美同學。

　　　　愈多愈好喔！沒有做到的地方明天再繼續努力達成！

　　　　　　　　　　　　　　　家長簽名：

（台北市泉源國小特教組魏嘉宏老師提供）

資源班學業成績記錄表

姓名		班級		座號	

第一學期

科 目												
項 目		日常考查	日常紙筆	特定考查	學習態度	日常考查	日常紙筆	特定考查	學習態度	日常考查	日常紙筆	特定考查	學習態度
平時成績	第〇次												
	第〇次												
段考成績		原 班		資 源 班		原 班		資 源 班		原 班		資 源 班	
第 〇 次													
第 〇 次													
第 〇 次													
總 平 均													

第二學期

科 目												
項 目		日常考查	日常紙筆	特定考查	學習態度	日常考查	日常紙筆	特定考查	學習態度	日常考查	日常紙筆	特定考查	學習態度
平時成績	第〇次												
	第〇次												
段考成績		原 班		資 源 班		原 班		資 源 班		原 班		資 源 班	
第 〇 次													
第 〇 次													
總 平 均													

（台北市東區特教資源中心蔡明蒼主任提供）

資源班諮詢輔導記錄參考表（範例一）

輔導學生：　　　　　輔導者：　　　　　日期：　年　月　日

輔導對象	輔導方式	輔 導 原 因		
		行為問題		學習問題
☐學生	☐個別談話	☐遲到早退	☐消極、悲觀	☐學業成就低落
☐父親	☐書面信函	☐生活散漫	☐閱讀不良刊物	☐學習步驟錯誤
☐母親	☐電話晤談	☐上課搗亂	☐對師長無禮	☐學習遲緩
☐導師	☐家庭訪視	☐反應遲鈍	☐抽煙	☐學習概念不清
☐相關教師	☐團體輔導	☐欺騙說謊	☐偷竊	☐記憶短暫
☐其他	☐家長座談會	☐考試作弊	☐涉足不良場所	
	☐其他	☐情緒起伏不定，影響同學		

重 點 紀 要			
輔導內容	分 析 與 觀 察		
	個人因素	家庭因素	學校、社會因素
☐幫助解決困難	☐不能分辯善惡	☐父母感情不睦	☐不良書刊影響
☐建立師生良好關係	☐慾望不能滿足	☐家庭複雜親子關係不正常	☐受外在環境影響
☐鼓勵參加團體活動	☐虛榮心重	☐父母工作太忙，疏於管教	☐老師要求不當
☐鼓勵與關切	☐好玩樂	☐生活貧困零用錢少	☐有些教師不了解他
☐與家長密切聯繫	☐自覺無人了解	☐父母本身行為問題	☐參加廟會活動
☐提供解決方法	☐交友不慎	☐父母期望過高	☐傳播媒體宣傳不當
☐溝通觀念	☐其他	☐住所環境不佳	☐其他
☐與有關人士協商		☐其他	
☐其他			

受輔者反應	相 關 人 士 配 合		
	家 長	導 師	任課老師
☐充分配合	☐多關心鼓勵子女	☐多關心鼓勵學生	☐多關心鼓勵學生
☐合作	☐注意零用錢的使用	☐多督促學生的學習	☐多督促學生的學習
☐不合作	☐多了解子女用心	☐與資源班保持聯繫	☐與資源班保持聯繫
☐毫無改善之意	☐重視子女的地位	☐其他	☐其他
☐態度惡劣	☐注意子女交友狀況		
☐其他	☐來校一談		
	☐多督促子女課業		
	☐來學校保持聯繫		
	☐其他		

（台北市東區特教資源中心蔡明蒼主任提供）

特殊教育諮詢記錄表（範例二）

週次：

日期	年　月　日		時間	～	記錄者	
摘要記錄	諮詢者	方式	諮詢內容		處理情形	
備註						

校長：　　　　　　　　主任：　　　　　　　　特教組長：

（前台北市立中山女中許秀英老師提供）

資源班學生輔導記錄（範例三）

第　　　頁之

姓名		性別		班級		座號		導師	
住址								家長	
電話								輔導者	

對象				晤　談　重　點										方　　式						
1.學生	2.家長	3.導師	4.相關教師	1.心理健康	2.生理健康	3.學業問題	4.學校適應	5.家庭適應	6.社會適應	7.親子關係	8.人際關係	9.感情問題	10.人生觀	11.其他	1.書面信函	2.電話晤談	3.個別談話	4.家庭訪視	5.班級訪視	6.團體輔導	7.其他

日期	對象	晤談重點	方式	重　　點　　紀　　要	記錄者

（台北市東區特教資源中心蔡明蒼主任提供）

資源班學生輔導記錄（範例四）

第　　頁之

姓名		性別		班級		座號		導師	
住址								家長	
電話								輔導者	
日期	輔導原因	輔導對象	方式	重　　點　　紀　　要					記錄者

（台北市東區特教資源中心蔡明蒼主任提供）

學生輔導記錄表（範例五）

輔導次數	輔導日期	輔導內容	記錄者
1			
2			
3			
4			
5			
6			
7			
8			
9			
10			
11			
12			
13			
14			
15			
16			
17			
18			
19			
20			

（前台北市立中山女中許秀英老師提供）

優質 IEP：以特教學生需求為本位的設計與目標管理

個案會議記錄表

編號／姓名：		日期： 年 月 日	
時間： 時 分至 時 分		地點：	
召集人：	主席：		記錄：
出席／列席人員			
職稱／關係			

問題重點 概述	
討論	
結論與建議	
追蹤	

校長	輔導主任	特教組長／輔導教師

（前台北市立中山女中許秀英老師提供）

特殊教育學生家庭訪視表

學生姓名		訪談時間	年　　月　　日　　時　　分			
訪談地點		訪談對象				

	父母婚姻狀況	□良好	□尚可	□關係不佳	□分居	□離異
家庭狀況	家人關係	□和諧	□尚可	□冷漠	□其他	
	主要照顧者	□祖父母	□父	□母	□其他	
	經濟狀況	□富有	□小康	□普通	□清寒	
	主要經濟來源	□祖父母	□父	□母	□其他	

	住家區位	□住宅區	□新興社區	□傳統社區	□商業區
家庭環境	住家類別	□電梯大廈	□四、五樓公寓	□二、三樓透天	□一樓平房
	住家環境	□清靜	□吵雜		
	住家通路	□巷道規整	□巷道複雜		
	室內佈置	□華麗	□潔淨	□老舊	□雜亂

	父親與孩子互動情形	□良好　　□普通　　□不良
親子互動	母親與孩子互動情形	□良好　　□普通　　□不良
	父親與孩子互動時間	□每天二小時以上　　□每天一至二小時 □每天不到一小時
	母親與孩子互動時間	□每天二小時以上　　□每天一至二小時 □每天不到一小時

	對學校的期望	□提供學校訊息　□提供親職教育研習　□參與學生教育計畫的規劃 □提供學習輔具　□參與學校活動　□提供適性的資源課程 □其他
家庭的期望	對孩子的期望	□期望很高　　　　□期望與孩子資質相當 □讓孩子自由發展　□不明確
		□升大專院校　　　　　□高中畢業後參加職訓 □高中畢業後獲得養護　□其他

訪視中發現學校應注意事項	1. 家長對孩子接受學校教育的態度： 　□重視參與　　□關心　　　□尊重學校　　□不在意　　□其他 2. 家長對孩子生活的照顧： 　□細心完善　　□適當關照　　□粗心大意　　□缺乏照顧 3. 4.

認輔教師簽名：＿＿＿＿＿＿＿＿＿＿＿＿＿

（前台北市立中山女中許秀英老師提供）

特殊教育親師交流記錄表

訪談時間	交流內容	地點	方式	重點記錄
	□家庭狀況　□個案狀況 □成長課程　□家長諮詢 □資訊提供　□社會福利 □對子女的了解及期望 □對特教的了解　□其他	□學校 □學生家中 □老師家中	□家庭訪問 □電話聯絡 □家長約談 □座談會 □信件聯絡 □其他	
	□家庭狀況　□個案狀況 □成長課程　□家長諮詢 □資訊提供　□社會福利 □對子女的了解及期望 □對特教的了解　□其他	□學校 □學生家中 □老師家中	□家庭訪問 □電話聯絡 □家長約談 □座談會 □信件聯絡 □其他	
	□家庭狀況　□個案狀況 □成長課程　□家長諮詢 □資訊提供　□社會福利 □對子女的了解及期望 □對特教的了解　□其他	□學校 □學生家中 □老師家中	□家庭訪問 □電話聯絡 □家長約談 □座談會 □信件聯絡 □其他	
	□家庭狀況　□個案狀況 □成長課程　□家長諮詢 □資訊提供　□社會福利 □對子女的了解及期望 □對特教的了解　□其他	□學校 □學生家中 □老師家中	□家庭訪問 □電話聯絡 □家長約談 □座談會 □信件聯絡 □其他	
	□家庭狀況　□個案狀況 □成長課程　□家長諮詢 □資訊提供　□社會福利 □對子女的了解及期望 □對特教的了解　□其他	□學校 □學生家中 □老師家中	□家庭訪問 □電話聯絡 □家長約談 □座談會 □信件聯絡 □其他	
	□家庭狀況　□個案狀況 □成長課程　□家長諮詢 □資訊提供　□社會福利 □對子女的了解及期望 □對特教的了解　□其他	□學校 □學生家中 □老師家中	□家庭訪問 □電話聯絡 □家長約談 □座談會 □信件聯絡 □其他	

（前台北市立中山女中許秀英老師提供）

教室行為觀察表

姓名		班級		座號	

日期		科目		組別		評量者	
1. 上課態度	□認真、專心 □能發問 □準時 □愛說話 □擾亂秩序		□經常缺席 □偶爾缺席 □偶爾遲到 □經常遲到 □任意走動		□情緒起伏，影響同學 □學習意願低落 □注意力分散 □態度散漫、消極 □其他：		
2. 作業考查	□按時完成作業 □認真完成作業 □表現尚可 □潦草敷衍		□偶爾遲交 □經常遲交 □偶爾缺交 □經常缺交		□格式錯誤 □內容錯誤 □其他：		
3. 問題描述	□抄寫困難 □閱讀困難 □視力困難 □聽覺困難		□動機低落 □考試作弊 □學習遲緩 □記憶短暫		□學業成就低 □學習概念不清 □學習步驟錯誤 □其他：		

日期		科目		組別		評量者	
1. 上課態度	□認真、專心 □能發問 □準時 □愛說話 □擾亂秩序		□經常缺席 □偶爾缺席 □偶爾遲到 □經常遲到 □任意走動		□情緒起伏，影響同學 □學習意願低落 □注意力分散 □態度散漫、消極 □其他：		
2. 作業考查	□按時完成作業 □認真完成作業 □表現尚可 □潦草敷衍		□偶爾遲交 □經常遲交 □偶爾缺交 □經常缺交		□格式錯誤 □內容錯誤 □其他：		
3. 問題描述	□抄寫困難 □閱讀困難 □視力困難 □聽覺困難		□動機低落 □考試作弊 □學習遲緩 □記憶短暫		□學業成就低 □學習概念不清 □學習步驟錯誤 □其他：		

（台北市東區特教資源中心蔡明蒼主任提供）

榮譽事實記錄表

學生姓名		出生年月日	／ ／	身障類別			
校　　名		年　級					

學生幹部：（任期需滿一年以上）

年級	班級幹部	學校幹部	備註

團體活動：（職務：社員、幹部、社長）

年級	團隊名稱	擔任職務	活動表現	備註

競賽成果：（性質：國際性、台灣區、台北市、○○區、本校）

性質	競賽名稱全銜	等第	獲獎日期	備註

特殊表現：（性質、國際性、台灣區、台北市、○○區、本校；事實：表揚、發表、展演、獨立研究……）

性質	事實記錄	日期	辦理單位	備註

（前台北市立中山女中許秀英老師提供）

特殊學生追蹤輔導表

<table>
<tr><td rowspan="8">基本資料</td><td colspan="3">畢業年度：　　年度（公元　　　年）</td><td colspan="2">身分證字號：</td></tr>
<tr><td colspan="3">姓　　　名</td><td colspan="2">出生年月日：　　年　　月　　日</td></tr>
<tr><td colspan="3">身心障礙類別</td><td colspan="2">障礙等級：</td></tr>
<tr><td colspan="3" align="center">地　　　　　　　址</td><td colspan="2" align="center">電　　　話</td></tr>
<tr><td colspan="3">1</td><td colspan="2"></td></tr>
<tr><td colspan="3">2</td><td colspan="2"></td></tr>
<tr><td colspan="3">3</td><td colspan="2"></td></tr>
</table>

<table>
<tr><td rowspan="4">就學狀況</td><td>就讀學校／科系</td><td>修業起迄
日　期</td><td>畢（肄）業</td><td>學校適應</td><td>備註</td></tr>
<tr><td>1</td><td></td><td></td><td></td><td></td></tr>
<tr><td>2</td><td></td><td></td><td></td><td></td></tr>
<tr><td>3</td><td></td><td></td><td></td><td></td></tr>
</table>

<table>
<tr><td rowspan="5">就業狀況</td><td>服務單位</td><td>工作來源</td><td>職務</td><td>到職年度／
離職年度</td><td>工作適應</td><td>備註</td></tr>
<tr><td>1</td><td></td><td></td><td></td><td></td><td></td></tr>
<tr><td>2</td><td></td><td></td><td></td><td></td><td></td></tr>
<tr><td>3</td><td></td><td></td><td></td><td></td><td></td></tr>
<tr><td>4</td><td></td><td></td><td></td><td></td><td></td></tr>
</table>

<table>
<tr><td rowspan="2">婚姻狀況</td><td>結婚日期</td><td>配偶姓名
／職業</td><td>子女人數</td><td>家庭社經
水準</td><td>婚姻生活</td><td>備註</td></tr>
<tr><td></td><td></td><td>子：　　人
女：　　人</td><td></td><td></td><td></td></tr>
</table>

<table>
<tr><td rowspan="4">其他</td><td></td></tr>
<tr><td></td></tr>
<tr><td></td></tr>
<tr><td></td></tr>
</table>

（前台北市立中山女中許秀英老師提供）

個別化教育計畫會議記錄

目 的	
時 間	年　　月　　日
地 點	
主 席	記　錄

出席人員（含學校行政人員、教師、家長、專業人員、學生、其他相關人士等）

討論事項	決議事項

IEP 參與人員簽名

（前台北市立中山女中許秀英老師提供）

學生期末學習問卷

同學好，你們在資源班的學習有一段時間了，不知道大家在這裡的學習是否有任何的想法，下面有一些問題，看清楚題目之後請在後面圈選一個適合的答案或是寫出來。

一、基本資料

我是＿＿＿＿年＿＿＿＿班的【＿＿＿＿＿＿＿＿＿＿＿】。

二、題目

1. 每週共有＿＿＿天的時間需要到資源班上課？【1天、2天、3天、4天、5天】
2. 在資源班我接受哪些科目的服務？【國語、數學、國語和數學】
3. 我會用哪一種心情前往資源班上課？【愉快的、痛苦的、勉強的、其他＿＿＿】
4. 對於老師的上課方式是否可以接受？【完全可以、有些可以有些不可以、完全不可以】。若有不能接受的地方，請把它寫下來。＿＿＿＿＿＿＿＿＿＿＿
5. 在資源班的學習期間，老師教你 認識字 的方法是什麼？

6. 在資源班的學習期間，老師如何教你提升記憶能力？

7. 在資源班的學習期間，老師在教 數學 的時候，使用了哪些教具？（例如：電腦、模型、實物、觸摸式教具圖片、多媒體教材教具、圖、字卡、相關書籍……等等）

8. 在自己的班級上，有沒有人會指導你的功課？（請寫出同學的名字、以及如何幫助你）

9. 當自己對讀書沒有動力的時候，老師如何告訴你該怎麼辦？

10. 未來的一學期我還想來資源班上課嗎？【想、不想、都好】

（台北市泉源國小特教組魏嘉宏老師提供）

參考文獻

中文部分

王天苗主編（2003）。**特殊教育相關專業服務作業手冊**。教育部編印。

王萬居（2005）。**個別化教育計畫內容檢核之研究**。國立彰化師範大學特殊教育學系特殊教育教學碩士班論文（未出版）。

台北市立教育大學特教中心（1999）。**台北市國小個別化教育計畫**。

台北市政府教育局國民中小學特殊教育輔導團編（2001）。**台北市國民中小學身心障礙資源班專任教師能力自我檢核表**。台北市政府教育局。

台北市政府教育局（2005）。**台北市身心障礙教育白皮書第二版**。

台北市政府教育局（2005）。**台北市身心障礙教育工作手冊**。

台北市政府教育局（2007）。**台北市 95 學年度國民小學身心障礙學生個案輔導評量工作手冊**。台北市政府教育局。

何東墀（2003）。特殊教育發展中家長參與的催化功能。**特教園丁，19**（2），1-7。

吳俐俐（2001）。**國小資源班教師對個別化教育計畫態度之研究**。國立台中師範學院教育研究所碩士論文（未出版）。

邢敏華（1995）。評介課程本位測量在特殊教育上的應用。**特殊教育季刊，54**，1-6。

李翠玲（1999）。IEP 在臺灣特殊教育界的回顧與前瞻。**特教園丁，15**（2），11-16。

李翠玲（2000）。「個別化教育計畫」納入特教法強制項目後實施現況調查研究。**新竹師院學報，13**，65-100。

李翠玲（2001a）。學校行政人員對「個別化教育計畫」之了解與支持態度。**國小特殊教育，13**，36-40。

李翠玲（2001b）。**我國個別化教育計畫落實教學之現況分析研究**。行政院國家科學委員會專題研究計畫成果報告（NSC89-2413-H-134-019）。新竹市：國立新竹師範學院特殊教育學系。

李翠玲（2001）。**特殊教育教學設計**。台北市：心理。

林千惠（1999）。**啟智班個別化教育計畫實施情況及問題之調查研究**。載於國立彰化師範大學特殊教育課程與教學研討會論文集（頁 137-160）。彰化市：國立彰化師範大學。

林幸台、林寶貴、洪儷瑜、盧台華、楊瑛、陳紅錦（1994）。**我國實施特殊兒童個別化教育方案之策略研究**。教育部委託專案報告。台北市：國立台灣師範大學特殊教育研究所。

林素貞（1999）。**如何擬訂「個別化教育計畫」——給特殊教育的老師與家長**。台北市：心理。

林淑莉、魏孟訓（2004）。促進中／重度智能障礙學生之社會技能的動態評量：從行為學派之操作典範的觀點出發。**特殊教育季刊，93**，1-11。

林雅敏（2002）。**彰化縣國民小學家長背景因素與家長參與之關係**。國立台中師範學院國民教育研究所碩士論文（未出版）。

胡永崇（2002）。啟智班 IEP 實施狀況及啟智班教師對 IEP 態度之研究。**屏東師院學報，16**，135-174。

胡永崇（2003）。個別化教育計畫的困境與檢討：接受問卷調查的啟智班教師之書面陳述意見分析。**屏東師院學報，18**，81-120。

郭生玉（2004）。**心理與教育測驗（再版）**。台北市：精華。

教育部（2003）。**特殊教育施行細則**。

教育部（2005）。**九十四年特殊教育統計年報**。

陳明聰（1996）。**台北市國小啟智班學生父母參與之研究**。國立台灣師範大學特殊教育研究所碩士論文（未出版）。

陳明聰（2000）。個別化教育計畫。載於林寶貴（主編），**特殊教育理論與實務**（頁363-402）。台北市：心理。

陳傳枝（2003）。**國民小學身心障礙資源班教師執行個別化教育計畫現況之研究**。國立彰化師範大學特殊教育研究所碩士論文（未出版）。

張世彗、藍瑋琛（2004）。**特殊學生鑑定與評量（第二版）**。台北市：心理。

張蓓莉、孫淑柔（1995）。**特殊需求兒童親職手冊**。台北市：國立台灣師範大學特殊教育中心。

張蓓莉（2000）。**身心障礙暨資賦優異學生鑑定原則鑑定基準說明手冊**。台北市：國立台灣師範大學特殊教育中心。

陳麗如（2001）。**特殊兒童鑑定與評量**。台北市：心理。

陳麗圓（1998）。**個別化教育方案發展模式之行動研究**。國立高雄師範大學特殊教育學系碩士論文（未出版）。

鈕文英（2000）。**如何發展個別化教育計畫──生態課程的觀點**。高雄市：國立高雄師範大學特殊教育中心。

鈕文英（2001）。**身心障礙者行為問題處理：正向行為支持取向**。台北市：心理。

曾睡蓮（2005）。**家長參與個別化教育計畫之現況及其問題之探討──以高雄市成功啟智學校為例**。國立高雄師範大學特殊教育學系碩士論文（未出版）。

詹月菁（2003）。**國民中學身心障礙資源班家長參與子女教育之研究**。國立彰化師範大學特殊教育研究所碩士論文（未出版）。

楊惠琴（1998）。身心障礙兒童教育的品管──IEP。**國教之聲**，**31**（4），49-54。

鄒慧英譯（2003）。**測驗與評量：在教學上的應用**。Robert L. Linn & Norman E. Gronlund（2000）原著。*Measurement and Assessment in Teaching*。台北市：洪葉。

蔡育佑（2003）。教師與家長溝通工具 IEP──以體育課 IEP 為例。**特教園丁**，**19**（2），31-39。

蔡昆瀛、陳婉逸（2002）。**幼稚園個別化教育計劃實施現況與問題之研究**。國立台北師範學院九十一年度早期療育學術研討會，早期療育學術研討會論文集（頁51-55）。教育部、國立台北師範學院特殊教育中心。

劉曉娟（2003）。**中部地區國中啟智班家長參與個別化教育計畫會議之研究**。國立彰化師範大學特殊教育研究所碩士論文（未出版）。

盧台華、張靖卿（2003）。個別化教育計畫評鑑檢核表之建構研究。**特殊教育研究學刊**，**24**，15-38。

蕭朱亮（2003）。**高雄市國小啟智班個別化教育計畫實施現況調查**。國立花蓮師範學院碩士論文（未出版）。

藍偉烈（2004）。**台北縣身心障礙學生家長對家長參與法規之瞭解、實際參與及參與需求之調查研究**。國立台灣師範大學特殊教育學系碩士論文（未出版）。

身心障礙者服務網 http://disable.yam.com/

金石堂網路書店 http://www.kingstone.com.tw/

博客來網路書店 http://www.books.com.tw/

西文部分

Bateman, B. D., & Linden, M. A. (1992). *Better IEPs: How to develop legally correct and educationally useful programs*. Longmont, Co: Sopris West.

Cohen, J. R., & Swerdlik, E. M. (2005). *Psychological testing and assessment: An introduction to tests and measurement* (6th ed.). New York: McGraw-Hill.

Dickson, R. L., & DiPaola, T. (1980). *Parents' perceptions of participation in developing the individualized education program.* (ERIC Document Reproduction Service NO. ED223056)

Goodman, J. F., & Bond, L. (1993). The individualized education program: A retrospective critique. *The Journal of Special Education, 26*(4), 408-422.

Kluwin, T. N., & Corbett, C. A. (1998). Parent characteristics and educational program involvement. *American Annals of Deaf, 143*(5), 425-432.

Lynch, E. W., & Stein, R. C. (1987). Parent participation by ethnicity: A comparison of Hispanic, Black, and Anglo Families. *Exceptional Children, 54*(2), 105-111.

Meyers, C. E., & Blacher, J. (1987). Parents' perceptions of schooling for severely handicapped children: Home and family variables. *Exceptional Children, 53*, 441-449.

Rock, M. L. (2000). Parents as equal partners. *Teaching Exceptional Children, 32*(6), 30-37.

Siegel, A. L. M. (1999). *The complete IEP guide: How to advocate for your special ED child.* Berkeley, CA: Nolo Press.

Smith, S. W. (1990). Individualized Education Programs (IEPs) in special education-From intent to acquiescence. *Exceptional Children, 32*(4), 6-14.

Turnbull, A. P., & Turnbull, H. R. III. (2001). *Families, professionals, and exceptionality: Collaborating for empowerment.* Upper Saddle River, NJ: Merrill Prentice-Hall.

Yell, M. L. (1998). *The law and special education.* Upper Saddle River, NJ: Merrill/Prentice Hall.

Yell, M. L., & Drasgow, E. (2000). Litigating a free appropriate public education: The Lavaas hearing and cases. *The Journal of Special Education, 33*(4), 205-214.

國家圖書館出版品預行編目資料

優質 IEP：以特教學生需求為本位的設計與目標
管理／黃瑞珍等作. -- 初版. -- 臺北市：
心理，2007（民 96）
面；公分. --　（障礙教育系列；63069）
參考書目：面
ISBN 978-986-191-029-1（平裝）

1. 特殊教育

529.6　　　　　　　　　　　　　　96011190

障礙教育系列 63069

優質 IEP：以特教學生需求為本位的設計與目標管理

策劃主編：黃瑞珍
作　　者：黃瑞珍、楊孟珠、徐淑芬、黃彩霞、曾彥翰、蕭素禎、鄭詠嘉
執行編輯：陳文玲
總　編　輯：林敬堯
發　行　人：洪有義
出　版　者：心理出版社股份有限公司
地　　址：231026 新北市新店區光明街 288 號 7 樓
電　　話：(02) 29150566
傳　　真：(02) 29152928
郵撥帳號：19293172　心理出版社股份有限公司
網　　址：https://www.psy.com.tw
電子信箱：psychoco@ms15.hinet.net
排　版　者：辰皓國際出版製作有限公司
印　刷　者：辰皓國際出版製作有限公司
初版一刷：2007 年 7 月
初版十六刷：2022 年 2 月
I S B N：978-986-191-029-1
定　　價：新台幣 520 元